21世纪国际博物馆学基础书系

安来顺　段晓明　主编

博物馆学习手册

THE MANUAL OF MUSEUM LEARNING

第2版

Second Edition

[加拿大]
布拉德·金　巴瑞·洛德　编著
Brad King　Barry Lord
宋汉泽　卜凡　译

图书在版编目（CIP）数据

博物馆学习手册 / (加) 布拉德·金 (Brad King), (加) 巴瑞·洛德 (Barry Lord) 编著 ; 宋汉泽, 卜凡译. 南京 : 江苏凤凰文艺出版社, 2024. 12. -- (21 世纪国际博物馆学基础书系 / 安来顺, 段晓明主编). -- ISBN 978-7-5594-8893-0

Ⅰ. G26-62

中国国家版本馆 CIP 数据核字第 2024TN9990 号

博物馆学习手册

[加拿大] 布拉德·金　[加拿大] 巴瑞·洛德　编著
宋汉泽　卜凡　译
21世纪国际博物馆学基础书系　安来顺　段晓明　主编

出 版 人　张在健
策划编辑　费明燕
责任编辑　赵卓娅
校　　对　胡雪琪
书籍设计　宝　莉
封面设计　孔嘉仪
责任印制　杨　丹
出版发行　江苏凤凰文艺出版社
　　　　　南京市中央路165号，邮编：210009
网　　址　http://www.jswenyi.com
印　　刷　江苏凤凰通达印刷有限公司
开　　本　787毫米 × 1092毫米　1/16
印　　张　18.5
字　　数　260 千字
版　　次　2024 年 12 月第 1 版
印　　次　2024 年 12 月第 1 次印刷
书　　号　ISBN 978-7-5594-8893-0
定　　价　48.00 元

江苏凤凰文艺版图书凡印刷、装订错误，可向出版社调换，联系电话 025-83280257

目录

案例研究目录

图片目录

表格目录

中文版序

如果人们问“当代博物馆教育最值得关注的趋势是什么”，答案大概率是角色认知范式所发生的变化。近三四十年，“学习”一词在博物馆中被广泛使用，虽然它经常会与“教育”混用，内容也往往有所重叠，但二者的认知视角却有明显差异。教育主要是从机构（即提供教育的博物馆）的角度出发，致力于提供各种机会和服务；学习是从受众（即博物馆中的学习者）的角度出发，指向他们在博物馆对所感知到的社会、文化和自然世界加以理解和整合的生理和心理过程。这种立场的切换看似简单，实则意义重大，因为它反映了博物馆角色认知范式发生的重要变化。

由于关注了学习者的立场，博物馆就要重新审视教育行为定位中的两个关键问题，即在“致力于助力学习者成长”的愿景下，如何开发学习者的认知过程，以及如何实现对学习者的个体关切。相应地，博物馆教育内容和施教策略，应更加侧重开发学习者的认知过程，为他们提供各种机会，使他们在学习过程中使用和强化自己的能力（如判断、提出和解决问题的能力，以及观察、记忆和剖析的能力），而不仅仅是给观众灌输相关知识。同时，博物馆的教育内容，也不再单一地强调知识本身，而是更加注重教育活动的整个过程。总之，今天的博物馆教育，可以被理解为一种引导博物馆公众发展其天赋的过程。

基于这样的理解，教育作为博物馆实践的核心之一，需要帮助不同背景的观众通过博物馆平台实现自我提升、文化传承以及对社会责任的深度理解。换言之，博物馆不仅是“物”的储存空间，还是“人”的学习场所。博物馆如何转型并为公众提供有意义的学习体验，也成为全球博物馆学者和实践者深入思考的问题。

《博物馆学习手册》针对这一问题进行了系统性探讨，从博物馆管理运营的不同层面切入，为我们揭示了博物馆向“以学习为本位”变革的规划方法。这本由布拉德·金与巴瑞·洛德编著的国际研究手册，在博物馆教育领域具有极其广泛的影响。

本书汇集了多位博物馆学者和教育专家的深刻洞见，涵盖了博物馆学习的多方面内容和成功案例，全面探讨了如何利用博物馆空间促进学习。本书不仅为博物馆转变为 21 世纪的非正式学习机构提供了可操作的工具和方法，也为博物馆工作者提供了解当前实践、启发思想的绝佳机会，适合博物馆从业者、文化机构的管理者、教育工作者以及所有关心博物馆如何更好地服务社区与公众的人士阅读。对于博物馆从业者，本书提供了丰富的工具和方法，帮助他们规划、实施并评估博物馆学习项目。对于文化机构的管理者，本书展示了如何通过机构内部变革，更好地适应 21 世纪博物馆的学习需求。而对于教育工作者，本书则提供了从博物馆角度出发的教育理念和实践参考，尤其是如何在非正式学习场所中为学生和公众提供多样化的学习体验。

更为重要的是，本书并非仅仅提供固定的规划模板，而是展示了博物馆与社区和伙伴机构沟通的思路与过程，通过详细地剖析不同情境中博物馆学习的落地实践，启发读者结合所在博物馆或社区的需求与特点开展定制化的规划工作。博物馆学习的核心在于如何为观众创造一个能够激发思考、培养兴趣的环境。无论是儿童、青少年还是成人，博物馆都应为他们提供一个能够进行自主学习和探索的空间。博物馆通过多感官的体验、沉浸式的展览设计以及参与性的活动，使观众不再只是被动的接收者，而是成为积极的参与者和探索者。正如书中所展示的那样，博物馆学习的成功取决于博物馆对当地社区背景与需求的深度了解。

《博物馆学习手册》是对当前博物馆教育实践的一次总结与反思，同时也为博物馆未来的变革提供了一种思路。不少博物馆在推进变革的过程中或许同样面临着如何调整馆内岗位、团结不同部门、明确博物馆定位等挑战，本书为有意向转变为学习机构的博物馆提供了清晰且全面的参考。

我们相信，这本兼具博物馆教育前沿理论研究和创新实践探索的工具书，将惠及致力于博物馆教育研究、管理、实践以及支持和关注博物馆公共文化服务的广大读者。

安来顺
国际博物馆协会亚太地区联盟主席
上海大学教授

英文版序

2014 年的夏天，我在日内瓦参观了一场关于国际红十字会在犹太人大屠杀中所扮演角色的博物馆展览。我隐约记得那是个极具争议性的主题，但从未对其有过细致的思考。

这场展览对我而言是一次成功的学习体验，其中最令我印象深刻、也最为关键的因素，便是展览所展现的诚实与客观。策划了本次展览的国际红十字会博物馆策展人公开承认了他所在的上级机构在这场历史灾难中犯下的错误，并使用档案资料自揭其短。

在这场值得信赖的展览的鼓舞下，我能够从至少三个层次开展学习：

■ 首先，我了解了一些客观事实。例如，在臭名昭著的针对特莱西恩施塔特的调查中，国际红十字会选择派出缺乏经验的底层官员，让纳粹得以在执行种族灭绝的同时成功地建立起保护战俘的虚假形象。国际红十字会在选派时特意避开了那些可能问出关键问题的更有经验的官员。

■ 其次，我也了解到这些事实背后的逻辑。例如，国际红十字会对保留进入战俘营通道的关切，在某种程度上减轻了战俘们的痛苦。展览并未试图表明这种担忧能从一些角度合理化国际红十字会的失职。相反，它将这种担忧展现为一种虽然诚恳但本质上站不住脚的借口。

■ 最重要的是，我学到了从更宏观的角度来理解国际红十字会必须扮演好的角色——因为其在所有冲突中必须保持中立并减轻人类痛苦的宗旨，它在历史上的各个时期屡遭非议，被指责为不可原谅的暴力和压迫提供了“人道主义”的掩护。

在这三个层次的学习中，最后一层是最重要的，因为这是“情感学习”，它改变了我对展览主题的态度和评价。即使在参观展览的几个月后，这种新的评价也一直萦绕在我的脑海里。

情感学习并不必然伴随着沉重的历史。2015 年的春天，我在新近重新开放的纽约库珀·休伊特史密森尼设计博物馆中欣喜地发现，馆内为每位游客提供的“媒体笔”，让像我这样对高科技设备持抵触态度的“低科技”人士也体验到了科技的奇妙。我与妻子在触屏桌上稍作涂鸦，屏幕上就会立即显现出博物馆藏品中的某件物品图像，其中罐子的轮廓、椅腿的曲线或纺织品上的精美图样正好与我的涂鸦相吻合。博物馆对所有文物与艺术品的图像进行了数字化处理，因而可以基于毫不起眼的涂鸦线条搜索对应的图像。这一成果——将我的乱涂乱画与应用了相同线条的高雅作品相匹配——既是美妙的巧合，也向我和许多同样沉迷其中的观众展现了我们也能够参与到充满魔力的设计过程中。这次博物馆体验使我们与简单的绘画行为产生了情感联系，让我们领悟到其中的意义，并将其应用于现实生活中。

库珀·休伊特史密森尼设计博物馆的最佳项目是它的壁纸画廊。博物馆藏品的数字化图像被投影在展厅的四面墙上，展示了令人眼花缭乱的壁纸设计历史。但更引人入胜的是“媒体笔”在这个画廊的触屏桌上的应用，观众的运笔被转化为壁纸的设计元素。我和妻子盖尔看着一个四岁的孩子专注地创作出一幅出色的设计，并将其以不同的尺寸和颜色投影在了四面墙上。我仔细地观察了这位小观众，确定这是孩子自己的创作，没有得到母亲的帮助。这一体验的效果不仅仅是用炫目的装置使人感到惊奇，而且让所有人意识到我们都能够参与到设计过程中。在博物馆的参观体验中，此类情感学习的正面效果将令观众终身受益。

第一个例子依靠严谨的学术研究与细致的文献证据实现了情感学习，第二个例子则借助了高科技设备和基于博物馆优秀藏品的深度数字化图像数据库。二者都是经过深思熟虑、精心规划的观众体验设计的产物。本书旨在战略性地开展规划，让这样的体验变得更为普遍。

巴瑞·洛德

致谢

正如第一版《博物馆学习手册》所述，我们首先要感谢成千上万的博物馆工作人员，包括志愿者和专业人员。尽管他们在初期面临着来自部分学术界人士和策展人的抵制或怀疑，并常常在受限的空间、设备和资金条件下工作，但在一个多世纪的时间里始终坚持不懈地建立着我们的学科。

本书根植于博物馆学习领域浩如烟海的文献。由于文献数量太多，本书的参考书目仅能列出由作者提供的引用书目，即便如此，这依然体现了博物馆界关于该主题正在开展的广泛研究和原创思考。

我们的出版社一如既往地支持我们。感谢罗曼与利特菲尔德出版社的执行编辑查尔斯・哈蒙的友善帮助、耐心和理解。

特别感谢那些应允成为第二版撰稿人的作者与我们分享他们在博物馆学习领域的经验、想法和热忱。有些作者在极短的时间内就提供了优质的稿件。所有人的友善态度令合作十分愉快。读者可在作者简介部分了解每位撰稿人的基本信息。我们也要感谢安妮・夏普和凯利・亨德森在稿件定稿阶段给予的帮助，以及丽贝卡・弗罗罗特为编制索引做出的贡献。

我们将本书献给所有工作繁重而薪资微薄的博物馆教育工作人员。

作者简介

坎蒂丝·安德森（Candice Anderson）是酷文化的执行总监。作为一家非营利机构，酷文化旨在增强社区凝聚力及纽约社会文化活力。坎蒂丝·安德森长期致力于提高纽约弱势社区的儿童与家庭的教育可及性与生活福祉，专注于研究儿童保育政策、教育体系构建及青少年发展策略，积极为边缘化儿童及家庭发声并争取权益。

奈尔·布兰肯伯格（Ngaire Blankenberg）是洛德文化资源公司的首席顾问。她与盖尔·德克斯特·洛德（Gail Dexter Lord）共同撰写了《城市、博物馆与软实力》（*Cities, Museums and Soft Power*）一书。

凯瑟琳·布朗（Kathleen Brown）是洛德文化资源公司的首席顾问兼业务发展总监，目前定居于加拿大多伦多。她拥有超过三十年的丰富行业经验，在文化古迹、社区组织、政府及学术界工作或担任顾问。1992 年，凯瑟琳·布朗女士创立了洛德文化资源公司的美国分部，并一直负责该公司的全球业务拓展、战略规划及项目执行工作。她善于满足不同利益相关者的需求，提供高效且富有前瞻性的解决方案。

辛迪·梅耶斯·弗利（Cindy Meyers Foley）是哥伦布艺术博物馆的执行助理馆长兼学习与体验部总监。辛迪·弗利致力于将哥伦布艺术博物馆重塑为一个具有变革性、主动性和参与性的面向 21 世纪的机构，通过培养、激活和倡导创造力以影响社区的健康与发展。2011 年，在她的构想和推动下，该博物馆成功建立了一座占地 18 000 平方英尺（约 1672 平方米）的创意中心，并于 2013 年获得了 IMLS 国家奖章这一殊荣。

吉尼娜·赫瑟（Genia Hesser）是北达科他州国家历史学会策展人。在加入北达科他州国家历史学会之前，吉尼娜·赫瑟曾在北达科他州、明尼苏达州及威斯康星州的多家博物馆与历史遗址工作，积累了丰富的博物馆行业经验。

布拉德·金（Brad King）是洛德文化资源公司的副总裁。自 2000 年加入洛德以来，布拉德·金博士领导或参与了超过十五个国家和地区的近两百个博物馆规划项目，涵盖博物馆管理咨询、展览策划等多个领域。他曾多次在学术会议和博物馆会议上发表演讲，撰写了《博物馆学习手册》（2007 年第一版）和《博物馆规划手册》（2012 年第三版）等洛德系列手册中的章节。

巴瑞·洛德（Barry Lord）是洛德文化资源公司的联席总裁，也是国际知名的最佳博物馆规划专家之一，目前定居于加拿大多伦多。巴瑞·洛德深耕博物馆、美术馆和历史遗址的管理和规划领域五十余年，指导了数百个项目。1981 年，巴瑞·洛德与妻子盖尔·洛德共同创立了洛德文化资源公司，他们共同编辑和撰写了博物馆规划领域的开山之作《规划我们的博物馆》（*Planning Our Museums*）以及《博物馆规划手册》（*The Manual of Museum Planning*）等多本经典书籍。

南内特·V. 马切尤尼斯（Nannette V. Maciejunes）是哥伦布艺术博物馆的执行馆长。在她的领导下，哥伦布艺术博物馆完成了大规模的翻修和扩建，进而被博物馆和图书馆服务协会授予 IMLS 国家奖章，这是美国博物馆界的最高荣誉。

安妮·麦迪森（Anne Madden）是一位生物学家，自 20 世纪 80 年代中期以来一直从事环境教育工作。作为纽芬兰纪念大学植物园的讲解员与观众服务协调员，安妮·麦迪森与工作人员、志愿者携手，为观众开发并提供了一系列自然和园艺活动，这些活动吸引了众多社区成员参与，尤其是儿童。

希瑟·马克西米亚（Heather Maximea）是一位拥有三十余年工作经验的博物馆规划师。作为洛德文化资源公司高级顾问，希瑟·马克西米亚为世界各地文化机构成功设计了三十多个收藏、展览或设施规划项目，并为多家文化机构提供战略性设施干预建议，帮助它们优化已有设施以适应不断变化的项目需求。

凯瑟琳·莫里诺（Katherine Molineux）是洛德文化资源公司的首席顾问，《博物馆展览手册》（*The Manual of Museum Exhibitions*）第二版的特约作者。作为一名出色的释展人，凯瑟琳·莫里诺为多家博物馆、遗址以及不同观众群体策划并设计了阐释项目和展览，积累了丰富的国际经验。

梅丽莉·莫斯托夫（Merilee Mostov）是哥伦布艺术博物馆的首席参与官。梅丽莉·莫斯托夫对于探索人、游戏以及博物馆在社区中的角色充满热情。她通过推进跨部门协作的展览策划过程，加强内部文化建设，并在哥伦布艺术博物馆“观众的故事和对话”系列博客中分享想法，倡导以观众为中心的博物馆理念。

夏伊洛·菲利普斯（Shailoh Phillips）是一位数字人类学家、媒体哲学家和交互设计师，目前担任荷兰 Pier K 文化中心媒体教育负责人。2007 年，夏伊洛·菲利普斯创立了研究和设计实验室——巴别尔工作室（Studio Babel），其总部位于荷兰阿姆斯特丹。自 2004 年以来，夏伊洛·菲利普斯一直从事数字媒体、电影制作、游戏设计和艺术教育领域的工作。

萨沙·普里维（Sascha Priewe）是皇家安大略博物馆古代文化、世界艺术与文化及纺织品与时装中心总监。在加入皇家安大略博物馆之前，萨沙·普里维博士曾于 2009—2015 年担任大英博物馆中国典藏馆的策展人和韩国典藏馆的协调策展人。在投身于艺术、考古和博物馆行业之前，他曾在德国外交部担任外交官，并在德国驻北京大使馆担任文化参赞。

安德烈·萨克森（Andrea Sachdeva）是剑桥“实验室”科学博物馆的教育实验总监。安德烈·萨克森在美国及其他国家的多个艺术教育和非正式教育机构拥有超过十五年的工作经验，致力于跨学科学习理念的发展和公众参与。自 2007 年以来，安德烈·萨克森负责领导“实验室”科学博物馆的教育项目和课程开发。目前，她正在开发开源课程，目的是将“实验室”科学博物馆在理念发展和创意教育方面的成果广泛传播至世界，以便吸纳更多新的受众。

崔西·萨维尔（Trish Savill）是卡尔加里教育委员会的教育工作者。在过去的十多年中，她一直担任“卡尔加里校园/开放思维”项目（Campus Calgary/Open Minds）的团队负责人。作为一种创新的教育模式，该项目旨在让学生融入社区进行长期学习。

蒂娜·塞利格曼（Tine Seligmann）是丹麦罗斯基勒当代艺术博物馆的策展人、“学习博物馆”项目（Learning Museum project）经理。作为该博物馆教育部门的负责人，蒂娜·塞利格曼在学校和机构的教育项目方面拥有十七年的丰富经验。此外，她还编辑并撰写了一系列关于当代艺术表现的教育课程、教材和文章。

詹妮弗·谢泼德（Jennifer Shepherd）是一位教育学家，专攻阐释理论、宗教和神学领域。同时，詹妮弗·谢泼德博士还是一名经验丰富的领导力顾问，她设计并主持了名为“同样的种子，不同的土壤：了解自己的故事”（Same Seed, Different Soil: Know the Story You Tell）工作坊和研讨会，这些活动吸引了七百多名观众参与。

凯蒂·思特林格（Katie Stringer）自2007年以来在博物馆和历史遗址中担任过多种职务。她的博士研究课题围绕为有特殊需求和博物馆参观障碍的儿童在历史遗址开发教育项目。此外，她的研究兴趣还涉及公共历史、历史建筑的可持续性、博物馆观众和成员的多样性、藏品管理以及教育。

查理·沃尔特（Charlie Walter）是得克萨斯州韦科梅博恩博物馆群的馆长。在此之前，查理·沃尔特曾担任圣安东尼奥儿童博物馆的首席运营官。自1986年以来，查理·沃尔特一直在博物馆领域工作，还曾担任新墨西哥自然历史与科学博物馆的馆长以及沃斯堡科学历史博物馆的高级副总裁。

第一部分

为什么博物馆是学习机构？
——规划基础

第一章 绪论

博物馆是学习机构的概念并不新颖[1]，但直到最近这一概念才获得了广泛的认可。在过去的几十年里，我们目睹了博物馆从早期强调藏品保存到后来强调活动与阐释的里程碑式的转变。如今，这一转变已延伸至知识共享和协同学习的领域：教育不再是权威知识的单向传授，而更加强调合作性。正如艾达·布兰德霍特·伦德加德（Ida Braendholt Lundgaard）所述："知识应经过讨论，从而生成新的经验与知识。"[2]

"博物馆教育"的概念也随之被"博物馆学习"所取代。[3] 正如本书第一版所述，本书是博物馆学习手册，因为关注的对象是参与学习的观众，而不是负责教学的博物馆工作人员或教师。

博物馆是非正式学习机构。博物馆学习基于自愿与情感共鸣。[4] 尽管"非正式"学习听起来是一种自发行为，但是这一行为并不会直接"发生"。这意味着博物馆对学习不应采取放任的态度，必须对其进行规划。本书的目标是指导博物馆在 21 世纪早期这一动态变化的环境中做好学习规划。

本书希望帮助博物馆成为完善的 21 世纪学习机构。由于这一转变通常是深刻且全面的，因此需要自上而下地进行彻底改革，而细致的规划，是推动改革的唯一途径——在机构、项目和协作层面都应对学习进行规划。

博物馆中学习的性质

21 世纪前二十年中关于博物馆学习主题文献的激增，让人们惊讶地发现与博物馆学习相关的学术研究之新，以及人们之前对这一领域的了解之匮乏。约翰·福尔克（John Falk）和林恩·迪尔金（Lynn Dierking）的《博物馆体验》（*The Museum Experience*，1992 年出版）是最早全面研究人们如何在博物馆中学习的著作之一。[5] 这本开创性的书展示了博物馆参观者如何将自己生活中的期望带入博物馆，并以此塑造个性化的学习体验。

随后，在2000年出版的《向博物馆学习：游客体验和意义的形成》（*Learning from Museums: Visitor Experiences and the Making of Meaning*）一书中，福尔克和迪尔金进一步探讨了该主题，指出学习是我们所有人所经历的个体经验、社会文化与物质环境的“永不停歇的整合和互动”。在博物馆中，观众会创造自己的叙事，这些叙事在很大程度上受到个体经验的影响，因此学习具有个体独特性且难以预测，每个人的背景都会影响个人体验的塑造。[6]这就是福尔克和迪尔金极具影响力的“情境学习模式”。[7]

福尔克和迪尔金还指出，这种情境学习并不是一次性发生的，而是随着时间的推移逐步发生。因此，尽管人们确实在博物馆中学习，但他们学到的内容具有个体独特性且难以预测。这类学习通常与人和展品的互动有关，但也越来越多地受人和观念的非传统形式的互动影响，尤其是可能受到新型公众参与“平台”所提供内容的影响。

情境学习模式的影响十分深远。随着更多学者在该模式的基础上添砖加瓦，人们对于公众在博物馆中学习的理解得到了显著提升，这一进展从多个维度推动了博物馆机构的变革与发展。博物馆当下关注的重点是知识的共享和共创，将观众视为知识的共同生产者。学习的框架由具有专业知识的人（如策展人）搭建，但知识传播不再是单向的和基于行为主义的权威式说教。博物馆学家尼娜·西蒙（Nina Simon）表示，博物馆正在成为更具参与性的场所，观众可以“共同围绕内容进行创作、分享和交流”。[8]这种“共享权威”模式，邀请观众和学习者一起为展览的阐释贡献力量。

因此，博物馆学习正在变得更为民主。说教式的方法逐渐遇冷，博物馆正在为观众提供更多自我教育的工具，以此推动有效的自我引导式学习，从而让观众成为主动的参与者，而不是被动的接受者。这是因为主动学习是最高效的，人们主动与学习材料互动时的学习效果最好。

博物馆学习的基本特征并未改变：

■ 博物馆学习是非正式的，有别于正式的学术课程。

■ 博物馆学习是自愿的，学习内容由学习者自主选择（或由其所在学校或团体的领导者选择）。

尽管博物馆学习必然在一定程度上是认知层面的学习，但其本质上更偏向情感层面的学习，学习者的兴趣、态度或评价的转变与认知内容的获取同样重要。当我们关注学习者对事物的感受，如态度、兴趣、欣赏、信仰或价值观时，学习便是情感性的。当然，情感体验也伴随着人们对信息的认知——即使体验对象是博物馆最具变革性的原创当代艺术作品，观众也往往希望首先了解艺术家的名字，作品的标题、日期和媒介，以及它的创作背景。然而，最重要的学习体验还是我们因博物馆展览而产生的对主题的感受、兴趣、态度、鉴赏力变化。

因此本书重申，博物馆学习是一种变革性的情感体验，这种体验促使我们在非正式、自愿的环境中发展出新的态度、兴趣、欣赏、信仰或价值观。正如 M. 伊莱恩·戴维斯（M. Elaine Davis）在历史学习方面的论述，被动接受他人对过去的解释仅仅是借用知识，并不能拥有知识，拥有知识需要积极参与创造或与知识互动，在事实信息的基础上，构建对个人有意义的叙事。[9] 专业人士有责任帮助学习者理解历史、艺术、科学或任何学习的主题，但更重要的是学习者积极参与和创造叙事的过程。规划博物馆学习的主要任务，应是为学习者提供互动、讨论、回应的机会，使他们最终按照自己的方式创造意义。

博物馆学习如何助益博物馆和社会

思考博物馆的未来是提出问题、自我剖析并最终带来变革的时机。促成变革的原因有很多，而以观众为中心的需求是最主要的原因之一。博物馆更加注重以观众为中心，很大程度上意味着更加关注其作为学习机构的使命。而随着学习的重要性日益凸显，博物馆有必要实施重大变革：

- 机构重组（旧的组织形式无法实现目标，需要新的组织形式）；
- 不同形式的人员配备（不同类型的职位说明和不同的任职要求）；
- 在利用藏品方面的新想法；
- 重新规划设施和空间；
- 调整预算以确保博物馆的各项功能能够适应以学习为导向的规划。

实施有效且顺利的变革离不开规划。当下正是充满机遇的重要时期。

我们可以观察到在教育方法层面，博物馆与其他非正式学习机构、社会组织以及学校等正式学习机构渐趋一致。博物馆和其他组织之所以能够有效满足一些特定的社会需求，是因为博物馆中的学习方式最适合培养社会所需的部分技能。博物馆因此有机会与其他机构建立更紧密的使命驱动型合作关系，因为双方都意识到对方能够助力自身实现更高层次社会需求的共同目标，如培养创造力、减少校园霸凌和社会排斥、帮助人们获得在日益全球化的背景下成为优秀公民所需的技能。博物馆在传授诸如培养批判性思维、应用情境智能以及与持有不同观点者沟通等“软实力”技能方面拥有天然的优势。[10] 博物馆和许多拥有相似使命的伙伴机构一起，正在成为承担社会责任的社会机构。

正如巴瑞·洛德在《博物馆学习手册》第一版的绪论中所述：“博物馆学习是终身学习的重要组成部分，对于个人及其所在社会的发展都至关重要。”创造力，是博物馆学习有效培养的技能之一，也是 21 世纪取得经济成就的关键。自 2002 年理查德·佛罗里达（Richard Florida）的《创意阶层的崛起》（*The Rise of the Creative Class*）[11] 一书出版以来，各国政府和各类机构一直致力于发掘年轻人的创造力并鼓励创意企业生根发芽。艺术中心、创意共享中心和创新中心在大城市和小城镇如雨后春笋般涌现，这些机构都秉持着同一个理念：具有创造性思维和工作能力的劳动力将更有机会在未来的发展中占据优势。

研究表明，在博物馆了解过物质文化的年轻人更有可能成为教育程度高且生产力强的公民。[12] 对于学校组织的团体观众来说，参观博物馆是国家规定的课程内容和学习成果的一部分。这一活动的实施以博物馆与其他教育机构——如学校、大学、学院和政府——建立的伙伴关系为前提。这些机构不仅积极促成博物馆与学校课程体系及学习成果的匹配，还希望博物馆能帮助公民为将来促进经济发展与社会稳定做好准备。如果博物馆想要通过与其他机构建立伙伴关系来实现更高层次的社会需求，其学习项目的规划便不能一劳永逸，必须周期性地重新审视项目条件与目标，并适时进行调整更新。规划者必须始终牢记“宏观”的目标并将其不断纳入博物馆战略规划的过程。

以学习为中心的做法也有助于博物馆自身的发展。一个以学习为中心的机构不会希望单纯依靠超级大展或新奇技术来吸引观众，它的定位更接近于社区图书馆，是一个让观众在寻求娱乐（这自然是博物馆的功能之一）之外，也将博物馆当作社区资源来使用的地方。第八章重点介绍的哥伦布艺术博物馆便是这方面的优秀案例。哥伦布艺术博物馆的规划使其成为当地人长期使用的公共场所，学习规划作为该机构整体战略改革的一部分，已在哥伦布社区成功实施。[13]

世界各地的博物馆都在开展机构制度层面的学习导向变革，本书将介绍其中的部分经验。在搜集这些变革案例的过程中，我们邀请了博物馆的业内人士与非博物馆领域的专家参与本书撰稿，以此探讨博物馆与学校、社会组织在教学法上的融合趋势，以及这些新兴趋势和理念的实际应用，同时为思考博物馆学习的非正式性质与这些趋势之间的兼容性和融合性提供助力。博物馆正在以前所未有的方式拥抱新趋势，并与其代表性机构建立、拓展伙伴关系。我们希望这些新鲜视角不仅能丰富本书内容，增强其实用性，还能推动有着共同使命的博物馆与其他机构协同合作，更有效地利用非正式学习的力量服务于社会。

为何出版《博物馆学习手册》？

专业人士深知博物馆能为自身、观众和整个社会带来广泛而深远的益处和机遇，但很难将这些认识转化为具体的提案。成为一家参与式的博物馆意味着放弃一部分阐释藏品的权威，而这并不容易，在业内也绝非毫无争议。任何助力博物馆转变为更全面的学习机构的过程都可能遭遇阻力。本书基于体验过此类阻力的博物馆的现实经验，思考了应对这些阻力的策略以及其他可能妨碍博物馆变革的问题，并提出经过深思熟虑且设计合理的实施流程，可以有效建立共识并减少问题的产生。

因此，本书同时涵盖了战略性和制度性的视角，既讨论了变革的趋势与变化本身，也论述了博物馆如何管理这种变革的过程。本书并不涉及具体教育项目的设计（因为大多数成熟的博物馆都已具备策划面向不同观众群体的创新教育活动的专业能力），而是重点关注在更宏观的机构目标背景下如何规划学习，使各项具体举措不仅与博物馆的总体战略方向保持一致，而且能满足社区的实际需求，与财务、人力资源、可用设施和机构能力等方面的实际情况匹配。如果将学习视为博物馆存在的核心，机构就必须在多个层面进行整体调整。本书希望能够帮助博物馆设想学习作为机构愿景和使命核心的可能性，帮助读者梳理以学习为核心的博物馆的各项功能。通过将学习规划纳入整个机构的规划内，本书得以履行作为“手册”的功能。

本书为谁而写？首先，最显而易见的受众当然是博物馆的专业人员。项目策划人员、讲解员、一线教育与学习工作者能够从本书的案例分析、最佳实践、趋势解读和规划建议中获益，不直接从事学习项目的工作人员同样能有所收获。随着博物馆各项功能的整合，不同功能领域的工作人员也应理解机构内其他方向的目标与实践。本书为博物馆高层领导和各功能领域的中层领导提供了关于学习的宏观理解，帮助他们制定宏观的机构规划。

其次，《博物馆学习手册》也是一本教科书，因此同样适用于博物馆学专业的学生。为了实现教学目的，本书搜集了博物馆学习的最佳实践案例。本书也是一本定位独特的教科书。过去，博物馆领域的教科书往往与功能相对应，不同教材分别对应策展人、管理者和教育项目专员等不同使用人群，少有从博物馆整体角度讨论学习的教材。本书还是一本与博物馆组织结构变化相适应的教科书。许多传统的博物馆岗位正在被重新定位，甚至逐步消失。本书也将讨论博物馆的一些旧职位如何被新设立的“观众参与部总监”等新职位所取代。

再次，本书可以更广泛地帮助学校和其他与博物馆拥有相似学习目标的社会机构中使用相似教学方法的专业人员。在本书的研究过程中，我们常常惊讶地发现这些机构有许多一致的目标。当前社会非常重视沟通、创造性思维、公民意识等“软”技能，这对培养能够为21世纪做出贡献的公民，以及缓解如异化和社会排斥等现代社会问题至关重要，尤其是对儿童和青少年观众而言。

最后，这本书也适合那些刚接触博物馆学习概念的人。书中的方法可以帮助那些正在筹建新机构的人将学习深度融入博物馆的基因中。此外，有些博物馆正在尝试突破以展览和策展为核心的博物馆传统模式，这些博物馆的工作人员也将从这种全面的博物馆学习方法中受益。

本书的结构

与第一版一样，本手册分为三个主要部分，但有一些重大变化：

■ **第一部分：为什么博物馆是学习机构？——规划基础。**本书的第一版概述了博物馆应成为学习机构的理由。自第一版问世以来，这一理由已变得广为人知，因此第二版重点关注将博物馆学习纳入机构战略规划核心的理由。

■ **第二部分：博物馆学习涵盖什么？——博物馆学习的框架。**这一部分讨论了当下博物馆学习的方法以及关键趋势和方向。本书的第一版讨论了学习的参与者，而第二版主要关注学习规划，通过全面概述世界各地博物馆如何从综合的视角重构学习的概念，为第三部分“怎样开展学习变革”奠定基础。

■ **第三部分：怎样开展学习变革——如何将博物馆转变为 21 世纪的学习机构。**在第一版中，“怎样开展学习变革”部分讨论了学习资源以及如何利用这些资源为博物馆的观众服务。第二版也将讨论这些学习资源，但讨论的重点侧重于细节，如机构重组、人员配置和预算、设施规划等。这部分还将从公共角度探讨公共项目的各类平台，以及它们的规划和实施。本书最后总结了制定成功且兼具战略性和整体性的博物馆学习规划中的关键概念。

注释*：

1 An interesting overview of the history of museums as learning institutions appears in Katie Stringer, *Programming for People with Special Needs: A Guide for Museums and Historic Sites* (Lanham, MD, and London: Rowman & Littlefield, 2014), 1–5.

2 Ida Braendholt Lundgaard, “Learning Museums and Active Citizenship,” in *Museums: Social Learning Spaces and Knowledge Producing Processes* (Copenhagen: Danish Agency for Culture, 2013), 11.

3 Eilean Hooper-Greenhill, *Museums and Education: Purpose, Pedagogy, Performance* (Abington, Oxon, and New York: Routledge, 2007), 4.

---

* 为方便读者查找原始文献，本书所有注释均保持原文。——编注

4 Barry Lord, "What Is Museum-Based Learning?" in *The Manual of Museum Learning*, 1st edition, ed. Barry Lord (Lanham, MD, and Plymouth, UK: AltaMira Press, 2007), 15.

5 John H. Falk and Lynn D. Dierking, *The Museum Experience* (Washington, DC: Whalesback Books, 1992), and *The Museum Experience Revisited* (Walnut Creek, CA: Left Coast Press, 2013).

6 John H. Falk and Lynn D. Dierking, *Learning from Museums: Visitor Experiences and the Making of Meaning* (Lanham, MD, and Plymouth, UK: Altamira Press, 2000), 11.

7 Falk and Dierking, *The Museum Experience Revisited*, 26.

8 Nina Simon, *The Participatory Museum* (Santa Cruz, CA: *Museum 2.0*, 2010), ii.

9 M. Elaine Davis, *How Students Understand the Past: From Theory to Practice* (Walnut Creek, CA, Lanham, MD, and Oxford, UK: AltaMira Press, 2005), 196.

10 Gail Lord and Ngaire Blankenberg, *Cities, Museums and Soft Power* (Washington, DC: The AAM Press, 2015).

11 Richard Florida, *The Rise of the Creative Class and How It's Transforming Work, Leisure, Community, and Everyday Life* (Cambridge, MA: Basic Books, 2002).

12 Cultural Learning Alliance, *ImagineNation: The Case for Cultural Learning* (2011), 9, http://www.cultural learningalliance.org.uk/images/uploads/ImagineNation_The_Case_for_Cultural_Learning.pdf.

13 Nanette V. Maciejunes, "The Director's Perspective: A Changing Paradigm," *Journal of Museum Education* 39, no. 2 (July 2014).

第二章 博物馆学习的战略性规划

为博物馆学习做规划意味着需要设计出更有效的、以观众为中心的教育项目，而将博物馆转变成全面的 21 世纪学习机构还需要更深层次的变革，如重新思考和调整博物馆的各项功能以及组织架构、部门职责和职位设置等。在 21 世纪，博物馆正以一往无前的态势全面融入其作为学习机构的角色，同时也在与大专院校等不同形式的学习组织建立合作伙伴关系方面展现出前所未有的积极态度。

本章的主题是战略性地规划学习。成为一家以学习为中心的机构是一个战略性的决策，也是战略规划过程的高层次成果。机构转型是一项综合性的工程，需要采取综合性的方法。在本章中，我们将研究构成优秀学习机构的基本元素、变革过程的关键事项和博物馆应考虑到的潜在战略方向。

博物馆学习机构的特征

以学习为中心的博物馆是什么样的呢？关于这个问题已有许多文献资料进行了探讨，在教科书中也常有引用。但归根结底，其基本特征可总结为以下几点：

■ **学习已融入机构的愿景与使命。**机构的愿景和使命是关键的基础性陈述，是博物馆所有行动的出发点和依据。它们是活态的，不仅一直提供纲领性指导，而且在博物馆每三到五年进行一次的战略规划过程中定期更新。

■ **博物馆以观众为中心，所有行动围绕观众开展。**博物馆最重要且最基本的功能是为观众服务。藏品固然是博物馆的核心，但其价值只有在被有效阐释给观众时才能得到充分体现。以观众为中心的策略包含大大小小的多项举措，但所有举措都源于一种服务公众导向的机构文化。

■ **所有的员工都是服务于观众的潜在学习资源。**策展、公共活动、展陈、市场和管理岗位的职责中都包含了学习。这一重大转变在世界各地的博物馆中都愈加常见。这意味着博物馆中的岗位都不是孤立的，尽管一线的工作人员在与观众日常互动中自然地承担了大部分的学习责任，但其他工作人员均有能力成为博物馆的学习“大使”，并将提升观众的学习体验设定为工作的最终导向。

■ **在博物馆体验中处处有学习的机会。**无论是在博物馆的建筑、外展项目、线上活动还是零售商店中，无论是在现实空间还是虚拟场景中，学习的机会无处不在。

这四项基本特征构成了学习机构的基因。

学习的战略性规划：基础

制定战略规划是机构变革的第一步，它将博物馆的各项功能整合到共同的目标之下。战略规划并不存在标准答案，适合某家机构的方案可能并不适合另一家。为了找到合适的整合方案，博物馆必须首先对自身开展深度剖析，这一过程可能会有一些令人不适的发现，但有勇气完成这一挑战的博物馆往往也会收获新的使命与重振机构的活力。

战略规划的过程可能长达六至九个月，相比之下，规划所涉及的机构变革是一项更为深远且持久的工作。这一长期变革需要得到从理事会、领导层至全体员工的一致且持续的支持。在这一过程中，整个团队将共同经历变革，挑战固有的价值观和信念，反复以不同方式提出和探讨值得质疑的问题。这些内容将在本书后文的案例中有所呈现。战略规划的实施方法是本书的主题[1]，此处不再赘述，但以下与博物馆学习相关的几个特点值得我们注意：

■ **草根与团队导向**：为确保获得所有员工的认同，方案应由包含各类员工的工作组提出，而不是自上而下推动。

■ **反思与迭代**：新方案应在定期的评估和反馈链中不断调整以保障工作稳步向前推进。

■ **沟通**：以会议、谈话、工作坊等方式保持定期和稳定的沟通，确保所有成员都参与进来，并就实现长期目标达成共识。

曾引领机构经历深刻变革的人士指出，这一过程并不存在“终点”，变革过程本身即是目标。建立起来的机制会支持团队导向和合作方法，从而保持组织变革的动力。上述特点不仅是变革过程的体现，也代表了变革发生后的工作方式。它们会推进博物馆组织文化的结构性优化，并通过促进联结与创造性思维的策略，助力博物馆成为领先的学习机构。

博物馆的“个性”

在过去，教育被视为博物馆的多种功能之一，常常被纳入宽泛的讲解、活动或宣传的评价体系中。而现在，学习的使命可以充分展现博物馆的“个性”。通过对博物馆学习的战略性规划，我们可以探索多种实现这一使命的可能性。而对博物馆“个性类型”的深入思考，能够帮助我们发掘有效利用机构优势的学习互动方法。大部分博物馆都会应用此处列出的部分或全部方法，但更重要的是，这种规划过程能够激励员工以更具创新精神的角度思考他们的学习项目，并促进更深层次的讨论与交流：

■ **讲授者**：这种“个性”类似于传统博物馆学习的教学方法，即以展览为导向并重视专业知识的传达。尽管这种自上而下的教学模式如今已不再流行，但在特定的博物馆及教育项目中，它依旧保持着其独特的适用性和教学效果。

■ **合作者**：这种“个性”在当下更为常见，博物馆将观众视为知识生产过程中的合作者。例如，博物馆通过支持共同创作的方式，将观众的反馈融入展览和教育项目之中，不仅吸纳了观众提供的知识，还对其进行再传播——有时会对反馈信息进行处理，有时则以原貌直接呈现。

■ **促进者**：博物馆通过搭建对话与发现的平台来支持学习。这些博物馆是创意汇集的熔炉，让观众与相关主题的专家、各类观点和新鲜视角汇聚一堂。对话式学习已成为一种广受欢迎的学习形式，正如阿比盖尔·豪森（Abigail Housen）所说：“最有效的刺激审美发展的体验源于提问，让学习者在支持以新方式看待事物的环境中，反复从不同角度构建意义。”[2]豪森进一步阐释了促进型学习的理念，即教育者的职责在于促进学习者的探索和发现，这也是当前许多博物馆教育项目采用的理念。

■ **关联者**：博物馆致力于通过联结社区、群体与组织来促进学习，并通过与公众的对话来培育参观博物馆的文化。换言之，博物馆是人与他人、组织、资源之间建立联系的桥梁。此外，博物馆也为自主学习搭建了平台，使公众能够利用博物馆提供的资源与工具，自主地进行知识探索。

讲授者、合作者、促进者或关联者不限于博物馆员工，也可以是外部使用了博物馆资源的人，如学校教师。有些组织会支持非博物馆专业人员最大限度地利用博物馆资源，比如美国视觉思维策略公司（Visual Thinking Strategies）便开发了供教师使用的促进艺术作品讨论的教学方法。[3] 在这一过程中，博物馆显然是不可或缺的合作伙伴。

值得注意的是，无论博物馆是哪种“个性”，其促进学习的措施都既能够服务团体观众也能帮助个体观众。例如，对话式学习的有效性已得到证实，但也有观点认为独立学习在促进个人理解和内化知识方面同样有效。[4] 在当今社会，许多教育需求都关注受教育者的共同经历，但现实情况是许多观众可能是独自来参观，即便是团体观众，每个人也各自具有独特的体验。因此，为人们提供独立学习的工具和促进集体学习同样重要。

关键的规划事项

任何变革的过程中都存在一些值得思考的关键问题与事项，其对应的案例也将在后续的章节中呈现。

组织模型

博物馆传统的组织模型通常相对直观，由其功能决定。行政管理、设施管理、公共活动、藏品管理等功能分属不同的独立部门，并以合作的方式开展工作。

当下的博物馆组织模型在设计时更注重创造性和知识生产。关于博物馆功能的新概念反映在部门划分的设计中。组织文化的变革也能够在博物馆与社区互动过程中带来真正的革新。以加利福尼亚奥克兰博物馆为例，这家博物馆在 2010—2011 年从典型的独立部门结构转变为以观众为中心的结构，博物馆的所有部门按照观众的需求划分。与大部分博物馆的组织模型不同，该博物馆的理事会和馆长位于模型的底层，因为他们的作用是支持其他员工做好服务公众的工作。与其他方面的变革一样，组织模型的调整同样遵循着合作与包容的原则。[5]

员工与运营

组织模型的调整通常也意味着员工岗位及其职责的更新。项目发展、博物馆营销或藏品管理等传统专业技能都在原有的组织模型中运作，但当目标变更为过程导向的知识分享与生产时，便需要设计新的岗位职责。博物馆也应该提供相应的培训，以确保员工有能力实施新的项目。

除了关注新技能的掌握，优化工作流程和运营制度也十分必要。工作流程应强调合作、沟通以及面对新方法和新概念的开放心态，这些要素是创新型学习组织取得成功的重要“软件”。此类流程也能令外部合作组织中的员工获益。我们的目标不仅是打造一个创意汇集的熔炉，还要追求运营的效率。对于博物馆的运营模式，我们也应进行重新审视。例如，博物馆可以考虑重新规划运营时间以迎合朝九晚五的工作群体，同时调整营销策略和其他运营机制，以提供更为高效和丰富的学习体验。

展览与其他公共项目

展览在可预见的未来仍将是博物馆的支柱。展览始终是博物馆学习的关键部分，如今许多博物馆的展览已从传统的说教式教学转变为鼓励知识共享和辩论的参与式学习。

无论是常设展览还是临时或巡回展览，都是博物馆与观众沟通的最基本形式，如今博物馆也开始运用多样的互动手段让观众的体验能够突破传统展厅的限制。社交媒体、手机应用程序和众多新兴科技使得每个人都可以创作、分享以及评价展览内容。博物馆不再向观众灌输知识，而是与观众共享其权威，使他们得以在展览和活动中分享个人见解。通过在展览中设计观众参与的环节，博物馆可以转变与观众的关系，吸引更多新的观众，并在展览之外探索合作的可能性。全面的形成性和总结性前端评估流程，可以提升博物馆对这些问题的敏感度，进而优化展览的设计和规划。[6]

创造收入

21 世纪的学习博物馆有着与 20 世纪相同的创收需求，甚至因政府投入持续减少，这一需求变得尤为紧迫。创收显然只是达成目的的手段，但资金短缺无疑会成为博物馆履行其使命的阻碍。而成为一家学习机构可以带来新的创收机会。

捐赠收入的变化尤为明显。增加捐赠收入一直是博物馆的重要目标之一，但对许多以收藏为主的机构而言，此类收入的上限往往是全年运营总支出的 30%—40%（科技馆等类型的博物馆可能超过 50%）。当博物馆转变为学习机构时，在一定程度上也将进一步增加捐赠收入或是创造更多的捐赠机会，这是因为博物馆对私人、公共资金来源，以及具有相似教育目标的基金会、其他机构、企业合作伙伴产生了更大的吸引力。例如，关注环境保护的博物馆可以与关注相同问题的组织协同合作，从而引入新的支持此类学习使命的捐赠者。向外拓展是一项重要的原则：如果博物馆能够展现其活动具有积极的现实成果，那么收到捐款（以及政府拨款和其他官方来源资金）的可能性往往会上升。美国的博物馆在吸引捐赠收入方面已经较为成熟，但许多国家的博物馆才刚开始探索这一收入来源。

预算和资源配置

预算和资源配置可能会遭遇重大调整。例如，更多的资金可能会分配到与促进学习的伙伴机构合作的项目上，而分配给营销或藏品保护等其他职能的资金则会因此减少。对于机构而言，这无疑是一个充满陷阱、阻碍和冲突的潜在雷区。因此，一个审慎且全面的战略规划进程显得尤为关键。

设施利用和空间配置

学习空间规划也是博物馆战略规划的重要考虑因素之一。如果博物馆计划实施如“混合式学习”等特定的学习项目，就需要考虑到员工配置并配备必要的电子设备。博物馆或许需要重新规划空间布局，以增加员工与观众之间非正式互动的机会，若办公区域不足也可能会限制员工在创新活动开发上的互动与合作。无论是哪类案例，物理空间和学习活动始终会互相影响。博物馆应当在战略规划过程中仔细考虑空间对学习策略的影响。

当下对于空间规划和学习之间关系的思考变得更为复杂。空间规划师安德鲁·哈里森（Andrew Harrison）和莱斯·赫顿（Les Hutton）提出，将空间理解为创新和综合的学习“景观”可以提升学习的成效。[7]设计满足机构学习需求的创新空间至关重要，但哈里森和赫顿更感兴趣的是空间集成——不仅仅是单个建筑内空间的集成，而是跨地理和机构（包括物理和虚拟层面）的分布式学习空间的集成。在不同类型的学习组织可以开展深层次合作的今天，集成博物馆空间的想法提出了诱人的可能性，自然也带来了有趣的挑战。虽然支持员工协作和激发创造力的创新空间已不鲜见，但将学习空间以分布式方法构思（即在不同地点的不同组织之间）开辟了一条全新的道路。哈里森和赫顿的“社区学习模式”已成为许多博物馆和其他学习组织的发展方向。

博物馆的组织模型、员工与运营、展览与其他公共项目、创收、预算与资源配置及学习空间规划，是机构在重新定位并充分挖掘其成为学习机构潜力的战略规划过程中需要重点考虑的一些问题，后续的章节将从实操的角度进一步分析这些规划需求。

注释：

1 See, for example, Gail Dexter Lord and Kate Markert, *The Manual of Strategic Planning for Museums* (Lanham, MD, and Plymouth, UK: AltaMira Press, 2007).

2 Abigail Housen, “Art Viewing and Aesthetic Development: Designing for the Viewer,” Visual Thinking Strategies, http://www.vtshome.org/research/articles-other-readings.

3 See Visual Thinking Strategies, http://www.vtshome.org/.

4 Jan Packer and Roy Ballantyne, “Solitary vs. Shared: Exploring the Social Dimension of Museum Learning,” *Curator* 48, no. 2 (April 2005): 177–92.

5 See Lori Fogarty, “Silo-Busting: Transforming the Rake into the Flower,” presentation to the 2013 National Innovation Summit for Arts + Culture, http://artsfwd.org/summit/session/transforming-organizational-structure/.

6 Barry Lord and Maria Piacente, eds., *The Manual of Museum Exhibitions*, 2nd ed. (Lanham, MD, and London: Rowman & Littlefield, 2014), 34–37.

7 Andrew Harrison and Les Hutton, *Design for the Changing Educational Landscape: Space, Place and the Future of Learning* (Abington, Oxon, and New York: Routledge, 2014).

第三章　非正式学习的规划：理解和简化阐释过程

在第一版《博物馆学习手册》中，巴瑞·洛德指出当下开展博物馆学习时面临的三个新现实：

> 首先，博物馆学习是非正式的，有别于正式的学术课程。其次，博物馆学习是自愿的，学习内容由学习者自主选择（或由其所在学校或团体的领导者选择）。第三，尽管博物馆学习必然在一定程度上是认知层面的学习，但其本质上更偏向情感层面的学习，有别于在图书馆学习文本资料或在互联网上搜索资源的学习类型。[1]

在“非正式”、“自愿”和“情感学习”这三个词中，“非正式”一词既能启发我们对博物馆学习的理解，但也可能在实践和认识上限制我们的尝试，这种局限性尤其体现在将非正式学习简单地定义为发生在正式学习机构以外的学习。不过洛德的观点是在论述博物馆学习是为观众提供变革性体验的语境下提出的。

博物馆语境下成功的非正式学习范式，应服务于给观众带来变革性体验这一更高层次目标。非正式学习着重于帮助人们理解和意识到他们对所见所闻的看法和感受。意识到这一点后，我们更有可能高效且轻松地完成目标。由于个体差异，博物馆语境下的非正式学习规划需考虑到观众理解信息的多重方式，提供多样的阐释角度，并辅助观众理解自身的选择。换言之，我们应围绕一件文物、标本、艺术品，或者一个历史事件、一篇人物传记，讲述多个令人信服的故事，使观众能够从中找到一个对他们而言最有意义的故事，并领悟这个故事触动他们的原因。

博物馆的非正式学习范式是什么？我们在尝试做什么？

博物馆正在积极认同自己作为非正式学习机构的身份。非正式学习仍是一个不断演进的概念，在学术界尚未形成确切的正式定义、结构和应用。现存的许多范式都始于一个不太理想的起点：非正式学习与正式学习范式必然相对立。[2] 这种出发点的问题在于，它自动引入了一种在学习体验的语境和内容上都呈现二元对立的视角。在语境层面，非正式元素被视为正式元素的对立面：自我引导对应预设内容，情境学习对应有组织的活动，个体内心的收获对应外部的量化成果。这种对立暗示了非正式学习不需要规划、组织，也不追求可量化的成果，但实际上非正式学习应包含这些元素。在内容层面，人们误认为正式教育中标准化的学习目标、考试和批判性技能都会让位给主观性学习和体验式学习，而这种带有误导性的对比再次错误地表明非正式学习不具备客观性结论。

二者固然存在区别，但一旦陷入了二元论的误区，我们便被迫面对一项难以完成的任务。人们每时每刻都在不同情境和语境中以无数种方式进行着非正式学习，我们又如何能基于二元论假设，从中识别、梳理和设计出让人们开展非正式学习的情境呢？这件事的难度不亚于艾伦·图灵（Alan Turing）破译英格玛密码。所以我们需要再次问问自己："真的存在非正式学习范式吗？"

我相信非正式学习范式的存在，但它并不通过在定义中排除一切正式学习的元素、可量化的目标和系统性要求而实现。一个简单的例子可以证明这一点。亚利桑那州斯科茨代尔的"巅峰露台"餐厅因其美味的烤肉、轻松随意的西部氛围以及"不戴领带的政策"而闻名。这一传统始于某天晚上一位来自菲尼克斯的高管在店里吃晚餐，为了保持餐厅的休闲氛围，店主对那位戴领带的高管说："要么你把领带摘掉，要么我把它割掉。"那位高管没有理会，结果店主真的拿出一把屠夫刀，迅速割掉了那条领带，让高管惊讶不已。

那位高管希望表明自己是这一荒谬政策的受害者，于是要求把他的领带醒目地陈列出来供所有人见证。这条领带被仔细地用图钉固定在房梁上，并附有一张名片，上面标明了受害者的信息。多年来，餐厅已经从毫无戒备的顾客身上割掉了一百多万条领带。

这一非正式政策在语境和内容层面都带有正式政策的元素。“巅峰露台”规定了一种着装规范（除了领带任何装束都可以），这项规定有着外在结果（不戴领带），并具备了可衡量的标准化目标（餐厅内没有人戴领带）。你可以自由选择穿着风格（多种选项），随意选择心仪的着装（自由选择）。如果你戴了领带，餐厅工作人员会把它割掉（予以教育）。

我们可以此来理解非正式学习范式中的正式元素：给人们提供选项，引导他们做出选择，最后基于他们的选择开展教育。在此范式中，第三个元素——教育的宏观目标是我们关注的重点，尽管它在许多非正式学习的范式中常常被忽视，却是人们了解自己时不可或缺的一步。[3] 马克·史密斯（Mark Smith）感叹道：“关注学习固然重要，但当这种关注牺牲了对教育及其所承载价值的思考时，会给所有的参与者带来严重的损害。学习是一个时刻发生的过程，而教育则包含目的和承诺。”非正式学习并不会自然而然地发生，而是需要思考和策划。事实上，在规划非正式学习的过程中，对规划者有意识投入的要求比策划正式学习体验时更高。“给人们提供选项”意味着你必须以三到五倍的努力去讲述数个与内容相关且引人入胜的故事。“引导人们做出选择”意味着你必须找到创造性的方法来引导他们选择或对故事发表评论。“基于人们的选择开展教育”意味着你必须以积极且个人化的方式将故事与他们的选择联系起来，激励他们反思并可能改变自己的想法。这三步共同构成了博物馆学习的变革性体验。

第一步：给人们提供选项，采用“不止一种故事”的政策，让每个人根据证据来讲述自己的故事

非正式学习范式的第一步要求我们根据文物、标本、艺术品、历史事件或传记讲述不止一种故事。在过去的六年里，我的研究、教学方法和写作项目都致力于探讨如何简化这一阐释过程，并找到我们的期望和讲述的故事之间的直接关联。简而言之，人们所持的信念、得出的结论以及期望的故事并非凭空产生，而是来源于令他们信服的证据。每个人都期望故事

以某种特定的方式被讲述，因为我们都认为他人接受事物的方式与自己相同。然而，现实情况是，相同的证据可以有多种阐释方式，并且不可能让所有人信服。我们总会遇到与自身观念相左的故事，而这些时刻是我们转变观念的契机。

图 3.1 将帮助你思考讲述不止一种故事的技巧。这张图展示了棱镜对光线的折射。棱镜可以将白光分解成多彩的光谱。日常所见的可见光由多种不同颜色的单色光组成，当光线穿过棱镜时，这些颜色便会显现出来。穿过棱镜的白光被分解成红、橙、黄、绿、蓝和紫等单色光，每种单色光因其波长各异，在通过棱镜时的弯曲程度也不尽相同。

> 棱镜并不创造色彩，只是展示它们的存在。[4]

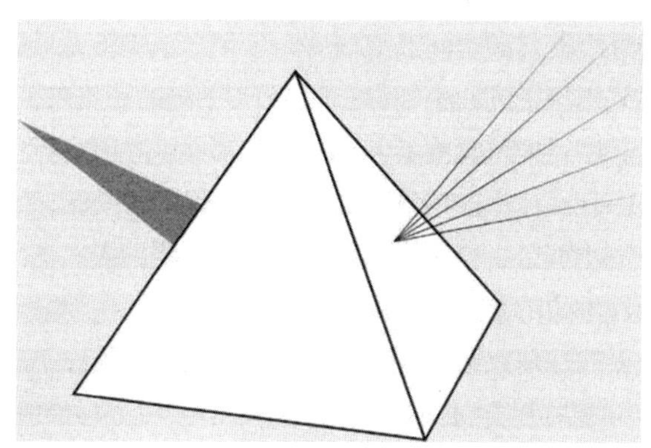

图3.1 棱镜折射光线示意图（图片来源：洛德文化资源公司）

同样，我们讲述的关于文物、艺术品、标本、历史事件或传记的故事，也可以被理解为由多种单色光组成的白光，会引发多样的解读与评价。你可能期望从中辨识出特定的颜色，并对别人未能察觉而感到惊讶，也可能第一次看到了别人所看到的颜色。通过讲述不同的故事，我们帮助人们看到那些未曾注意的颜色。当我们引导人们意识到，每个人都不自觉地将某种颜色视作焦点时，我们便能够开始理解故事的多样性与个体的选择。

给人们提供选项需要来自规划者的有意识的投入，因为大多数人无法准确地识别出所有颜色的单色光，也不了解它们的折射顺序或每种颜色的意义与作用。尽管如此，我们仍然可以通过各种常见的故事来获取信息。这些故事基于人们对证据的理解而形成，并逐渐融入日常的非正式学习过程中。

在审视非正式学习实践时，不妨思考以下问题：你讲述了什么故事？你的团队讲述了什么故事？你的博物馆讲述了什么故事？有什么故事是你从未讲过的？

第二步：引导人们做出选择，采用“不止一种故事”的政策，让每个人选择他们要讲述的故事

2012 年的夏天适逢 1812 年战争的二百周年纪念，从加拿大的视角来看，这是该国历史上的一个重要时刻。加拿大当时作为英国的殖民地，卷入了英国与新独立的美国之间的战争。为了纪念这段历史，加拿大战争博物馆决定不再采用单一的叙事，而是通过四个不同的视角来呈现这段历史，力图揭示在战争中，无论是胜者还是败者，都共同经历了死亡、损失与苦难。[5] 这个展览采用了一个中心轮轴配以四个轮辐的设计，每一个轮辐延伸至一个独立的小展区，分别展现了加拿大人、英国人、美国人，以及站在加拿大和英国一方的美洲原住民的视角。

从加拿大人的视角来看，他们视这次冲突为美国入侵，而加拿大成功击退了侵略者，并最终走向独立。在这个叙述中，加拿大是胜者，美国则是败者。然而，从美国人的角度出发，这场战争被视为美国与当时世界上最强大的帝国——大英帝国的战争。美国最终与英国打成平手，并且迫使英国承认其独立。在这个版本中，美国是胜者，英国则是败者。对于英国人而言，虽然他们在欧洲对抗拿破仑的战争更为重要，但他们仍然调用了节约下来的武器和士兵投入了保卫加拿大的战争。这场战争的结果是，英国既没有占领新的领土，也没有失去已有的领土，因此被视为一场平局。而从美洲原住民的视角看，这是场决定生死存亡的战争。他们相信，与英国结盟是阻止美国扩张的唯一途径。尽管在某些方面取得了胜利，他们也遭受了巨大的损失，因此这场战争对他们而言既是胜利也是失败。

通过对同一场战争的四种不同视角的展示，该博物馆做了两件事：第一，它向观众提供了客观的战争数据；第二，它让观众基于自己的判断来决定战争的胜负。这就是非正式学习范式的第二步——引导人们做出选择。“谁赢得了 1812 年战争？”这个问题的答案因人而异，每位观众的答案受其直觉、背景、知识或个性的影响，但展览通过呈现多角度的阐释，试图警示观众不要只了解令他们感到舒适的故事。一旦我们学会以多种方式讲述故事，我们就可以要求学习者在我们提供的信息中进行筛选，并在他们决定保留或抛弃某个故事时，与之产生互动。你必须向他们展示这些选择和选项在现实中也是真实存在的，并且并不是所有的选项都会让人信服。我们的目标是听到观众说：“哇，我从未从这个角度想过！”

观众不会被我们讲述的所有故事所说服。引导人们做出选择也需要有意识的投入。请思考一下你在非正式学习实践中的做法：你是否勇于挑战人们的现有选择？你的团队是否接受基于可能引发争议的故事开展合作？

第三步：基于人们的选择开展教育，采用“无走廊”政策，学习有关自我的东西

我们该如何迈出最后关键一步，教育人们了解自己的选择。或许有人会问：了解自己选择某个故事的原因究竟有何意义？博物馆提供变革性体验的关键工作之一，便是引导人们将对周遭世界的外部意识转化为与周围世界互动和判断的内在意识。“无走廊”政策可以让观众在某些时刻惊叹：“哇，我刚刚对自己有了新的认识！”

讲述不止一种故事为观众提供了许多选项或“房间”，在其中他们可以找到各式各样的真相。[6] 这不仅是一个文化意义上的起点，也是对我们所处世界的一种泛化的哲学表述。意大利哲学家乔瓦尼·帕皮尼（Giovanni Papini）用走廊和房间的比喻来表达他对实用主义的看法：

> 如同一家旅馆的走廊，有一百扇门通向一百个房间。在一个房间里，一名信徒跪下祈祷，希望重拾信仰；在另一个房间里，有一个人坐在桌子前，渴望摧毁所有的形而上学；在第三个房间

> 里，有一间实验室，一名研究员正在寻找新的立足点以推进未来。但走廊属于所有人，所有人都必须经过那里。简而言之，实用主义是一个大走廊理论。[7]

我们必须经过走廊才能查看房间，但终将会遇到无法说服我们的故事。虽然我们可能对许多故事持有宽容之心，但对于最喜欢的故事，我们却无法持中立态度。我们会对故事产生反应，并发现有些房间比其他房间更为熟悉和舒适。对人们来说，这是一种变革性的信息，因为他们正在了解“自己的故事”。这就是为什么第二步即引导人们做出选择是必要的。

第三步是基于人们的选择开展教育。最近有一些哲学讨论提出，人们不过是在不同的房间中游走，却缺乏选择真正心仪或对他们而言最有意义的房间的能力。换句话说，我们所能做的就是站在走廊里了解各种观点，但不能或者不应该对这些观点做出判断。事实上，一些哲学家进一步主张，所有的房间都是上锁的，只有走廊始终开放。因为我们永远无法真正了解或理解其他房间里的故事，甚至无法形成任何决断。无论我们多么努力保持中立，我们都知道自己不会对所有观点全盘接受。因此，我们可能都会经过走廊，但实际上我们不能只停留在走廊——我们住在房间里。人们总会做出判断，持有观点，并依据特定的价值观生活。

在有限的时间和空间里，我愿就这最后一步的思考提供以下两点见解。其一，不要回避以下事实：我们都会对生活中遇到的每一个场景的所见、所闻、所读和所体验的事物形成自己的看法。宽容并不等同于缺乏见解，而是为各种观点搭建了一个共存的平台。我们鼓励观众在审视文物、标本、艺术品、历史事件或人物传记时，表达自己的评价。同时，我们也向观众展示自己在讲述故事过程中的努力，或对于某个故事的特别偏好。我们可以在导览和文字信息中，提醒观众注意自己对所读所听内容的即时反应，并激励他们探索和深思这些感受。

其二，了解那些塑造了我们所讲述故事的价值观，以此来讲述更加多元的故事。重新思考我们在分享关于文物、标本、艺术品、历史事件或传记的信息时所需要的时间和精力，这一过程需要有意识的投入，如参加关于自我意识和信念的培训课程或研讨会。[8] 一旦建立了关于阐释过程的丰富、广泛和个人化的知识基础，我们就能够熟练地讲述那些真实存在的故事。在团队合作中，应主动向同事征询他们对于讨论主题的不同见解和故事案例。养成一种习惯，即使对另一个故事感到反感、困惑或难以理解，也要坚持讲述不止一个故事。

总结

非正式学习要求有意识的投入，且远远超过提供正式学习体验所需的投入。我们的范式提供了在博物馆环境中开展非正式学习的实用方法。若旨在为观众提供变革性的体验，展品的准备和呈现应遵循以下三个步骤：首先，讲述不止一种故事；其次，引导观众做出选择；最后，针对他们的选择开展教育。在这一过程中，我们能够客观地审视每个故事的成功要素与遭遇的难题。若我们还能引导人们了解自身所处的“房间”，便等于提供了一次极具启发性的教育体验。由此他们将意识到自己在日常生活中所做出的判断、持有的观点和价值观，无一不与这些“房间”息息相关。

注释：

1 Barry Lord, “What Is Museum-Based Learning?” in *The Manual of Museum Learning*, ed. Barry Lord (Lanham, MD: AltaMira Press, 2007), 16.

2 Daniel Schugurensky, “The Forms of Informal Learning: Towards a Conceptualization of the Field,” *WALL Working Paper* 19 (2000), https://tspace.library.utoronto.ca/bitstream/1807/2733/2/19formsofinformal .pdf, retrieved February 3, 2015.

3 Mark K. Smith, “Informal Learning: Theory, Practice and Experience,” *the Encyclopaedia of Informal Education*, http://infed.org/mobi/informal-learning-theory-practice-and-experience/, retrieved January 31, 2015.

4 Alister McGrath, Lecture notes INDS-Theo 580, “Truth, Beauty, and Imagination: Christian Apologetics in a Postmodern Context,” Regent College Summer School (June 27–30, 2011).

5 Randy Kim, “The War Museum’s Overture to 1812,” *Maclean’s Magazine*, June 14, 2012, 71.

6 The “corridor theory” describes most American philosophy after Charles Sanders Peirce (1839–1914), generally hailed as the “father of pragmatism.” A detailed biography of Peirce can be found in the Stanford Encyclopedia of Philosophy, http://plato.stanford.edu/entries/peirce/.

7 William James, "G. Papini and the Pragmatist Movement in Italy," *Journal of Philosophy* 3, no. 13 (1906): 337–41, here 339.

8 See www.engageconsultingservices.com/workshops-The-Story-You-Tell as an example of leadership training in this area and topic.

第二部分

博物馆学习涵盖什么？
——博物馆学习的框架

在第一部分，我们列出了本领域的主要发展方向，并概述了规划过程的基础知识。我们还指出，尽管博物馆学习是情感性和个人化的，但规划对于非正式学习的重要性不容忽视，博物馆仍有极大的操作空间来发挥其作为学习机构的潜力。

本书的第二部分则是提供了一个全面的规划框架。在第四章中，奈尔·布兰肯伯格关注了博物馆可以向观众传授的特定特质和技能，从而帮助他们应对加速变革的时代。这个“学习变革”的框架也呼应了许多其他正式和非正式学习组织同样感兴趣教授的技能、能力和思维习惯。

尽管藏品仍然是大多数博物馆的核心，但业内以观众为中心的学习使命引发了对策展人角色的质疑。在第五章中，萨沙·普里维博士根据他在大英博物馆和加拿大多伦多皇家安大略博物馆的工作经验，以及来自策展领域的最新思考，探讨了这一主题。

正式和非正式学习领域教学方法的融合和共同的使命让博物馆与学校、基金会和社会服务组织之间的合作关系变得前所未有的重要。如今，博物馆与这些合作伙伴共同致力于为观众，尤其是年轻观众，培养创造性思维、评估论证的能力，帮助他们成为更好的公民。第六章详细探讨了这些教学方法，并探索了此类合作机会。蒂娜·塞利格曼对丹麦罗斯基勒当代艺术博物馆“学习博物馆”项目的案例研究，提供了一个适用于各种正式和非正式学习组织的合作模式范例。

随着合作的开展与伙伴关系的建立，以及以社区为中心的学习使命成为共识，更多的博物馆学习也在博物馆之外开展。在第七章中，奈尔·布兰肯伯格参考迪拜埃马克图姆医院博物馆的学习项目规划，深入探讨了这一现象。本章节还加入了崔西·萨维尔关于加拿大艾伯塔省“卡尔加里校园/开放思维”项目的案例研究，为第三部分机构转型的实际操作提供了铺垫。

第四章 学习变革

博物馆的重要定位是服务所有年龄层的终身学习机构。但在当今这个信息过剩的时代，我们被各种电子设备中涌来的大量信息所包围，学习成了为未来工作做准备的一种手段，年轻人的大脑正在经历字面意思上的改变——“数字原住民”的大脑更擅长快速决策以及多线程工作，却往往缺乏专注力、耐心及深度思考的能力。在这样的背景下，支持终身学习到底意味着什么？[1] 博物馆又如何帮助我们应对当下社会的快速变革？

每一代人都认为自己的生活比前辈更为复杂，我们这一代也不例外。计算机技术的普及不仅极大地影响了我们的思维和生活，还加快了变革的步伐。在过去二十多年间，技术发展的速度呈指数级增长。这意味着我们在 21 世纪所见证的技术进步，其程度相当于以往两千年的总和！技术，作为一种“改变游戏规则”的力量，正以多种方式影响着学习和博物馆（详见第十章“博物馆学习的工具与技术”一节中对一些最新和最有效的学习工具的调查）。

然而，技术并非推动生活变革的唯一因素。自 2008 年以来，城市人口数量已超过其他地区，城市化是我们这个时代最重要的变化之一。同时，随着生活水平的提高，不平等现象也愈发显著。[2] 世界正以前所未有的方式变得多样化，这不仅因为经济状况，还因为大规模移民、跨文化交流的增多以及全球化的其他影响。此外，我们还面临气候变化的挑战，仅在过去几年里，全球范围内的热浪和高温日数同比显著增加，且这一趋势预计将持续发展。[3]

博物馆可以通过支持终身学习为我们应对这些巨变提供助力，无论是从微观还是宏观层面。正如泰特美术馆的学习部主任安娜·卡特勒（Anna Cutler）所说：“在泰特美术馆，我们将学习理解为一种深刻的变革过程。”[4] 博物馆面临的挑战是从根本上将自身视为网络化的学习机构，支持而非主导人们常常在潜意识中进行的博物馆学习，同时能够在不同的观众中强化、改进和扩展这些学习体验，并维持其自愿探索、偶然发现和社交互动等特质——这些正是博物馆学习的独特之处。

学习变革：支持博物馆的框架

学习变革框架旨在关注博物馆有意支持的特质和技能，以帮助观众适应这个加速变革的时代。该框架基于我与盖尔·洛德合著的书《城市、博物馆与软实力》（*Cities, Museums and Soft Power*）中的许多观点。该书探讨了博物馆可以在城市化主导的21世纪环境中提升其相关性和影响力的原因与方法。[5] 它还借鉴了现有的学习框架，如英国前博物馆、图书馆和档案委员会开发的“激发普适性学习”框架[6]，美国P21（21世纪技能联盟）开发的“21世纪学习”框架[7]以及“联结式学习”方法[8]。

学习变革框架包含了博物馆能够帮助培养的九种相互关联的特质与技能，以及博物馆为达成这些成果所提供的九种支持方式（见图4.1、表4.1）。这种支持基于博物馆的特定背景：它既是一个实体空间（常伴有虚拟空间），也是面向公众开放的机构，可能存在藏品，适合所有年龄段的人群，拥有专业员工和志愿者，并负责展示相关内容。

本章详细阐述了学习变革框架，我有意没有列举具体的现有实践案例。因为已有大量案例可供参考（全球许多博物馆已经开始实施促成这些成果的策略），它们为我们提供了有效的思路和实用的提示。这些最佳实践案例也在各类会议和在线讨论中不断被展示、审视、修订和优化。

博物馆的支持

我将介绍博物馆可以为学习变革提供的九种支持方式。它们利用了博物馆独特的环境和背景，并适用于所有年龄段的学习者。这些支持包括：提示语、引导者、接触空间、实践平台、反馈、项目、活动、网络和志愿者。

提示语

提示语是博物馆支持学习的基本方式之一。提示语可以是展览和博物

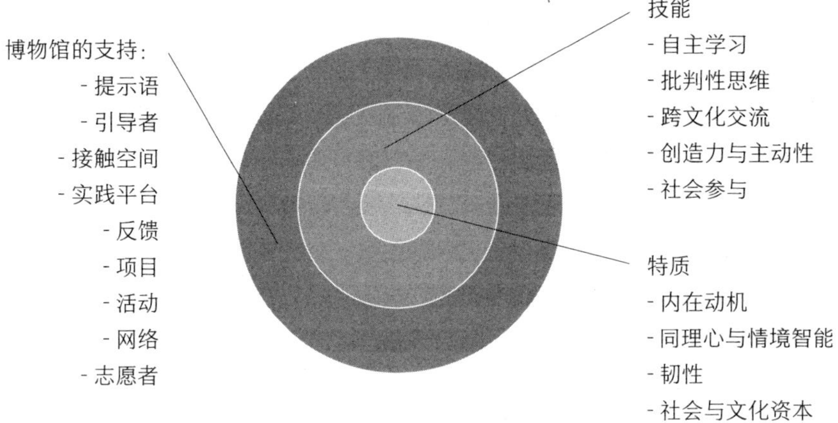

图4.1 学习变革框架（图片来源：洛德文化资源公司）

表4.1 学习变革框架

特质：我所拥有的特点	技能：我能做的事情	博物馆的支持
- 内在动机 - 同理心与情境智能 - 韧性 - 社会与文化资本	- 自主学习 - 批判性思维 - 跨文化交流 - 创造力与主动性 - 社会参与	- 提示语 - 引导者 - 接触空间 - 实践平台 - 反馈 - 项目 - 活动 - 网络 - 志愿者

馆中的文本、图像、视频和音频，其目的在于吸引人们的注意并鼓励他们进行反思或参与。提示语可以采取提问的形式（你在这幅画中看到了什么？），或者是邀请的形式（转向你旁边的人，问问他们对这个展品有什么看法？），这有别于仅提供信息的传统展览文本。在探究式学习中（我们将在关于批判性思维的章节中详细讨论），以问题形式呈现的提示语有助于引导观众以批判性思维和情境智能的方式反思博物馆的内容。

引导者

博物馆员工或志愿者的水平高低可以决定博物馆体验的好坏。引导者是协助人们游览博物馆和进行学习的向导，他们的职责是激发观众提问、思考和探索，而不是单向灌输观点。博物馆教育人员是引导者的重要组成部分，但这一角色同样可以由保安、纪念品店售货员和前台人员承担。将这些人视为为“引导者”而不是“教育者”，更能体现本书第一章中提到的对话式的博物馆学习及其过程驱动的本质。人们在博物馆的实际学习方式会影响他们对引导者活动的反应。例如，陪同孩子参观的父母或老师可能不太愿意接受引导，而独自参观的人可能会更愿意接受。[9] 良好的引导要求具备自我意识和对学习过程及其角色的培训，并且引导者需要随时准备好应对他人对其权威的挑战，并乐于接受这些挑战。

接触空间

博物馆在建立社会资本、培养情境智能、促进沟通和合作方面发挥着重要作用。为了实现这一点，建立人际联系至关重要。曼彻斯特博物馆的前联合馆长伯纳黛特·林奇（Bernadette Lynch）采纳了将博物馆作为“接触空间”的理念，打造了一个促进观众与博物馆进行协商和交流的场所。在接触空间里，各种各样的人们因共同的兴趣而相遇，无论他们是陌生人，一起来参加博物馆活动的伙伴，还是结伴参观展览的朋友。博物馆可以通过设置圆形座位、鼓励展厅内交谈、开发社交互动设施（如多点触摸桌、游戏）或设计特定的活动和项目来优化接触空间。接触空间不仅限于博物馆的实体空间，也可以扩展至虚拟平台，后者能够借助社交媒体平台实现跨时空的联系。

实践平台

传统博物馆的组织方式围绕着知识的分类和展示，但如今博物馆越来越成为培养和发展技能、态度和行为的重要场所。[10] 鉴于博物馆学习中技能发展的重要性，提供常常被忽视的实践技能的机会，实际上是博物馆的关键功能之一。实践是建构主义学习理论的核心[11]，强调通过行动（经验）和个人想法之间的互动来学习。对于儿童和学生而言，在博物馆实践学习是相对容易的，可以通过互动展项或项目式学习来实现。但对于成年人来说，学习新技能时产生畏惧或犹豫的情绪，或是平时工作忙，都可能让学习变得更加艰难。

博物馆不仅要担当教学的角色，更应把握体验中的每一个学习瞬间，为所有观众提供实践的机会。这可以通过开发互动和参与性的展览、利用标签文本鼓励观众之间对话，或是根据博物馆的特色开发能让观众应对自身变化的教育项目来实现。实践意味着创造一个允许失败、但在引导者的帮助下可以不断尝试的环境。因此，对于寻求学习效果最大化的博物馆而言，一个关键的问题就是：博物馆是否为观众提供了足够的机会来实践博物馆所传授的技能。

反馈

反馈是学习的必要环节。博物馆可以通过征求并整合观众意见、给予徽章等形式的奖励、提供专业评估等方式，向个体提供反馈。有效的反馈机制与允许失败并重新尝试的环境密切相关。

项目

项目是旨在一定时间内完成特定目标的活动。动员人们参与由博物馆发起的项目，对于实现一系列重要成果具有积极影响。这些项目因其经常在博物馆之外产生广泛影响，而成为推动公民参与的有力工具。同时，项目还可以支持社会和文化资本的发展。

活动

此处的活动专指为特定受众设计的定期活动。对许多博物馆来说，其中最常见的可能是根据学校的需求专门设计、面向学生群体开展的学校活动。这些活动不仅是实践的重要平台，还能有效构建社会和文化资本，同时有助于博物馆确立自身定位，并向其他观众和资助者展示其价值。这些活动通常都经过结构化设计并需配置相应的资源。

网络

博物馆作为学习和社会机构网络中的一个节点，起到了召集和联系个人、社区和组织的作用，也为观众和工作人员提供了接触具有相似兴趣和使命的其他机构的途径。这种网络是博物馆支持更全面、更综合、超越博物馆参观范畴的学习形式的关键方式。

志愿者

志愿者不仅是博物馆面向观众的代表，也是面向所在社区的代表。无论是担任讲解员、项目负责人、安全员还是研究人员，志愿者都能发挥其潜力，将自身的生活经历与博物馆的资源（藏品、知识、专业知识、设施）相结合。当志愿者理解博物馆的基本使命和定位时，他们可以进一步推广博物馆，并支持人们利用博物馆资源开展个人项目。

成果：特质与技能

学习变革框架的成果是学习者通过参与博物馆活动获得的一系列特质和技能。特质是个体具有的品质，体现在人们的思考、行为和情绪中，并使人们得以学习和应用特定的技能。技能有别于特质，是通过培训和实践发展起来的能力，往往更容易被量化评估。以下内容将针对每种特质或技能，提供博物馆实践中相应的支持策略。

内在动机

博物馆支持学习的基本方式之一，是激发观众、志愿者和员工的好奇心和动力。许多正式学习环境（如学校）是基于外在动机构建的，即学习是为了获得外部奖励（如好成绩或学位）。而研究表明，内在动机不仅令参与者更加愉快，而且能更有效地促进学习。[12]“联结式学习”是一种在数字媒体普及和 21 世纪学习特殊挑战的背景下发展起来的教学方法，它视兴趣驱动为学习的关键组成部分。有证据表明，“最有韧性、适应性和效率的学习需要个体兴趣和社会支持来克服逆境并提供认可”[13]。

博物馆可为培养内在动机提供很多机会。参观者可以根据个人兴趣选择展览区域，自行决定参观的深度与广度。博物馆所支持的“自由和自主学习”非常重要。自决理论认为，所有人都在寻求满足三种内在心理需求：发展能力的需求、与他人建立有意义联系的需求，以及自主性的需求（能够发起和调控自身行为）。满足这些心理需求可以促进内在动机的形成。[14] 例如，在学校中，有选择权并感受到他人对自己选择结果关心的儿童能更好地掌控自己的学习，这有助于培养他们的责任感、自我激励和持久力。[15、16]

虽然博物馆天然地鼓励好奇心和内在动机，但通过合理的规划和支持，博物馆可以进一步积极培养这些特质。[17] 博物馆支持内在动机的策略[18] 包括：

■ **培养能力。**并非所有人都知道“如何参观博物馆”，实际上，给予过多自由可能会使不熟悉博物馆规则和惯例的人感到恐惧。给出明确的指示，告知人们是否可以触摸某件展品、哪个位置可以坐或站、博物馆的潜在路径、活动所需的时间、哪些抽屉可以拉开、是否可以交谈、是否可以将手机充电器插入插座、如何参观以及需要注意什么、如何使用图书馆或档案馆……这些都能增强参观者的自信心。

■ **提供选择。**这在学校参观时尤为重要，且具有挑战性。许多博物馆在设计学校活动时面临着需要对标课程且符合时限的压力，因此不愿意提供过多的选择，因为这会增加资源管理的成本。但寻找符合博物馆学习的特点且能够提供选择的方法对于学校项目的成功至关重要。

■ **清晰的指令。**对于五岁以上的参与者而言，交互式活动有时可能显得令人却步或缺乏吸引力。为避免参与者感到困惑或尴尬，将活动指令细分为一系列简短的目标，并配以适当的支持与引导，不仅能够提升活动的趣味性，还能显著增强学习效果。

■ **建立关联性。**虽然将 7 世纪早期的盎格鲁–撒克逊盾牌饰品与医学预科生的目标联系起来可能非常困难，将维尔纳 · 潘顿设计的椅子与退休海洋生物学家的经历联系起来也有些痴人说梦，但尝试着建立联系的重要性不容忽视。人们越理解为什么某些东西值得在博物馆中展示，以及为什么这对他们个人来说有意义，他们就会越感兴趣。而将个人兴趣与学术研究、公民参与和职业机会联系起来是一种重要的学习方式。[19]

■ **鼓励好奇心。**对于探索隐蔽的区域或走出舒适区的行为给予奖励，以鼓励人们的好奇心。

■ **追求“真实”的项目。**努力追求那些让参与者感觉真实和有价值的项目，促使他们基于自身经验进行思考和分享。

■ **展示关怀。**当人们感受到与他人之间的联系时，尤其对青少年而言，这种联系能够激发他们的动力。博物馆学习最大的障碍往往是，人们觉得机构、一线工作人员（包括安保人员）、同伴或其他观众对他们的参与毫不在意。通过征求公众意见和想法、倾听并提供反馈（这在社交媒体上很容易实现），以及促进博物馆内的人际交往，博物馆可以有效展示对观众的关怀。

自主学习：我爱学习

有些人出于内在动机追求学习本身，而不是为了学习所能带来的好处。内在动机是自主学习的基础，这种技能使人们能够在各种不同的环境中最大限度地学习。博物馆是一个适合人们出于内在动机开展自主学习的地方，但前提是他们拥有相应的技能。许多人因缺乏技能，无法充分利用博物馆的资源来支持他们完成具体的学习目标（也许是学校项目或工作任务）或扩展知识。自主学习技能不仅对于博物馆学习很重要，它还能帮助人们从周围环境中汲取知识，无论是从互联网、大自然还是城市生活中。

博物馆支持自主学习的策略包括：

■ **培养好奇心。**尽管好奇心是一种内在的特质，但也可以经由后天培养而得到增强。提出有趣的问题可以展现好奇心，例如，允许观众对周围事物提问。[20]然而，正如达伦·海顿（Darin Hayton）所指出的：“提出好问题需要一些相关的背景知识。儿童、青少年，甚至成年人在面对陌生的物体或文物时会因为缺乏相关知识而无法提出一个好问题。”[21]博物馆的引导者和提示语可以帮助人们观察“证据”并收集背景信息，从而提出好问题。

■ **拆解博物馆活动。**并不是每个人一进入博物馆就知道有哪些活动可供参加，更不用说知道活动的具体位置。博物馆不完善的导览系统常常会假设观众具备先验知识或已了解相关术语，这导致观众对某些概念感到困惑。所以博物馆需要清楚地将活动拆解成清晰的步骤，并解释每一步骤的内容、目的、包含要素及使用方法，这有助于消除人们在博物馆中自主学习的诸多障碍。例如，许多观众可能不知道博物馆有未在展览中展示的文献收藏，这些是可供查阅的。

■ **提供实用的资源。**有时人们很难将博物馆提供的信息应用于博物馆外的特定需求。若要成为公众可依赖的资源，助力他们完成个人项目，博物馆应当打造如同互联网一般用户友好的环境。这意味着在解决版权和组织文化等前提下，博物馆鼓励公众下载、分享和复制其内容。尽管博物馆在线项目已广泛采纳此做法，但其在实体博物馆中的推广仍显缓慢。利用如 RFID（射频识别）或 iBeacons（一种低耗能蓝牙技术）等新技术，人们可以收集博物馆资源以供个人使用。此外，博物馆还应在展厅提供足够的座位、Wi-Fi 和电源插座，以便人们坐下来画画或完成家庭作业。

■ **提供明确指引。**新技术的应用极大地提高了人们深入了解特定主题的效率。通过使用二维或互动展项，博物馆可以逐层揭示展品信息，并让观众按需选择详尽或简洁的内容。这种策略还可以用于给人们推荐博物馆的其他部分或博物馆外部的信息来源，以便人们获取更多信息。

■ **提供信息来源和证据。**博物馆在呈现知识和故事时通常未明确标注资料来源。当事实性的知识缺乏明确的信息来源时，自主学习者很难考虑其他解释或寻找其他信息来源。揭示博物馆展览背后的知识生产过程，鼓励人们查阅相关信息源，甚至推荐自己的信息源，都是对自主学习的重要支持，同时也展示了在博物馆环境中评估主要和次要信息来源的方法。

■ **鼓励贡献。**众包模式已被应用于筹款、策展等各项事务。邀请人们为博物馆增加或补充知识，如构建庞大的博物馆维基百科，也能激励人们将自己的知识或研究带入博物馆空间。

批判性思维：历史、科学、艺术和设计思维

> 具有历史思维的公民能够评估以下的主张是否合理：大屠杀从未发生过；奴隶制对非裔美国人来说并不那么糟糕；原住民的人权诉求有其历史基础；俄罗斯在阿富汗的遭遇可为加拿大在当

地的行动提供警示。历史思维让人能以思辨的方式来应对这些辩论，学会审视历史信息的来源，了解历史电影或许看起来“逼真”但并不一定准确，以及理解脚注的价值。简而言之，具备历史思维的人可以识别历史的使用和滥用之间的差异……[22]

——历史意识中心的历史思维项目

批判性思维是信息爆炸和全球连接的时代特别重要的一项技能。而历史思维是一种特定形式的批判性思维，尤其适用于培养当今社会的公民身份，这点将在第六章中进一步阐述。根据主题的不同，批判性思维有许多形式：历史思维、科学思维、艺术和设计思维，它们共同的目标是赋予人们评估、理解和利用所接收到的信息的能力。在美国众多学校中应用的P21框架（21世纪学习框架）将批判性思维细分为以下几方面能力：有效推理（如归纳推理、演绎推理）、系统思考（探究整体与各部分的相互关系）、判断与决策（分析不同的观点和信念、整合并建立联系、解读信息并得出结论）、解决问题（提出问题以明确思路、借鉴常规和创新的解决方案）。博物馆能够根据自身内容特点，为不同形式的批判性思维学习与实践提供特别的支持和机会。[23]博物馆在培养和实践不同形式的批判性思维中发挥着重要作用，尤其是在与博物馆内容领域相关的思维能力方面。

博物馆支持批判性思维的策略包括：

■ **提供一手资源证据。**确保一手资源的可及性和实用性是博物馆和档案馆的关键任务。博物馆学习应支持教师和学生使用一手资源作为证据，进而发展批判性思维。

■ **鼓励批判性思维，培养好奇心。**探究是批判性思维的核心，但在博物馆环境中并不一定自然发生。提示语和引导者可以在博物馆媒介或导览中提供示范问题。例如，历史博物馆可以通过文本标签和语音导览将因果关系、连续性和变化、历史视角和伦理原则等抽象概念与特定的历史事件、主题或故事联系起来。科学和艺术博物馆也可以采用类似方法，引导观众注意到科学博物馆中特定实验的假设、测试与预测的方式、意义的推断和结论的推理过程，或是在艺术博物馆中引导观众关注艺术家的意图、与其他艺术作品的关联、作品的背景和识别规律等。博物馆媒介可以更注重帮助培养批判性思维技能而不仅仅是传达信息。

- **揭示信息来源和证据。**特别是在一手资源和证据方面，揭示信息来源和证据（“我们如何知道所知的事物”）有助于人们了解如何在构建知识的背景下使用证据。博物馆是为数不多的可以同时探索一手资源并从中获得知识的地方之一。
- **创造和实验。**鼓励观众创造自己的项目，无论是创作艺术作品、通过口述历史讲述的社区故事，还是进行科学实验，都有助于建立和实践与批判性思维和其他21世纪技能相关的技能。新的科普数字技术，例如史密森尼国家STEM（科学、技术、工程、数学）视频游戏挑战赛[24]之类的数字制造[25]和游戏，带来了更多令人兴奋的机会。
- **启发观众。**研究表明，如果儿童能够在STEAM（科学、技术、工程、艺术和数学）领域中与自己的未来职业产生联系，会增加他们在成年后追求这些职业的可能性。因此，介绍相关领域的新发现或作品背后的人物及其个人和职业道路，可以帮助观众将自己与一个具体的职业或人生道路联系起来。这一做法适用于所有类型的博物馆。

韧性

韧性是“从困难中迅速恢复的能力”[26]。在过去四十多年里，心理学家和精神病学家不断探索韧性的概念，试图理解为什么有些人能够克服创伤和逆境，而其他人却不能。研究最初聚焦于个体的特性，但显然，在学校和社区中发现的许多外部因素对个体的韧性程度也具有重大影响。[27]如今，个体、社会和文化因素对适应变化能力的影响已得到广泛认可，社区和文化群体以及个体都展现出韧性特质。社区的韧性体现为“在面对剧烈变化时，通过生存、适应、进化和成长，具备预见风险、限制其影响并迅速恢复的能力”[28]。

增强个体和社区韧性的因素[29]包括：

- 制订现实计划并执行的能力；
- 良好的自尊、自信和掌控感；
- 沟通和解决问题的能力；

- 管理强烈情绪和冲动的能力（自我调节技能）[30]；
- 具备高度信任和互惠的强关系（对社区而言是社会资本，对个体而言是与另一个体的强关系）；
- 正向的信仰或文化传统；
- 集体行动和社区参与[31]。

虽然博物馆也仍在探索如何增强自身的韧性，特别是在面对资金削减的问题时（例如，英国艺术委员会启动了2015—2018年的博物馆韧性基金，以帮助博物馆增强其可持续性和韧性[32]），但博物馆仍然是他人韧性的重要来源。博物馆可以帮助公众建立信心，锻炼与掌握沟通和解决问题的技能，建立强大的关系和社交网络，并支持更多社会参与。

博物馆支持信心与韧性的具体策略包括：

- **认可。**如上所述，博物馆能够提供权威的认可。确保项目能够反映最广泛人群，尤其是博物馆所在社区的藏品、观点、艺术表达和实验，可以建立公众的信心。收集观点、口述历史和其他群体贡献的参与式项目就是一种有效的策略。
- **共享权威。**授权博物馆观众开展导览和讲解活动也可以帮助建立信心。例如，青少年讲解员活动不仅吸引了更多年轻观众，而且在提升讲解员自身的信心、韧性和沟通技能方面已卓有成效。[33] 博物馆中数字技术的使用也为集体策展和举办更具参与性的展览和项目活动铺平了道路。
- **建立信任和互惠。**博物馆和科学中心往往是最受社会信任的机构。[34] 博物馆应如何基于这一点来发展自身与观众（或非观众）之间的信任关系，并促进观众、员工和志愿者之间，乃至博物馆网络之间的信任呢？团队建设的相关研究文献表明，以身作则、透明诚实、充分沟通、分享经验和定期互动能够在团队中建立信任。[35] 博物馆应推出鼓励观众多次参与的项目，并为参与者提供讨论的平台，或在展览中创造倾听和分享的机会。
- **支持参与。**博物馆项目是一种重要的社会参与形式，但地理位置、经费和时间等因素常常成为公众参与项目的阻碍。博物馆应在满足这些项目的收入需求与扩大参与范围以实现其使命的潜在收益之间寻求平衡。除了优化自身项目，博物馆还可以考虑与其他志愿组织合作，扩大服务范围。

在后文关于社会参与和社会资本的讨论中，我们将进一步阐述这一观点。

同理心与情境智能

谷歌搜索结果显示，同理心，即从另一个人的视角看待事物的能力，在教育评论中被视为21世纪最重要的技能之一。[36]同理心包括感知他人情绪的能力，以及想象别人的想法或感受的能力。[37]同理心帮助我们与不同于自己的人建立联系，并激发内驱力和解决问题的能力。在情感、社会和生态智能方面出版过多部作品的心理学家丹尼尔·戈尔曼（Daniel Goleman）[38]归纳了同理心的三种形式：认知同理心（知道别人可能在感受和思考什么）、情感同理心（感受到身旁他人的情感）、同情同理心或同情关怀（理解他人的处境并愿意提供帮助）。[39]《同理心》（*Empathy*）一书的作者罗曼·克兹纳里克（Roman Krznaric），同时也是同理心博物馆和同理心图书馆的创始人，总结出具有高度同理心的人的六个习惯：

- 培养对陌生人的好奇心；
- 挑战偏见并发现共同点；
- 尝试另一个人的生活；
- 认真倾听并开放自我；
- 激发群体行动和社会变革；
- 培养雄心勃勃的想象力。

情境智能（contextual intelligence），是国际关系和商业领域中的一个常用术语，指的是在不同情境中应用同理心的能力。[40]哈佛大学塔伦·卡纳（Tarun Khanna）教授将情境智能定义为“理解自身知识的局限性，并能将其应用于与知识发展环境不同的新环境的能力”[41]。卡纳论述了在全球化世界中情境智能对商业活动的重要性，但理解知识的局限性并能在不同环境中有效运用知识，无论是在文化内部还是跨文化中，都是同样重要的生活技能。

博物馆可以通过多种方式帮助培养同理心和情境智能，而提升观察能力有助于人们更加敏锐地感知他人潜在的感受或想法。在展览中，将来自不同时间段和地点的藏品或观点并置，可以帮助我们揭示观念、规范和知识如何与更广阔的情境相关联。例如，纽约市库珀·休伊特史密森尼设计博物馆的“关于工具：扩展我们的触及范围”展览（展期为2014年12月12日至2015年5月25日），并置了来自不同文化、地点和时间段的175件物品，时间跨度达185万年，探讨了工具在不同社会生活中的角色。[42]观众可以在理解人们需求的基础上来思考设计，探索这些需求如何演变，并想象它们在未来社会中的变化。同样，伦敦泰特现代美术馆的“冲突、时间、摄影”展览（展期为2015年11月26日至2016年3月15日）展示了自摄影发明以来150年间世界各地的冲突照片。展品并非按照时间顺序排列，而是根据拍摄照片与其所反映的冲突之间的时间间隔来组织。展出的照片包括在广岛原子弹爆炸后20分钟拍摄的蘑菇云，以及唐·麦卡林捕捉到的一名美国海军陆战队员受到炮弹爆炸冲击的瞬间。展览还并置了德累斯顿遭受燃烧弹轰炸7个月后和第一次海湾战争结束7个月后拍摄的照片，反映了摄影师和社会如何逐步接受过去的创伤，建立了一种与常规按时间顺序展览不同的地点与人之间的联系。这场展览也鼓励观众考虑我们的个人和社会视角及对变化的反应是如何随着距离事件发生时间的长短而变化的。在哥本哈根开展的全球倡议“人类图书馆”项目提供了另一种支持同理心发展的方法，人们可以“借阅”来自不同背景的个体，与他们交谈，了解他们的生活，并寻找共同点。

博物馆支持同理心和情境智能的策略包括：

■ **比较。**对比在不同情境、时间段、地点、阶层和文化中，感受或使用某一观念、物品、价值的差异。

■ **示范同理心。**对于博物馆来说，培养观众的同理心可以始于培养员工和志愿者之间的同理心。博物馆应培训所有员工，使他们在向观众和同事提问时保持尊重，主动寻找共同点、准备好倾听和分享自己的想法和感受，同时能够想象其他人的生活与自己生活的异同。在团体参观或活动中，一名能够示范同理心的引导者可以助力他人同理心的发展。

■ **练习同理心观察。**设计公司会使用“同理心设计”的方法在“现场”（即使用情境中）观察和测试消费者行为，并将观察结果应用于产品开发。对于员工和志愿者来说，这类方法要求他们观察和反思观众的行为、动机和对学习及休闲体验的期望，并厘清这些结论如何应用于博物馆参观。若想培养观众的同理心观察，博物馆可以将他们的注意力引导至特定的物品、概念或艺术作品的背景及其产生的影响，包括其历史时期、地理位置和文化价值等信息。

■ **鼓励自我反思。**同理心的培养依赖于个体对自己观点、情绪反应及主观判断的自我意识。鼓励人们思考他们对某事的感受，并指出这些感受与他人感受的相似或不同之处，是奠定同理心发展基础的有效方式。

创造力与主动性

创造力是从一个人的想象或观念中创造出新的产品、艺术作品、科学发现或思维方式的能力。在过去二十多年中，社会创新和社会企业家精神运动普及了以下观点：通过借鉴商业、艺术和科学等领域的技术和方法，创新和创造力可以助力我们以新的方式解决社会问题。被称为“21 世纪技能”的创造力，其根源在于理解基于解决气候变化或不平等等复杂问题的需求。创造力意味着理解人类过去的成败经验，还包括探索新的思维方式。

然而，仅有创造力是不足够的，要将想法转化为解决实际问题的有效方案，还需具备信心、主动性和知识。在一场关于加拿大未来的大概念（big ideas）的 TED 演讲中，担任过多个部门副部长的莫里斯·罗森伯格（Morris Rosenberg）谈到了他所认为的治理危机。[43] 在政府机构工作多年的经历中，他注意到政治家们因处理过程中涉及太多参与者和太多其他问题的隐含风险，而对使用大概念解决重大问题表现出极大的迟疑。他们害怕冒险，更愿意解决更小、更简单的问题。然而，正如大卫·詹金斯（David Jenkins）在反思罗森伯格的演讲时所指出的：“气候变化 …… 不只是一个单一议题，而且是一个横跨政策领域的复杂问题集，它将环境、交通、城市规划、健康、教育、农业、原住民问题等诸多方面紧密联系在一起。因此，有效的应对气候变化策略必须动员并协调不同部门、政府机构、商业团体和非政府组织成员，甚至普通公民的力量。一言以蔽之，解决这一问题需要广泛的合作。”[44] 罗森伯格在他的演讲中指出，无论大概念多么宏大，现有的政策和治理机制根本就不是为了能够解决这些问题而构建的。创造力离不开对决策结构的深刻认识、勇于担当风险与作为领导角色的自信，以及主动影响他人的行动力。关于主动性，作家兼企业家赛斯·戈丁（Seth Godin）认为：“区分成功和停滞不前的个体，同时也是区分蓬勃发展和走向衰亡的组织的关键在于，胜利者通常将主动性转化为热情和日常实践。事实证明，真正的挑战并不在于精准地把握开始实践或按兵不动的时机，而在于养成不断主动实践的习惯。”[45]

博物馆支持创造力和主动性的策略包括：

■ **鼓励开始实践：制作和创造。**许多博物馆活动鼓励人们创作自己的艺术作品、历史项目或机械装置。这种以创作为核心的实践式学习，使人们在经验丰富的引导者的帮助下完成一个项目，从而培养他们以后独立创作所需的创造力技能。

■ **认可冒险和失败。**冒险和承受失败的能力是创造力的两个重要组成部分。通过将观众带出舒适区并支持他们进行风险可控的项目和活动，博物馆可以帮助观众“成功地失败”。无论是基于个人反思创作新的艺术作品，还是与陌生人合作，博物馆引导者可以通过帮助参与者评估潜在风险、收集信息并适当规划、考虑所有风险和包括最坏情况在内的潜在障碍、评估个人风险承受度、制定风险最小化策略、权衡不参与的损失、审视价值观和优先事项以及冒险的好处等手段，来鼓励观众参与冒险。博物馆也可以通过突出展览中那些曾冒险过或失败过的艺术家或科学家的作品，来表明对于冒险的认可。

■ **让每个人都参与冒险。**说出“愿意冒险”这句话比实际参与冒险容易得多。博物馆本身往往是极端规避风险的机构，只有少数部门，如教育部门或数字部门，真正拥抱创造性实践。[46]然而，如果博物馆本身缺乏冒险和创造力的文化，就难以推动其他部门的发展。例如，哥伦布艺术博物馆就因为讲解员的抗拒、缺乏冒险精神、缺乏批判性思维培训，在推进创造力的框架时受阻。[47]解决这些内部障碍将有助于开发更多帮助参与者的具体方法。

■ **明确决策过程。**启动并跟进一个特定项目需要的不仅仅是一个想法或对创造力的承诺，规划和调动资源也是创造力的关键组成部分。博物馆通过展示内部工作流程（如艺术家、历史学家或策展人的工作），以及开发将创造力与制造、生产、分发等环节联系起来的项目，帮助参与者理解创作是一个从想法到生产和展示的完整过程。

■ **跨学科研究。**大卫·爱德华兹（David Edwards）在《艺术科学：后谷歌时代的创造力》（*Artscience: Creativity in the Post-Google Generation*）[48]中，将“艺术科学”（artscience）定义为一种“交叉学习方法”，在这种方法中，艺术和科学学科的结合催化了创新。在艺术科学的实践中，通过结合一种分析流程，“我们拥抱不确定性和复杂性，在模糊中茁壮成长，诱导并追求图像的逻辑；我们简化复杂的世界，将其挑战简化为可解决的问题，演绎、追求方程的逻辑”[49]。这种方法在第十章“文化展览：支持‘创作中’文化的博物馆模式”一节将进一步阐述。

社会与文化资本

不平等不仅仅是文化功能的体现，还涉及权力和经济因素，根除它需要多管齐下的解决方案。近期的一些出版物和研究报告[50]指出，不平等所造成的影响是“社会功能障碍”[51]，如社会分裂和两极分化、个体压力增大、幸福感下降、“童年劣势和教育失败”、暴力行为增多、社会流动性降低，以及政治参与度下降。[52]在这些领域内，博物馆有发挥的空间。

教育[53]和强大的社会关系能缓解不平等带来的影响。[54]广泛地说，教育程度较高的人往往能获得更好的工作、更多的机会；拥有强大社会网络的人则通常更为快乐、更有应对压力的韧性，并展现出更高的社会参与度。美国政治科学家罗伯特·普特南（Robert Putnam）展示了社会资本，即个人的社会网络，也是健康社区所拥有的资源。拥有丰富社会资本的个人、社区或群体，通过社会、志愿、民间社会及文化机构创建的人际网络，形成高水平的社会信任，进而能够达成共识并开展集体行动（公民活动）。[55、56]

正面的社会资本能打造更强大的社区，并且这类社区常常在拥有相似文化资本的个体之间形成。社会学家皮埃尔·布迪厄（Pierre Bourdieu）将文化资本定义为一个人拥有的知识、技能、教育等优势。[57]根据布迪厄所言，“深谙社会的精英文化”[58]能为人们在社会中赢得更高的地位和更多的流动性机会，这些文化资本主要通过家庭或学校教育获得，包括对特定音乐、艺术、文学的认识，以及对设计师、度假地点、运动、食物的了解。

博物馆是社会和文化资本的来源。定期参观博物馆的人很可能在儿童时期参观过博物馆（无论是在学校组织下还是与家人一起）[59]，熟悉博物馆内的行为规范（这本身就是一种文化资本形式的体现），以及通过博物馆的展览和公共活动，对艺术、历史或科学知识有所了解。给博物馆捐款、担任志愿者、在博物馆工作或参加博物馆活动的人也倾向于分享文化资本。[60]他们基于与博物馆相关的活动也形成了特定的网络，博物馆是他们的共同基础，这就是博物馆发展社会资本的方式。

当博物馆认识到自己在不平等的延续中所扮演的历史角色，并支持提供纠正性和公平性的教育及社会与文化资本时，博物馆才能有效地解决不平等的问题。

变革学习框架认为，社会与文化资本的公平性是博物馆应当支持的重要属性，无论是通过机构本身还是通过特定的教育活动来实现。博物馆可以实施以下支持社会与文化资本公平与纠正的策略[61]：

■ **认可多样化的文化资本。**尽管博物馆传统上是有意识或无意识地反映主导阶级的文化、规范和价值观的机构，但随着我们的社区变得更加多样化，现在许多博物馆认识到，除了传统的同质精英所拥有的文化资本，还存在多种多样的文化资本形式。博物馆在赋予文化价值方面拥有巨大的力量，因为一旦文化“进入”博物馆，就被视为在任何给定社会中具有重要性、有效性或代表性。通过在不同文化、亚文化、阶层、语言或音乐等方面的展览和项目中验证多样化的文化资本，博物馆可以努力平衡不同文化的相对价值。

■ **架桥与连接。**博物馆可以采纳罗伯特·普特南的“架桥”理念，即将不同背景的人们聚集在共同的基础上，以及“连接”理念，即加强相似人群之间的联系。面向观众的博物馆活动可以采取更细腻的视角，不仅扩大观众与机构之间的对话，而且有意识地在不同代际、性别、阶层、文化、语言或宗教的人们之间架起桥梁，或者鼓励具有相似身份的群体，如同为父亲、为西班牙裔美国人或年轻的单身专业人士等之间建立联系。帮助此类群体建立信任和互惠的方式将在下文进一步探讨。

■ **支持网络。**网络是博物馆可以提供的重要支持。博物馆通过“架桥”和“连接”在其活动参与者之间创建网络。博物馆还可以作为召集者，通过跨学科会议、研讨会、系列讲座或项目，进一步加强现有网络和机构间的联系。

■ **志愿者项目。**志愿者是大多数博物馆中的重要力量，许多博物馆甚至完全依靠志愿者的付出来维持运营。博物馆应将志愿者视为一个值得投入资源的项目，而不是员工的替代品，并将在不同人群中建立社会资本作为一项主要目标，这本身也是一种强大的学习策略。

跨文化交流

在日益全球化的世界中，我们需要找到与不同背景、语言或价值观的人交流和合作的方式。2008 年启动的欧洲项目“博物馆作为跨文化对话场所”（MAP for ID），涉及意大利、荷兰、西班牙和匈牙利博物馆的三十个试点项目。该项目将跨文化对话定义为“一个过程（而非目标）……这个过程为双方都带来变化，所有参与者都是平等的；通过将不同的视角、经验和知识基础引入对话，这一过程能促进博物馆及其多元化观众之间的互惠关系”[62]。

博物馆正致力于为周边多元社群提供支持。游客和新移民常常将参观当地的博物馆作为了解他们正在访问或迁移地点的文化、历史和身份的手段。他们通常可以获得关于历史事件或重要人物的概述，但这并不一定能帮助他们应对融入当地、理解未来日常生活中复杂和动态的细微差别以及文化代码的挑战。尽管构建跨文化能力应当是博物馆极为适合开展的活动，但许多博物馆往往做得不尽如人意。跨文化研究者西蒙娜·博多（Simona Bodo）描述了博物馆最常使用但效果不佳的三种方法[63]：

■ “文化遗产素养”：通过让人们了解一个国家的历史、语言、价值观和传统，帮助新公民融入主流文化；

■ “展示差异”：概述多元文化的展览和活动；

■ “特定文化项目”：通过外展项目或参与性展览，在社区中提升文化自我意识。

博多指出，虽然这些方法在传播跨文化知识方面有其长处，但不一定能培养应用于生活各个方面的跨文化技能。MAP for ID 项目的报告提出，真诚且持久的跨文化对话需要博物馆项目强调“个体不仅作为观众，‘而且作为创作者、制作者、传播者、评论者和决策者’，积极参与机构的选择以及意义的探讨和创造”。因此，跨文化对话不仅需要跨文化教育，还需要文化素养，即“理解、尊重并与不同文化背景的人互动的能力……这种能力对于多元社会中的公民参与至关重要”。

为了在个体之间，或者在机构（博物馆）与其观众之间发生跨文化对话，双方都必须发展以下五种综合技能：

■ 自我理解和反思自己观点的能力；

■ 对文化意义变化的敏感性；

■ 情境智能；

■ 有能力去改变自己行为的灵活性；

■ 创造力——使用文化知识促成新知识和创造力。[64]

为了提供支持跨文化能力的活动，博物馆教育工作者不仅需要自身具备这些能力，还要为多元化的参与者创造共同参与设计活动和项目的机会或平台。这不仅仅意味着邀请不同背景的人在博物馆这个人为的“中立”空间内相互建立联系，还要理解在博物馆工作中运作的文化代码。因此，“外展”工作不只是一种将博物馆的活动“带给人民”的手段，也是让博物馆教育工作者提升情境智能，并以此发展更好的跨文化和内文化能力项目的关键方法。

博物馆支持跨文化能力的策略包括：

■ **自身成为跨文化交流者。**真正的跨文化交流往往要求个体质疑他们认为是“正确”的东西，并从不同的视角审视问题。博物馆员工（包括策展人和教育者）可以通过反思自己的文化偏见和价值观，从项目参与者那里学习并共享权威，来发展自己的跨文化交流技能。

■ **设计聚集不同文化背景人群的活动和项目。**博物馆可以明确鼓励开展跨文化交流的活动，这些活动不仅面向某个特定的文化群体，而且旨在将具有不同文化背景的个体聚集在一起共同参与合作项目。项目组内的引导者可以帮助人们发展跨文化交流的技能。

■ **在展览中鼓励对个人观点和文化价值进行反思。**在展览中鼓励观众质疑特定展项中隐含的文化价值，可以帮助观众突破“普遍性”的预设，进行更细腻的思考。

■ **反思不同人、地点、时间段对藏品、艺术、观念赋予的不同文化意义。**策展人可以考虑与特定内容相关的不同本体论，并体现在文物或故事的记录、叙述和展示方式中。

社会参与

社会参与被定义为人们“努力创造变革……（并）通过政治和非政治过程提升社区生活质量”[65]的过程。它是个体自信、同理心、韧性、情境智能和社会资本共同促成的积极社会结果。参与社会和政治生活也会反过来增强上述所有属性，并提升社区乃至社会的凝聚力。

自20世纪90年代以来，全球许多国家开始在学校课程中引入“公民教育”科目，目的是“帮助年轻人成为民主政治系统中有能力和负责任的公民”[66]。这些项目着重于培养学习者理解、解释、比较和评价政府与公民原则及实践所需的智力技能[67]，以及传授参与、决策和批判性思维的技能。

数字时代开辟了新的参与渠道和机会。特别是年轻人，他们利用前所未有的机会通过在线社交网络与他人建立联系，分享对他们来说重要的照片、视频和文本，创造了一种新型的、更为扁平的文化参与形式。其中一些活动延伸至公共领域。皮尤研究中心的报告《数字时代的社会参与》（2013）[68]显示，2008—2012年，美国通过社交网站完成的政治参与出现了显著增长，相当一部分社交网站用户表示，网络活动促使他们更深入地了解社会或政治问题，并围绕这些问题采取行动。

然而，尽管数字化推动了参与文化和社交媒体在公共利益和社会参与中的应用，为那些本不可能参与的人提供参与机会，社会参与仍然存在不平等现象。在那些最不平等的社会中，无论是在线上还是线下，社会、文化和政治参与的频率和深度往往较低。社会学家将这一现象归咎于社会地位与目标的竞争、人际交往的减少、信任感的下降，以及普遍存在的无力感，这些问题在收入和教育水平较低的人群中尤为明显。[69]提升自由度和可及性有助于增加公平参与的机会，但无法根除这些差距。

随着不平等现象的加剧，传统的政治参与式微，安全问题日益突显[70]，社会对加强“社会和公民能力”的支持呼声日益高涨，社会参与的重要性也随之提升。[71]

博物馆和图书馆是公共的、自发的、与民互动的机构。博物馆资助方日益重视在众多新项目中，特别是旨在提升“社会凝聚力”的项目中，咨询和邀请当地社区参与，以此强化个人与社区之间的纽带。[72]

博物馆正在探索将被动参观展览的模式转变为更积极和公平的参与形式。例如，支持观众、志愿者和员工与他人建立联系，并动员他们在自己的社区和社会内“促成变革”。

社会参与是一种技能，它将个人的兴趣和特质转化为动员他人和实现变革的能力。博物馆可以采取以下支持社会参与的策略，这些策略均基于“连接式公民”的概念——这种学习形式旨在“激发年轻人关切的兴趣和身份认同，助力他们在公民参与政治的过程中发挥话语权和影响力”[73]。

■ **学会发起挑战。**博物馆不需要依靠列举世界上所有的问题来激发社会参与。实际上，博物馆如果做到在自身遭受挑战时保持开放的心态，这本身便有助于培养公众挑战现状的能力。伯纳黛特·林奇对她在曼彻斯特博物馆负责的一个项目进行了反思，博物馆工作人员无意中压制了可能有益的争议：“该博物馆未提供机会让（项目参与者）通过积极抵抗博物馆微妙的权力机制来获得信心，反而采用了博物馆中基于共识、宽容、同情、治疗性的文化，削弱了参与者自信心的形成过程。工作人员要求这些参与者认同自己的利益与机构的利益一致性，结果是助长了博物馆现状的维持，而非激发对其现状的质疑。”[74] 马德里（Madrid）的《隐形教学集体》（*Invisible Pedagogies Collective*）提出，在所有博物馆学习项目中设置两位具有潜在不同观点的引导者，可以打破机构只有单一声音的局限。[75] 博物馆内部对此可能感到难以接受，但为了解决博物馆“社区”内真实且根深蒂固的社会分层，这可能是必要的策略。

■ **连接兴趣。**社会参与要求人们突破个人兴趣的层面，以或许出人意料的方式与他人建立联系。鼓励人们思考“此事如何与他人兴趣相联系”的博物馆展览和项目，能够促进人们开始向外而不是向内思考。[76]

■ **为共同目标和共享公民实践提供机会。**将不同的人围绕共同目标聚集在一起的博物馆项目，能够创造人与人之间的连接感，并促使人们建立新形式的社会资本。项目应积极招募多元化的参与者，降低参与门槛，并为年轻人提供多种合作模式，无论是以临时的或是更持久的形式。

■ **连接人和网络。**公民参与的目标是将“一个松散关联的网络转变为社会组织化、自给自足，并被原始兴趣驱动的社区以外的人所认可的社区”[77]。博物馆可以积极寻找方法，将其用户、员工、志愿者与更广阔的世界连接起来。

结论

上述的学习变革框架旨在确保博物馆能够以最好的方式支持和培养观众在快速变化的世界中生存所需的基本技能。该框架假设博物馆不仅仅是保存和收集藏品的场所，而且还是背负着与观众、利益相关方、社区以及员工和志愿者密切相关的特定期望和责任的文化和社会机构。因此，学习变革框架不应仅被看作是博物馆教育部门可以采纳的教学方法，而应被视为一套可以应用于博物馆各个层面的整体策略。

注释：

1 Michael Harris, “How the Web Became Our ‘External Brain,’ and What It Means for Our Kids,” *Wired*, August 6, 2014, http://www.wired.com/2014/08/end-of-absence-how-technology-changes-our-brains -society-children/.

2 “The State of Consumption Today,” Worldwatch Institute, http://www.worldwatch.org/node/810.

3 The Intergovernmental Panel on Climate Change, http://www.ipcc.ch/.

4 Quoted in Fiona Cameron, “From Mitigation to Creativity: The Agency of Museums and Science Centres and the Means to Govern Climate Change,” *Museum and Society* 9, no. 2 (July 2011): 90–106, http://www2.le.ac.uk/departments/museumstudies/museumsociety/documents/volumes/cameron.pdf.

5 Gail Lord and Ngaire Blankenberg, *Cities, Museums and Soft Power* (Washington, DC: AAM Press, 2015).

6 Inspired Learning for All is a self-help improvement framework for museums, libraries, and archives that includes Generic Learning Outcomes and Generic Social Outcomes. The Generic Learning Out-comes (GLOs) identifies “knowledge and understanding” as only one of five key learning outcomes from museums—the others being “skills,” “attitudes and values,” “enjoyment, inspiration, creativity,” and “activity, behavior and progression.” Skills and attitudes identified in GLO include skills in information management, social and communication skills, enhanced self-esteem, tolerance for difference, increased motivation and empathy, and exploration, experimentation, and making. http://www.inspiring learningforall.gov.uk/toolstemplates/genericlearning/.

7 The P21 Framework presents a holistic view of twenty-first-century teaching and learning that

combines a discrete focus on twenty-first-century student outcomes (a blending of specific skills, content knowledge, expertise, and literacies) with innovative support systems to help students master the multidimensional abilities required of them in the twenty-first century and beyond. For more on the P21 Framework: http://www.p21.org/index.php.

8 Connected Learning, http://connectedlearning.tv/what-is-connected-learning.

9 For example, Falk and Dierking have a solid body of work describing the connection between identity and the visitor experience. They identify the five typologies of the museum visitor: host, facilitator, experience-seeker, professional hobbiest, recharger, and explorer.

10 Falk, crystal bridges etc.

11 This approach is probably the most common pedagogical approach in museum education, advanced by Piaget, Vygotsky, Dewey, and others.

12 Matt S. Giani and Christina M. O'Guinn, "Motivation to Learn: Igniting a Love of Learning in All Students," From Youth in the Middle, John W. Gardner Center (2010), http://gardnercenter.stanford.edu/resources/tools.html.

13 Mizuko Ito, Kris Gutiérrez, Sonia Livingstone, Bill Penuel, Jean Rhodes, Katie Salen, Juliet Schor, Julian Sefton-Green, and S. Craig Watkins, Summary, "Connected Learning: An Agenda for Research and Design: A Research Synthesis Report of the Connected Learning Research Network," http://dmlhub.net/ wp-content/uploads/files/ConnectedLearning_summary.pdf, retrieved April 13, 2015.

14 John Mark Froiland, Emily Oros, Liana Smith, and Tyrell Hirchert, "Intrinsic Motivation to Learn: The Nexus between Psychological Health and Academic Success," *Contemporary School Psychology* 16 (2012).

15 Barbara McCombs, "Developing Responsible and Autonomous Learners: A Key to Motivating Students," American Psychological Association, http://www.apa.org/education/k12/learners.aspx; Nicolas Gillet, Robert J. Vallerand, and Marc-André K. Lafrenière, "Intrinsic and Extrinsic School Motivation as a Function of Age: The Mediating Role of Autonomy Support," *Social Psychology of Education* 15, no. 1 (2012).

16 Gillet *et al.*, "Intrinsic and Extrinsic School Motivation."

17 A study of 1,600 elementary and high school students aged nine to seventeen years in the province of Quebec, Canada, found that there was a decrease in intrinsic motivation from nine to twelve years, a slow stabilization until fifteen years old, followed by an increase after fifteen. The study showed, however, that teacher autonomy support mediated the age-school motivation relationships. See Gillet *et al.*, "Intrinsic and Extrinsic School Motivation."

18 These strategies have been informed by Connected Learning Framework, Giani and O'Guinn, "Motivation to Learn: Igniting a Love of Learning in All Students."

19 Connected Learning Framework, Giani and O'Guinn, "Motivation to Learn: Igniting a Love of Learning in All Students."

20 Darin Hayton, "Modeling Curiosity in the History of Science," Consortium for History of Science, Technology and Medicine," http://www.pachs.net/blogs/comments/modeling_curiosity_in_the_history_of_ science/.

21 Darin Hayton, "Critical Thinking in Classrooms and Museums," http://dhayton.haverford.edu/blog/2013/03/02/critical-thinking-in-classrooms-and-museums/.

22 The Historical Thinking Project was a Canadian initiative of the Center for Historical Consciousness from 2006 to 2014 aimed at incorporating the six concepts of the Historical Thinking Framework into school curricula (see below). The project describes how historical thinking leads to historical literacy—a valuable way of helping us to understand and manage changes in our lives and societies today.

23 P21 Partnership for 21st Century Learning, http://www.p21.org/about-us/p21-framework/260.

24 "Digital fabrication is useful for us because the first step is learning how to see. It starts by learning how to look at what you just captured on your camera or phone and manipulating it, studying it in the 3D space, and trying to perfect it. You get to understand something very well by using your eyes. Those are skillsets that align very well with scientific practices. It allows us to take that final step within the digital fabrication process and print something—something you might otherwise be unable to actually see or touch, such as a nebula or bacteria, or something too fragile or sensitive like a dinosaur bone, and putting it in a form that you can actually hold in your hand. Digital fabrication creates all sorts of interesting new pathways for informal science and for us to connect with youth." Barry Joseph became the associate director for digital learning, Youth Initiatives, at the American Museum of Natural History, http://dmlhub.net/newsroom/expert-interviews/blending-digital-media-badging-and-museum-based-learning/.

25 http://www.stemchallenge.org/stem/#/home.

26 http://www.oxforddictionaries.com/definition/english/resilience.

27 For a great discussion on the history of resilience research, see John Fleming and Robert J. Ledogar, "Resilience, an Evolving Concept: A Review of Literature Relevant to Aboriginal Research," PMC Canada Author Manuscripts, PMC2956753 (2008), http://www.ncbi.nlm.nih.gov/pmc/articles/PMC2956753/.

28 "Definitions of Community Resilience: An Analysis," CARRI (Community and Regional Resilience Institute) Report (2013), http://www.resilientus.org/wp-content/uploads/2013/08/definitions-of-com munity-resilience.pdf.

29 Bari Walsh, *The Science of Resilience: Why Some Children Can Thrive Despite Adversity,* March 23, 2015, in Usable Knowledge, Harvard Graduate School of Education, https://www.gse.harvard.edu/news/uk/15/03/ science-resilience, retrieved April 14, 2015.

30 American Psychological Association, http://www.apa.org/helpcenter/road-resilience.aspx.

31 Robert J. Ledogar and John Fleming, "Social Capital and Resilience: A Review of Concepts and Selected Literature Relevant to Aboriginal Youth Resilience," *Pimatisiwin* 6, no. 2 (Summer 2008): 25–46.

32 Arts Council, England, http://www.artscouncil.org.uk/funding/apply-funding/funding-programmes/museum-resilience-fund-2015-18/.

33 See Chelsea Kelly, "How Can Museums Change Teens—and Vice Versa?" Art Museum Teaching, artmuseumteaching.com/2014/08/25, how-can-muiseums-change-teens-and-vice-versa/.

34 José-Marie Griffiths and Donald W. King, Institute of Museum and Library Services,

"Interconnections: The IMLS National Study on the Use of Libraries, Museums and the Internet, Conclusions Summary" (February 2009), published online at www.interconnectionsreport.org/reports/ConclusionsSummaryFinalB .pdf, 3; Fiona Cameron, "From Mitigation to Creativity: The Agency of Museums and Science Centres and the Means to Govern Climate Change," *Museum and Society* 9, no. 2 (2011): 90–106: "Cultural institutions, such as museums and science centres, are not prominent in people's minds as information sources on climate change but they are seen as potentially one of the most trusted. Sixty-nine per cent of the Australian, and 65 per cent for the US sample, viewed science organizations as the most trusted followed by cultural institutions, museums and science centres at 55 per cent and 56 per cent respectively." http://www2.le.ac.uk/departments/museumstudies/museumsociety/documents/volumes/cameron.pdf.

35 Distilled from a number of online sources including Mila Hakanen and Aki Soudunsaari, "Building Trust in High-Performing Teams," Technology Innovation Management Review, June 2012, http://timreview.ca/ article/567, retrieved April 14, 2015.

36 Meg Bear, "Why Empathy Is the Critical 21st Century Skill," https://www.linkedin.com/pulse/ 20140424221331-1407199-why-empathy-is-the-critical-21st-century-skill.

37 Greater Good, http://greatergood.berkeley.edu/quizzes/take_quiz/14.

38 Daniel Goleman, http://www.danielgoleman.info/purchase/.

39 Daniel Goleman, " 'Empathy' —Who's Got It, Who Does Not," *Huffington Post*, June 2, 2009, http://www .huffingtonpost.com/dan-goleman/empathy---whos-got-it-who_b_195178.html.

40 See Joseph Nye "Contextual Intelligence," https://www.youtube.com/watch?v=2LLNHQ2%5_M.

41 Tarun Khanna, "Contextual Intelligence," https://hbr.org/2014/09/contextual-intelligence.

42 Cooper–Hewitt, "Tools: Extending Our Reach," http://www.cooperhewitt.org/events/opening-exhibi tions/tools/.

43 In February 2015, Canada 2020, an independent think tank loosely connected to the country's Liberal Party, invited five thought leaders to Ottawa to give TED Talks on Big Ideas for Canada's future.

44 Don Lenihan, "Five Big Ideas for Canada, But One Is the Biggest," National Newswatch, February 28, 2015, http://www.nationalnewswatch.com/2015/02/28/five-big-ideas-for-canada-but-one-is-the-big gest/#.VS6Ng_mUezB.

45 Seth Godin, *Poke the Box* (The Domino Project, 2015).

46 Linda Norris and Rainey Tisdale's *Creativity in Museum Practice* (Walnut Creek, CA: Left Coast Press, 2014) discusses how to build creative cultures in museums and similar cultural institutions.

47 Rachel Trinkley, "Nurturing a Culture of Change: Creativity and Docents," Museum Education Roundtable JME 39.2: *Intentionality and the 21st Century Museum* 39, no. 2 (July 2014): 187–96. doi: http://dx.doi.org/10.1179/1059865014Z.00000000057.

48 David Edwards, *Artscience: Creativity in the Post-Google Generation* (Cambridge: Harvard University Press, 2010).

49 "What Is Artscience?" http://www.artscienceprize.org/asp/what-is-artscience, retrieved May 7, 2015.

50 Abigail McKnight and Brian Nolan, "Gini, Social Impacts of Inequalities," http://www.gini-research.org/system/uploads/391/original/Intermediate_Work_Package_4_Report.pdf?1351592931-, warns against pure causal relationship.

51 *The Spirit Level*, by Richard G. Wilkinson and Kate Pickett (New York: Penguin Group, 2009), is a much-debated book that points to correlation between inequality and social dysfunction.

52 The research in *The Spirit Leve*l was also followed up by the Gini Project, McKnight and Nolan, "Gini, Social Impacts of Inequalities."

53 "According to our analysis it is clear that education is the most important variable for social mobility," says Hans-Peter Blossfeld, professor of sociology at the EUI, principle investigator of the ERC-funded project eduLife, and a founder of CLIC, the Comparative Life Course and Inequality Research Centre at the EUI. "It is also one of the major variables determining social inequality, income, upward job mobility, and quality of jobs." Mark Briggs, "Is Education the Path to Social Mobility?" European University Institute Times, http://times.eui.eu/is-education-the-path-to-social-mobility.html; Dan Greenstein and Jamie Merisotis, "Education Does Reduce Inequality," *Wall Street Journal*, April 9, 2015, http://www.wsj.com/articles/educa tion-does-reduce-inequality-1428619552.

54 Economist Paul Krugman points out that a lack of education and/or workplace skills is NOT the cause of rising inequality and therefore education is not the cure of inequality; rather, redressing inequality of power should look at addressing corporate profits and wealth concentration. Paul Krugman, "Knowledge Isn't Power," *New York Times*, February 23, 2015, accessed April 14, 2015, http://www.nytimes.com/2015/02/23/ opinion/paul-krugman-knowledge-isnt-power.html?_r=0. Responses to Krugman include Greenstein and Merisotis, "Education Does Reduce Inequality."

55 Robert D. Putnam, *Bowling Alone: The Collapse and Revival of American Community* (New York: Simon & Schuster, 2000); Robert D. Putnam and Lewis Feldstein, Better Together: Restoring the American Community (New York: Simon & Schuster, 2003).

56 Francis Fukuyama, "Social Capital and Civil Society," International Monetary Fund, October 1, 1999, https://www.imf.org/external/pubs/ft/seminar/1999/reforms/fukuyama.htm.

57 Pierre Bourdieu, "The Forms of Capital" defines three forms of capital: economic, social, and cultural. In *Handbook of Theory and Research for the Sociology of Education* (New York: Greenwood, 1986).

58 http://www.encyclopedia.com/topic/Cultural_capital.aspx.

59 Ted Silberberg, "Market Analysis," The Manual of Museum Planning, ed. Barry Lord, Gail Dexter Lord, and Lindsay Martin. Lanham, MD: Rowman & Littlefield, 2012, 83.

60 The demographic analysis in the report shows that education is a very important factor in arts and culture volunteering and donating. Hill Strategies, "Volunteers and Donors in Arts and Culture Organizations in Canada in 2010," http://canadacouncil.ca/~/media/files/research%20-%20en/arts%20funding/volun teers%20in%20arts%20and%20culture%20organizations%20in%20canada/volunteers_donors2010_ execsumm.pdf.

61 Lord and Blakenberg, *Cities, Museums and Soft Power*.

62 Simona Bodo, Kirsten Gibbs, and Margherita Sani, eds., "Museums as Places for Intercultural Dialogue: Selected Practices from Europe," MAP for ID Group (2009), 15.

63 Simona Bodo, "New Paradigms for Intercultural Work in Museums—Or Intercultural Work as a New Paradigm for Museum Practice? Part I," April 18, 2013, *Incluseum*, http://incluseum.com/2013/04/18/ new-paradigms-for-intercultural-work-in-museums-or-intercultural-work-as-a-new-paradigm-for-muse um-practice-part-i/.

64 Based in part on Andrew Elliot and Carol S. Dweck, eds., *Handbook of Competence and Motivation* (New York: Guilford, 2005), chapter 27, "Cultural Competence: Dynamic Processes," by Chi-yue Chiu and Ying-yi Hong.

65 A definition of civic engagement in *Civic Responsibility and Higher Education*, edited by Thomas Ehrlich, published by Oryx Press, 2000, Preface, page vi.

66 Charles N. Quigley, Executive Director, Center for Civic Education, "Global Trends in Civic Education, A Speech Given at the Seminar for the Needs for New Indonesian Civic Education, Center for Indonesian Civic Education (CICED)," March 29, 2000, Bandung, Indonesia, http://www.civiced.org/papers/articles _indonesia.html.

67 Quigley, "Global Trends in Civic Education."

68 Aaron Smith, *Civic Engagement in the Digital Age*, April 2013, Pew Research Centre, http://www.pew internet.org/2013/04/25/civic-engagement-in-the-digital-age/, retrieved April 15 2015.

69 Bram Lancee and Herman van de Werfhorst, "Income Inequality and Participation: A Comparison of 24 European Countries," Gini Discussion Paper 6, January 2011, http://www.gini-research.org/system/ uploads/231/original/DP_6_-_Lancee_vd_Werfhorst.pdf, retrieved April 15, 2015.

70 Marked by greater fear in relation to terrorism substantiation.

71 For example, social and civic competencies are one of the eight key competences identified in 2006 by the Council and the European Parliament as essential for citizens living in a knowledge society; and "promoting equity, social cohesion and active citizenship through school education" is also one of the main objectives of the Strategic Framework for European Cooperation in Education and Training, which extends to 2020.

72 Dr. Bernadette Lynch, " 'Whose Cake Is It Anyway?' : Museums, Civil Society and the Changing Reality of Public Engagement," 2, *Museums and Migration* (New York: Routledge 2014), retrieved April 15, 2015, https:// www.academia.edu/6055201/_Whose_cake_is_it_anyway_museums_civil_society_and_the_changing _reality_of_public_engagement._Dr_Bernadette_Lynch.

73 Mizuko Ito, Elisabeth Soep, Neta Kligler-Vilenchik, Sangita Shresthova, Liana Gamber-Thompson, and Arely Zimmerman, "Learning Connected Civics: Narratives, Practices, Infrastructures," *Curriculum Inquiry* 45, no. 1 (2015): 10–29, doi: 10.1080/03626784.2014.995063, http://www.tandfonline.com/doi/full/10.10 80/03626784.2014.995063#abstract.

74 Lynch, " 'Whose Cake Is It Anyway?' "

75 Andrea de Pascual, "Invisible Pedagogies: Expanding the Concept of Education in Museums," April 3, 2014, in Art Museum Teaching, http://artmuseumteaching.com/tag/critical-pedagogy/.

76 Mimo Ito, Elisabetha Soep, and others active in the Youth and Participatory Politics Research Network (YPP) and the Connected Learning Research Network (CLRN) refer to "hybrid narratives—young people mine their cultural contexts and products for civic and political themes relevant to issues of public concern." "Learning Connected Civics: Narratives, Practices, Infrastructures."

77 Ito *et al*., "Learning Connected Civics: Narratives, Practices, Infrastructures."

第五章 博物馆学习中策展人角色的变化

成为一名策展人以及从事策展工作似乎已成为当下的热门活动。策展已从传统的博物馆和美术馆领域扩展至更宽广的范畴。如今，诸多领域均运用了“策展”的概念，如音乐、旅行规划、零售库存和菜单设计。随着“策展”一词的普及，特别是在网络内容泛滥的情况下，“策展内容”意味着由专人挑选和处理后的内容。许多新定义的模式都是基于将策展人视为独到的专家而提出的。他们凭借专业知识，对所提供内容做出明智的取舍与判断。成千上万的歌曲、图片和视频在经过筛选后，被重新组合成高质量的成果。这种精心选择的过程被视为策展人的核心价值。

尽管人们对“策展”这一行为赞誉有加，博物馆的策展人却常有危机感。随着博物馆获得越来越多的公众关注，以及创收需求的不断增长，策展人对行业的相关性乃至其存在的必要性都提出了质疑。策展人在博物馆中能扮演什么样的角色？与本书主题最相关的问题是：在共享权威和共同策展的新情境中，策展人可以在博物馆学习中扮演什么角色？他们如何适应这些新情境？本章将探讨 21 世纪“策展人”定义的变化——从审视策展人的传统角色开始，进而概述策展和整个博物馆行业面临的情境变化，最后提出在 21 世纪的非正式学习机构中，成为一名策展人的意义所在。

什么是策展人

“策展人”（curator）这一词来自拉丁语“curare”，直译为“照料”。它通常指的是对博物馆藏品的管理责任。策展人显然有许多不同的类型，难以被一个单一的定义所涵盖。但一般而言，策展人被视为专业的鉴赏家，他们的工作包括为藏品编目、购置新藏品、开展研究、举办展览以及为公众解惑。不同类型的博物馆、藏品和观众对策展人提出了不同的能力和知识深度等要求。正如下文所述，这一角色的公共维度和职业要求在过去几十年里不断提升，策展人不再是与世隔绝的象牙塔中的形象。

在国际博物馆协会（ICOM）认可的欧洲博物馆职业参考框架中，策展人的岗位描述更贴近于公众对该职业的传统认知。该框架旨在“提升国家和国际博物馆工作的专业水平和质量”[1]，并按照收藏与研究、观众服务、行政管理与后勤等三个职业组别对博物馆活动进行了划分。在收藏与研究职业组中，明确了三类策展人角色：策展人、策展助理、展览与展示策展人。由于负责藏品的策展人与负责临时展览的策展人之间的区别并不清晰，这些角色将被一同讨论。

策展人的责任包括：

■ 藏品管理：策展人负责规划并执行藏品的保存和编目工作；监管藏品的保护措施，并记录相关保护工作。

■ 发展建议：向馆长提供关于藏品发展策略的建议。

■ 藏品研究：深入研究藏品，设计并实施研究项目，维护藏品和展览相关的信息及文献材料的流通。

■ 展览提升：参与常设展览及临时展览、出版物和公众活动的设计与组织工作。

■ 行政管理：在馆长的指导下管理预算和员工。

策展助理在以上工作中辅助策展人，而展览与展示策展人则负责以下事务：

■ 制订展览计划并对设计方案进行评估。

■ 与教育部门和观众服务部门的工作人员合作，改进交流方式，增进公众对展览的接触和理解。

■ 支持这些项目的推广及相关出版物的发行工作。

虽然这些理想化的岗位描述在2008年才被提出，但仍显得相当单薄，甚至有些守旧。这些描述或许反映了许多策展人对日常工作内容的期望或认知，但是策展人的角色已经历了长久的变化，尤其是自从20世纪80年代新博物馆学兴起，博物馆对公众日益重视，策展人岗位的机构环境已经发生了显著变化。

策展语境的变化

本章的讨论主要针对西方博物馆界的情况，并不打算涵盖全球范围内的所有情况。尽管如此，我们也认可并欢迎其他类型的博物馆学和策展实践（这些实践或许应该得到更多的关注）。[2] 然而，考虑到整个行业对标准化和专业化的追求（如 ICOM 的案例所示），平心而论，西方模式的策展已广泛传播并应用于不同地区，因此，在不讨论泛用西方模式是否合理的前提下，本章对于西方模式下专业化的从业人员而言可能有所裨益。

在过去几十年中，有许多因素促使我们重新思考策展人的角色，并影响了博物馆行业的发展。自 20 世纪 60—70 年代以来，许多文献讨论了“认识观众”的现象、社会环境问题及其对博物馆的重要性，以及从注重藏品转向注重观众以消除精英主义的趋势。这种对博物馆目标和角色的重新定位，对观众多样性和需求的更加关注，可能会让坚守传统做法的策展人感到格格不入。博物馆关注重心的转移也在博物馆工作人员构成的变化中有所体现。帕特里克·博义兰（Patrick Boylan）注意到，随着博物馆数量的增加，博物馆的工作人员总数也有所增长。然而，这并非从业人员增加的唯一原因。[3] 其他原因还包括博物馆工作变得更加复杂和专业，涵盖了藏品保护、教育、设计、展览及管理、财务和行政支持等多方面。这种劳动分工看似削弱了传统策展人的角色，实际上是对博物馆在教育和社会方面新任务与新需求的响应，也是对财务可持续性呼声的回应。随着博物馆重心的转移，策展人可能觉得自己逐渐被边缘化。

在这些影响博物馆行业的早期重要变化背景下，当今社会生活中其他方面的变化也对博物馆产生了冲击。其中，新媒体和新兴技术对当代生活产生了最为深刻的影响。社交网络和其他在线平台的兴起，丰富了表达方式和信息共享的形式，改变了我们沟通和学习的方式，促进了更广泛的公众参与。这些由新媒体引发的社会变化也波及博物馆的内部，开始影响甚至挑战策展人作为知识的创造者、传播者和守护者的角色。

人口结构的变化和代际更迭同样对博物馆及策展人产生了影响。社会许多族群的构成正在迅速变化，曾经被边缘化的社区开始发声，人均寿命增长，X、Y、Z 世代成为社会的重要力量。这些变化带来了更为丰富的多样性、身份认同的复杂化以及归属感的新形态。这些新观众与博物馆过去服务的传统观众截然不同，策展人需要反思自己是否准备好应对这个日益复杂的世界。不过，策展人通常处于研究和文化趋势的前沿，具备高度文化敏感性，他们可以为博物馆适应变化的环境、吸引新观众并保持其相关性提供宝贵的帮助。

鉴于 21 世纪经济、社会和教育领域的深刻变革，要适应基于信息的经济环境，所需能力与几十年前相比已有很大不同。这些必备的能力[4]包括:

■ 学习与创新能力

– 批判性思考与解决问题能力

– 创造力与创新

– 沟通与合作能力

– 视觉素养

– 科学与数学素养

■ 信息、媒介与技术能力

– 信息素养

– 媒介素养

– 信息通讯技术（ICT）素养

■ 生活与职业能力

– 灵活性与适应能力

– 主动性与自我引导

– 跨文化交流

– 生产力与责任感

– 领导力与使命感

■ 21 世纪素养

– 全球议题意识

– 财经、商业及创业素养

– 公民素养

– 健康素养

– 环境素养

博物馆需要重新定位自身，以适应那些旨在发展特定能力和增进全球议题意识的学习需求。学习已经不再仅限于通过常规讲解向观众传递展览知识。正式的学习机构，如学校，正在越来越多地支持新的学习方式。博物馆凭借其在非正式学习方面的优势，能够有效促进特定知识获取，而策展人应当扮演启发者的角色，以对话和交流的方式推动这一进程。

21 世纪的策展人

策展人，也许还包括图书馆馆员，正面临一个困境：他们一方面通过大学体系和工作环境完成社会化进程，进入了基于收藏与研究的世界，另一方面又处于一个更加全球化、以客户为导向、聚焦观众的新时代。在这样的背景下，预算日益紧缩的博物馆需要不断调整和适应环境以维持运营。但是，对特定主题的渊博知识以及基于收藏与研究的博物馆实践方式，是否真的与日益增长的关注公众的需求在博物馆中互不相容？我认为并非如此。

我们首先要认识到，策展人这一身份蕴含着极其重要的多样性。在不同类型的博物馆中工作的不同类型的策展人，有时需要处理各类藏品，而有时则要策划无藏品的展览，这都需要一系列特定的能力和知识。尽管个别机构可能存在特殊的要求和背景，但总体而言，策展人在实践中需要掌握的能力和扮演的角色远远超出了上文讨论的基本岗位描述。在实践中，策展人需要掌握广而精的能力，同时也是学者、教育家、演艺人员、外交官、谈判专家、筹资者、管理者。在博物馆内部劳动分工日益精细的背景下，策展人所拥有的用于筹资的社交网络、作为特定领域专家的谈判能力、通过学术成就带来额外收入和提升博物馆声誉的能力，以及给予公众直接对话的机会，都是博物馆不可或缺却往往忽视的贡献。

策展人的实践范围极为广泛。很明显，现在的策展人已不再是会对非学术型观众感到不满的学究形象，博物馆环境的变化使 19 世纪的策展模式成为明日黄花。然而，许多策展人接受的训练真的能帮助他们适应现代博物馆的工作方式吗？传统的研究生教育将重心放在科研和发表论文上，与实际的博物馆工作存在脱节。虽然一些研究生项目，如英国艺术与人文研究委员会的合作型博士奖励计划，为学生提供了与博物馆合作开展博士研究的机会，但这类项目依然屈指可数。博物馆需要在策展人的职业早期就开展培训，并持续发展这一重要资源。短期策展合同的增加导致了策展人职业生涯的不稳定，也危及了藏品及基于藏品的研究的可持续性。因为短期策展忽视了理解藏品和掌握专业知识所需的时间投入。而博物馆也应意识到，保障策展人的合理待遇并认可其工作价值，是十分重要的。例如，博物馆不应将策展人视为行走的百科全书、乏味且昂贵的信息提供者，而应意识到信息与知识的差别——策展人所提供的不仅是信息，更是知识。削弱甚至否定策展人作为知识管理者的关键作用，就像新闻机构裁撤调查记者一样，是在自掘坟墓，遗憾的是，这两种情况如今并不少见。

策展人是知识管理的守门人。与出版社编辑、广播电台编导、创意总监等专业人员一样，策展人的专业知识是产出高质量内容的关键。他们有能力理解和分类大量信息，区分其有用与否。正如本章引言中提到的，人们需要经过策展的内容，而策展需要大量的知识储备。策展人拥有将展览、陈列和活动转变为博物馆成功之作的权威力量，但他们必须审视自己在机构中的角色，才能做到这一点。

策展人的三种角色

2003 年，菲尔德博物馆的麦卡瑟美洲策展人乔纳森·哈斯（Jonathan Haas）提出了 21 世纪人类学策展人的三种角色：研究与写作、藏品管理、展览与公共项目。[5] 关于研究与写作的角色，哈斯指出，策展人通过研究和发表论文著作实现学术领导力，并确定其学术方向，从而设定博物馆的学术议程。而这一议程将决定展览、陈列、公共活动及其他博物馆产品的定位。要做到这一点，策展人需要积极开展学术研究，走在该领域理论和方法的前沿。关键在于藏品、收藏过程以及研究本身都不是目的，而是手段，它们需要与人们的生活相连，即藏品和研究必须同观众之间具有相关性，并成为“增进文化理解”的工具。研究可以超越藏品的范畴，但其终极目标应当是支持博物馆的公共职能。

哈斯还指出，策展人通常隶属专业的藏品管理团队，无须独立承担藏品的维护工作。他们的职责和权威主要集中于藏品保护和利用方面，包括但不限于以下事项："为研究目的和展览确定藏品的适宜用途、制定保存策略（例如，是按类型还是按文化群组归类物品）、为藏品目录识别和命名藏品、评估藏品的经济价值以便购买保险、入藏和除藏、处理文物归还事宜，以及在必要时权衡藏品的使用和保护。"[6]

最后，哈斯强调了展览与公共项目在策展人角色中的重要性。他指出，策展人需要学习如何将研究内容转化为展览和项目，包括撰写通俗易懂的标签文本等。这项工作和其他角色一样，不仅需要培训学习，还需要与能够弥补策展人短板的专家进行团队合作。策展人需要巧妙地平衡智识水平上的高水准和对更广泛观众群体的吸引力，这也意味着博物馆有机会比传统学术机构更有效地吸引和鼓励更多的人积极参与学术话题和相关研究。

哈斯将策展人的职责划分为三种角色，这一做法不仅确保策展人的工作能够真正体现其价值，还能充分发挥策展人固有的优势使博物馆获益。然而，这也要求策展人始终站在博物馆学的学科前沿，关注观众需求，以维持博物馆与当代社会的相关性。策展人的实践范畴可以从鉴赏家延伸至娱乐提供者，这一过程形成了一条连续的发展轨迹。策展人不必独立承担所有职责，其中的空缺给团队合作和跨博物馆的流程整合留下了巨大的发展空间。

"优秀策展人运动"

在当今时代，策展人需要证明自身在博物馆中的必要性和相关性。随着职能分工的细化，传统的策展活动被藏品管理员、展览专家或采用专业化和标准化实践的外联和学习专家所接管，这种趋势可能导致策展人的角色日益被边缘化，甚至显得多余。"优秀策展人运动"因而兴起，该运动旨在捍卫博物馆内策展人的角色，并为其提供生存途径。该运动强调"策展知识"是博物馆实践的重要组成部分，缺少这一要素，博物馆的功能将被大大削弱，无法完成其使命。这种策展知识结合了"学科专业、藏品及其相关性知识、博物馆服务社区的知识以及如何使用和帮助他人获取这些知识的能力"[7]。基于这一定义的策展人工作成为博物馆提供优质服务的重要基石。

在提升专业知识可及性方面，策展人是博物馆不可或缺的藏品专家，但这种综合能力必须与当今博物馆学的要求相结合。因此，策展人需要帮助观众以 21 世纪技能作为切入点开展学习。这种学习并非传授既定的知识，而是赋予观众提出问题、基于实物探究、获取信息以及自主探索的技能。“换言之，策展人应促进社会中所有人以更深层次、更有意义的方式接触文化遗产并从中受益，这是博物馆重要的影响力，却时常因为与其他活动同时开展而被忽视。这也是策展知识为博物馆所有工作奠定基础的原因。”[8] 在实践中，最理想的情况是，团结拥有不同综合能力的工作人员以相互尊重和欣赏的态度团结协作，共同助力博物馆繁荣发展。对观众而言，这种态度同样有效。在“公民科学”（citizen science）的框架下，自然历史博物馆邀请人们通过志愿记录野生动植物、收集样本或转录手写历史记录，为研究贡献力量。尽管众包的方法并不适用于所有研究问题，但这一信息收集方式具有巨大的潜力，在历史、艺术和考古学领域也得到应用。“微历史”（MicroPasts）项目就是例证之一，它不仅展示了众包数据的可能性，还能为新的中小型社区基础研究项目众筹资金，从而允许爱好者参与制订非正式的学术议程。

因此，“优秀的策展人”[9] 是：

■ 对其服务社区中的藏品及其背景有深入了解的专家；

■ 能够认识到藏品的价值，并帮助其持续发展以保持相关性；

■ 能够分享知识，以支持同事的工作并助力博物馆发挥更广泛的功能，特别是在保障藏品的可持续使用和相关知识的永续传承方面；

■ 具有责任心、开放且诚实，并坚持维护多样性和包容性。

对于博物馆而言，良好的策展管理 [10] 将：

■ 保持藏品与博物馆所服务社区之间的相关性；

■ 举办更有效的展览和外展活动，深化观众的理解而不仅是引起观众的注意；

■ 提供更高效的藏品管理，以促进相关性、可持续性和观众价值；

■ 满足公众对博物馆的期待，确保所有人现在和将来都能享受具有文化意义的物件。

因此，对希望向观众提供全面且周到服务的博物馆而言，团队中策展人的角色至关重要。

策展人应培养什么能力？[11]

实现这些目标的关键一步是放弃一定程度的控制和权威。越来越多的观众倾向于以对话形式参与博物馆活动，而非被动地接受教导。博物馆专家与观众之间的互动逐渐被视为博物馆学习体验中不可或缺的一部分。同时，博物馆内容的开发和观众互动也越来越多地依赖于协作。

艾伦·S. 布朗（Alan S. Brown）和斯蒂文·J. 泰珀（Steven J. Tepper）指出，成功的策展人需具备以下五项能力：

- **诊断能力：**策展人应具备倾听、分析和确定事项优先级的能力，并重点关注博物馆服务的社区。比如，“哪些问题对我所在社区的高质量生活构成挑战？不同群体在社区中分别面临什么问题？什么样的价值观和愿景能激励社区中的人们？哪些对话在公共话语中缺位了？我能为对话提供哪些艺术资源？”这一工作方法不完全以需求为导向，但能确保博物馆处于公共话语的中心。
- **跨学科视角：**为了充分发挥自身的潜力，策展人应构建自身的学术和智识领导力，同时对自己专业之外的新理念和思维方式持开放态度。借由他人的视角观察世界，策展人能够获得更丰富的体验，激发更强大的创造力，并构建更全面的话语体系。因此，策展人可以策划鼓励跨学科工作和思考的主题活动。
- **构建社交网络：**策展人需要化身为知识和关系的媒介，搭建广泛的社交网络，鼓励共享知识，从而避免知识垄断。这项工作需要策展人投入大量时间，并可能面临不少挑战，但连接不同群体将为博物馆开辟新的可能性。
- **创造力与创新：**创造力（产生新想法的能力）和创新（实施新想法的能力），不仅是流行词，更是策划新颖的博物馆项目的必要能力。博物馆应积极鼓励创造力，并在所有的流程与活动加以应用。
- **对新理念和批判性反馈保持开放的态度：**上述大多数能力都需要

接触新的人和理念。策展人应具备接受新理念并欣赏批判性反馈的能力。学习与适应的重要性不亚于专业知识，策展人应重视发展高质量的反馈循环，以维护评估项目的有效性。

这些并不极具革命性的建议，不仅适用于策展人，更整体反映了 21 世纪对于综合能力的要求。这些综合能力也与人们对博物馆团队整体的期望日益相吻合。策展人作为团队的一员，不应该独自背负着变革的重任。他们需要与同事以及可以补其短板的外部专家或合作伙伴紧密合作。更重要的是，策展人应巧妙利用其固有的优势，为博物馆创造价值（即使有些人可能认为这些优势已经过时）。这些优势至少体现在对藏品的了解和热情上，从而避免了藏品展示和利用的一成不变。尽管有些人认为策展人特别抗拒变化，但博物馆管理层应当承认和认可策展人在机构发展以及博物馆学习中发挥的核心作用，以及他们发挥这些优势为博物馆带来的福祉。

那么，为了确保策展人充分参与博物馆的学习使命，以下是一些可行的措施：

■ 深入了解藏品；

■ 与策展人开展对话，了解他们的专业背景、对藏品和博物馆的构想和梦想，以及他们的社交网络；

■ 确保活动基于博物馆的知识定位并进行跨平台的宣传与汇总；

■ 鼓励策展人与观众交流；

■ 培养一种鼓励创造力和创新以及自由交流信息的文化。

注释：

1 Angelika Ruge, *Museum Professions—A European Frame of Reference* (ICOM, 2008).

2 See Christina Kreps, "Non-Western Models of Museums and Curation in Cross-Cultural Perspective," in *A Companion to Museum Studies*, ed. Sharon Macdonald (Oxford: Blackwell, 2006), 457–72.

3 See Patrick J. Boylan, "The Museum Profession," in *A Companion to Museum Studies*, ed. Sharon Macdonald (Oxford: Blackwell, 2006), 415–30.

4 From Institute of Museum and Library Services, *Museums, Libraries, and 21st Century Skills* (Washington, DC: IMLS, 2009), 3.

5 Jonathan Haas, "The Changing Role of the Curator," *Fieldiana. Anthropology, New Series, No. 36, Curators, Collections, and Contexts: Anthropology at the Field Museum, 1893–2002* (September 30, 2003), 237–42.

6 Haas, “The Changing Role of the Curator,” 241.

7 Personal communication with Tim Ewin, curator of Echinoderms and Bryozoa, Natural History Museum, London, January 12, 2015; see also http://www.collectionstrust.org.uk/blog/past-posts/item/1266-openculture-2012-provocation-in-defence-of-the-curator-by-dr-tim-ewin.

8 Personal communication with Tim Ewin, curator of Echinoderms and Bryozoa, Natural History Museum, London, January 12, 2015.

9 Campaign for Good Curatorship, http://campaignforgoodcuratorship.org.uk/.

10 Campaign for Good Curatorship.

11 Based on Alan S. Brown and Steven J. Tepper, *Placing the Arts at the Heart of the Creative Campus: A White Paper Taking Stock of the Creative Campus Innovations Grant Program* (Washington, DC: Association of Performing Arts Presenters, 2012), 19–25.

第六章 高效学习伙伴关系的规划

对于博物馆来说，建立伙伴关系和开展合作变得前所未有的重要。项目式合作不仅能够提升博物馆学习的质量，还能增强博物馆及其合作机构对社会做出积极贡献的能力。

在本书第一版对应的章节中，我们重点阐述了博物馆与学校的伙伴关系，以及这些关系是如何基于“客户—服务提供者”模式运作的。

显然，博物馆与学校的关系仍然很重要，但自第一版问世以来，我们观察到旧模式日渐式微。随着博物馆将自身定位为学习机构并实施内部转型，它们正逐渐变成传统学习组织的同行。正式和非正式学习领域，现在都越来越注重培养创造性思维习惯和其他旨在帮助学生探索世界复杂性的“软技能”。因此，博物馆、学校和许多其他类型的社会服务或学习组织在使命层面上的联系日益紧密，为合作创造了有利条件。

不仅学习目标越来越相似，教学方法也在逐渐趋同。在正式教育领域，非正式学习的价值得到了前所未有的重视。有教育者指出，教师正从“讲台上的圣人”转变为“身边的向导”，这意味着教师们正在促进更具协作性质的学习——实际上，这更贴近博物馆式的教育——而且在这一模式的实践中，教师同时也是学习者，并欢迎学生参与教学过程。[1]对博物馆而言，这是发展合作伙伴关系的一个重要机会。合作不仅会增加学校团体和其他团体的参观人数和收入，还会将博物馆作为不可或缺的合作伙伴与广泛的机构紧密联系起来。在一些西方国家，不少博物馆和学校仍采用截然不同的教学法。对于存在这种情况的地方，教学方法的融合为博物馆、学校和其他学习机构及民间服务组织提供了巨大的机遇，它们可以借此机会改善和深化合作伙伴关系，并围绕批判性思维和“软实力”技能的教学建立共识。

博物馆变革的核心是通过与正式学习机构发展伙伴关系以提供更好的学生学习体验。尽管规划长期且稳定的合作关系既耗时又费力，但这是确保学生获得最佳学习成果和博物馆持续实现其整体教育使命的必要条件。

所有学习机构近期都在强调发展学生的创造力、创新能力和批判性思维技能，而这些恰恰是博物馆学习的特点。学校及其他机构越来越认识到博物馆在这方面的价值。

了解新的教学法

了解当前影响博物馆合作伙伴关系的主要教学趋势非常关键。这些趋势的共同目标是提升参观者的兴趣、参与度和创造力，并且已在正式和非正式学习领域中得到了广泛应用。本书将重点关注那些与博物馆最为相关，以及最有可能与学校等其他有共同使命的组织建立有效合作关系的趋势。

历史思维

防止“误用和滥用历史”是当前积极参与公民生活所需的重要批判性思维形式之一。历史思维作为一种新的历史教育方法，其目标是让学生摆脱强调记忆名称、日期和地点的历史教育，转而培养他们评估相互矛盾的历史论点和衡量历史证据的批判性思维能力。该理念由加利福尼亚大学国家历史教育中心和英属哥伦比亚大学历史意识研究中心等机构率先提出，其核心是：学习历史类似于学习科学或数学，学生需要养成一定的思维习惯，才能高效且独立地解决问题。[2]

历史思维项目的教学法围绕六个基本理念组织而成，这些理念包括：历史意义、原因与结果、历史视角、连续性与变化、第一手证据的使用以及历史的伦理维度。[3] 该项目的重点是通过互动帮助学生发展创造性思维能力，并激发他们的批判性评估和思维能力，这类能力不局限于解决特定历史课程中的问题。博物馆非常适合与开展此类项目的教育工作者进行合作。

科学思维：实验与观察

就像历史思维专注于历史信息的意义和应用一样，科学思维是一种基于科学方法论的批判性思维。科学思维强调：学习如何探究、识别科学问题并提出问题；如何观察和生成可被测试的假设；如何通过观察和实验收集、评估数据，并从中推断意义；最终如何得出合理的结论、提出解决方案等。

对科学、技术、工程和数学（STEM）教学法（或包括艺术在内的STEAM 教学法）的重视源于美国对高级技术人才短缺问题的回应。这促使许多科学博物馆寻找能培养这些能力的新教学方法。科学思维的教学法应是一种基于探究和解决问题的学习方法，强调通过学生之间的合作来培养创造力。STEM 教学法和 STEAM 教学法旨在促进学生的创新思维和解决问题的能力，已在北美许多学区得到了广泛应用。这种教学法还用于吸引那些对科学和工程学兴趣度不高的群体。

STEM 教学法首先引导学生定义问题，随后通过平面或实物演示开发解决方案，并通过比较不同的解决方案进行优化，然后在多次迭代测试后得出结果。这个过程是冗余的而非线性的，也就是说，随着解决方案的测试和优化，问题可以被重新定义，搭建出可以产生创造性结果的反馈循环。这一方法起初旨在提升解决科学及工程问题时所需的创造力，但实际上它适用于解决各类问题。

由于这一方法的灵活性，它可被广泛应用于多种类型的博物馆，作为吸引学生参与的手段。STEM 教学法在博物馆中也体现为“创客空间”运动。创客空间是博物馆内的实践学习环境，学生在这里可以与导师一起制作或改进实物或数字项目。[4] 创客空间鼓励学生在 STEM 相关的项目和活动中发挥创造力，提倡非传统的观点、制作方法和行动方式。这样的做法既赋能学生个性化学习并提升他们的参与度，又对正式的 STEM 教学法做出了补充。“创客空间”运动也是正式学习环境中的日渐流行的教育趋势之一，而博物馆正好可以利用这一趋势。对于那些设施条件不适合打造创客空间的博物馆，更易于获取的新数字技术可以作为合适的替代品。博物馆可以使用数字制作工具[5]和游戏软件为学生们提供全新的学习和创造平台，如史密森尼学会举办的国家 STEM 电子游戏挑战赛[6]。

艺术研究与视觉思维

艺术博物馆使用一系列不同的方法来培养批判性思维能力。其中包括旨在提高学习者视觉和认知能力的视觉思维[7]，以及通过艺术创作进行学习的实践思维。一些医学院校也将艺术作为提升学生观察力、视觉诊断能力、发现规律能力和沟通能力的一种方法。南加州大学凯克医学院与洛杉矶当代艺术博物馆合作的一项研究发现，在观察和讨论当代艺术的过程中，“学生们不仅能够在安全、非临床的环境中运用他们的观察和解释技能，还能意识到艺术、生活和临床经验中固有的模糊性，领悟到许多问题可能不止有一个答案”[8]。艺术思维与历史思维在培养发现规律的能力、鼓励从多角度进行反思方面有共通之处；在观察力的重视上，又与科学思维不谋而合。而其最突出的特点是强调视觉分析和对模糊性的思考。

混合式学习

混合式学习融合了数字化内容与面对面教学的优势。教师可以根据教学效果在这两种学习形式之间灵活选择。对于习惯了数字媒介和数字化交流方式的学生来说，混合式学习符合他们的“舒适区”。这种方法对于具备一定自学能力的高年级学生尤其有效。

就像其他趋势一样，博物馆也迅速采用了这种方法。例如，北卡罗来纳州艺术博物馆在 2014 年率先开展了一个混合式学习的试点项目。[9] 该项目的目标人群是博物馆通常难以吸引的青少年群体。博物馆与高中合作开发了一套采用混合式学习法的艺术课程，利用博物馆的摄影藏品探讨了领导力的主题。

同伴教学（翻转课堂和博物馆）

哈佛大学的埃里克·马祖尔（Eric Mazur）教授认识到了传统灌输式教学的缺点和局限性，因而在 20 世纪 90 年代开创了“翻转课堂”（flipped classroom）模式。这一模式立足于平等的师生关系和以对话为主的互动方式。在这种模式下，学生被布置任务后，教师仅给予辅导，从而锻炼学生解决问题的能力。因为学生需要独立开展探究，这一过程通常也会涉及对线上资源的利用，使其也符合混合式学习的特点。该教学法衍生了多种教学形式，包括采用了相同教学理念的大规模在线开放课程（MOOC）。[10]

“翻转博物馆”（flipped museum）是这一模式衍生出的分支之一。其目标人群同样是初高中年龄段的学生，并以相似的形式开展：由博物馆给学生布置任务，但学生可利用的关键资源是博物馆本身，这些任务通常与特定展览紧密相关。正如塞西莉亚·冯·海涅（Cecilia von Heijne）在其关于瑞典皇家钱币收藏馆翻转博物馆项目的文章中所描述的，这种教学法的一大优势是学校教师通常对翻转课堂的理念已有所了解，这使得他们更愿意和实施相同教学法的博物馆开展合作。[11]

联结式学习

联结式学习将个人兴趣、学术研究与志同道合的其他学生联结在一起，因此被定义为"融入社会，以兴趣为驱动，以教育、经济或政治机会为导向"[12]的学习方式。这种教学法认为，当学生对自己研究的学科产生浓厚的兴趣，并能作为团队的一员探索这些兴趣时，他们的学习效果最佳。尽管数字技术在这一过程中是连接同伴的重要工具，但与混合式学习不同，联结式学习并不依赖于数字技术。

联结式学习在博物馆与多种机构的合作中显示出其适用性。联结式学习并非脱胎于正式学习领域的教学法，因而适用于任何具有社会意识使命的组织，使得博物馆和合作对象都能发挥其作用。这一过程的关键在于将博物馆学习和兴趣驱动的学习结合在一起。同时，联结式学习有助于博物馆接触到难以触及的青少年群体，因为他们正处于发展兴趣和形成团队意识的时期。[13]

在地化学习

在地化学习强调将学生所在的本地区域及其特有的问题和困难放在首位。该教学法以社区为中心，通过聚焦合作和问题导向来解决社区问题。

在地化学习的理念已经存在了几十年，其根源可追溯至约翰·杜威（John Dewey）的"体验式"教育哲学。随着教师引导学生参与环境管理或公民参与等活动，该教学法也重新在学校中流行起来。而这些活动正是博物馆所擅长的领域。正如艾米丽·乌特（Emily Utt）和史蒂文·奥尔森（Steven Olson）所指出的，在地化学习与博物馆的环境非常契合。[14]

毋庸置疑的趋势是，博物馆正在不断地将各种教学法纳入其学习项目和学校的合作中，这些方法均以培养批判性思维、解决问题的能力和创造性思维为核心目标。由于不同领域的学习使命日益趋同，博物馆和其他学习组织有了更多的合作机会，共同致力于宏伟的教育目标，而不再局限于关注小学科学或历史课程的细节。目前，合作的焦点已经转向培养能够跨领域应用的技能。

发展合作框架

尽管对于博物馆而言，某些形式的合作并不新鲜，但现在深入且持久的项目合作伙伴关系正在成为学校教育项目与其他以使命为导向的组织活动成功开展的前提条件。然而，由于正式和非正式学习组织之间存在固有的文化差异，这些合作伙伴关系若缺乏周密的规划，便难以实现高效且持久的合作与融合。[15]

协商

协商对于合作来说至关重要。在确立任何实质性的合作或伙伴关系之前，博物馆工作人员应当与合作伙伴沟通，明确他们的关键需求，并建立良好的个人关系。这一过程不仅涉及观众研究，也是团队建设的一部分，它要求博物馆教育者调整自己的工作内容和技能需求。在某些情况下，博物馆甚至可能需要为工作人员提供培训，以增强他们建立有效合作关系和发展联合项目的能力。

协商的第一步是开展需求评估。协商的范围主要取决于博物馆的使命。例如，国家级别的博物馆的研究需求远比小型社区博物馆的更广泛。在明确了需求之后，接下来就是提前规划高效的协商内容，这是建立合作关系的第二步。博物馆应当在协商会议中提出许多关键问题。在博物馆和学校工作人员的联合会议上，可使用以下问题引导讨论的方向：

- 学生的学习体验中存在哪些不足？
- 教师在实现规定的学习目标时面临哪些压力？
- 博物馆可提供哪些帮助来弥补不足，并协助教师实现学习目标？
- 对于合作学校而言，哪种类型的项目最为适宜？是选择校园展览还是“博物馆进课堂”？是进行线上教学还是在展厅内举办实践活动？

引导问题应基于合作伙伴的组织性质量身定制。

在讨论有争议或抽象的主题，或是与少数族群和边缘化群体的代表合作时，协商尤为重要。

建立跨机构团队

在团队建设中，流程的规划是关键。传统流程通常是先研究课程内容，接着开发与之相关的项目，最后将项目推广给教师及学校。而当下的博物馆正在转向一种更加以人为本、以过程为导向的方法，其重点是融合博物馆和学校的专业文化，并以此作为项目开发的基石。从某种程度上说，这种方法超越了合作的范畴，它实际上是将教师和其他合作机构的工作人员转化为博物馆工作人员。下文中蒂娜·塞利格曼关于丹麦“学习博物馆”项目的案例研究将更详细地探讨这一过程。

协作式项目开发

过去博物馆往往将重心放在机构内部建设上，而不是与学习伙伴共同开发项目。许多博物馆将焦点对准学校，因此博物馆工作人员会先熟悉学校的课程大纲，确定目标年级市场，并据此开发对应项目。此外，他们还会与营销部门合作向学校和教师宣传博物馆可提供的教育资源。这正是本章开头所提到的“客户—服务提供者”关系。

一次典型的学校团体参观流程通常包括以下基本步骤：

■ 参观前的准备工作：主要由学校教师负责，包括研究和选择场馆、审阅博物馆提供的访前材料、预订场馆和大巴、获取家长许可，有时教师还需进行预访。

■ 团体参观：由教师或博物馆教育工作者带队。

■ 参观后的工作：包括评估、反思不足和规划未来的参观，这些工作依然主要由教师完成。

博物馆的角色通常是提供一份基于课程大纲的预制项目导览（包括为教师准备的材料），并在学年末对项目进行评估。

遗憾的是，学校团体的参观活动持续减少。一方面是由于财政资源日益匮乏，另一方面是学校认为更应该将时间分配给应试教育以提高成绩，或认为参观博物馆是给学生的“奖励”而不是真正的学习，尽管近期研究显示传统的团体参观实际上能促进学生的学习。[16]

其他研究表明，博物馆和学校之间更紧密的合作能显著加强这两类机构之间的关系。同样，与更广泛类型的组织开展合作能让博物馆有机会填补因团体参观持续减少而导致的教育缺位。例如，博物馆可以为医疗服务领域提供“艺术思维”的项目。在第九章中，坎蒂丝·安德森对纽约市酷文化的案例研究展示了参观博物馆如何提升少数族裔群体和贫困家庭儿童的学术表现。

关于提升博物馆与学校关系有效性的策略，本章以蒂娜·塞利格曼对丹麦罗斯基勒当代艺术博物馆“学习博物馆”项目的案例研究作为总结。该项目的核心正是一种协作过程：博物馆工作人员和学校教师通过在博物馆和师范院校开展的高强度实地项目，相互深入了解。[17] 在实践中得到证实的理论表明，只要两种专业文化能成功融合，就能产出优秀的学习方案，教师也会重新认识博物馆及其所能带来的价值。[18] 正如蒂娜所指出的，这一模式适用于多种组织类型的合作伙伴关系。

案例研究 6.1 “学习博物馆”项目：博物馆与教育界的合作，从项目到概念

蒂娜·塞利格曼

2011—2013年开展的“学习博物馆”项目是丹麦国家发展和合作项目，涉及了30家博物馆（包括文化历史、科学和艺术博物馆）和13家师范院校。该项目的目标是鼓励和培养未来的小学教师将博物馆转化为学习空间，同时进一步加强博物馆为小学生提供专业化教学的能力。项目的总体目标是让小学生受益于艺术和文化历史机构提供的诸多学习机会。

在为期三年的合作中，博物馆和师范院校针对来到博物馆授课的教师开发了教育课程和学术实习项目。项目的重点是推行参与式的培养方案，并将授课教师培养成博物馆教育部门的关键资源人员。博物馆向授课教师敞开大门，通过合作关系，深入挖掘自身机构作为学习空间的关键知识和洞察力。这种做法反过来也增强了博物馆开发相关且有趣教学活动的能力。学校通过实习项目参与其中，让授课教师在博物馆里向真正的学生观众试讲课程。

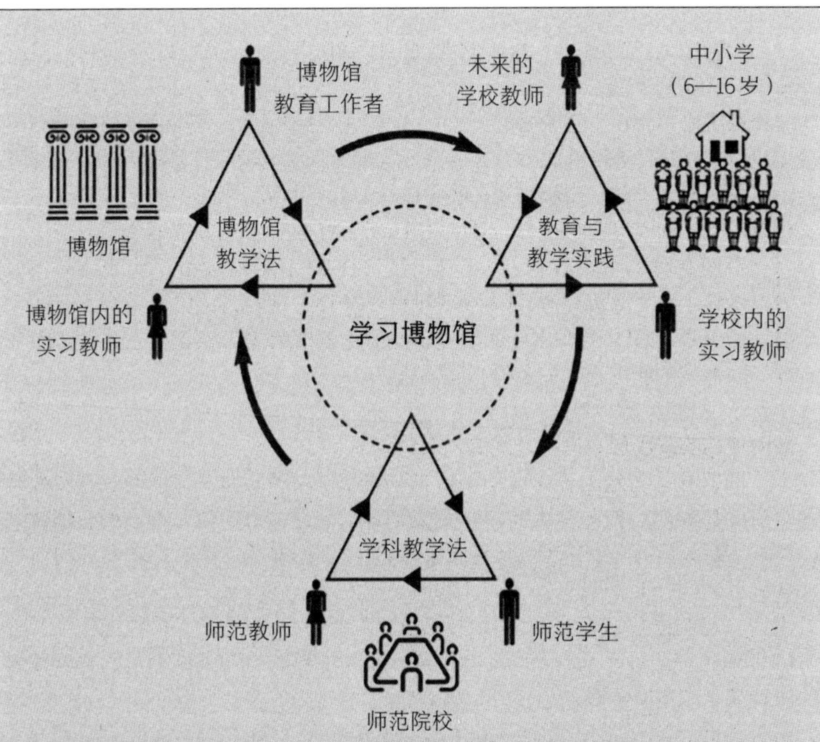

图6.1 师范院校与博物馆之间的合作有多个接口
（图片来源：蒂娜·塞利格曼，摘自《学习博物馆实践手册：博物馆、师范院校和学校之间的合作伙伴关系》）

该项目开发了一个组织模型，展示了各类培养授课教师的培训项目之间的机构合作机制（见图6.1）。该模型侧重于参与式视角，将授课教师置于发展博物馆学习的中心。教师在每类合作机构中都处于活跃状态，并担当起联系不同机构的纽带。在每个机构中，这些授课教师能在博物馆教育工作者和一线教师的互动中扮演新的角色，使不同学科和教学实践能够在合作机制内流通。在合作伙伴发挥新的功能并获得新定位的过程中，特定学科和机构之间原有的障碍将被逐步消解。

以实践指导为灵感

“学习博物馆”项目注重发展学习伙伴关系，其核心目标之一即是将其经验和理念传递下去。具体来说，该项目如何实现其目标？如何规划教育课程？授课教师应如何参与？合作的师范院校和博物馆之间如何分配工作量？参与机构应何时以及如何进行交流？如何评估参与者产出的教学材料？

为回应上述问题，“学习博物馆2011—2013”项目的成果和结论被凝练成了一本实践手册。[19]该实践手册的目标是为博物馆、师范院校的教师以及一线教学和博物馆教育领域的工作人员提供启发和指导。在项目期间，参与者通过合作开发教育资源、举办展览、实施学术实习项目等多种活动，发展了自身的教学实践。出版这本实践手册的动机是，帮助其他教育工作者从中获得灵感，利用这些材料、访谈和文章为自己的教学引入新的理念。

手册共分为七个章节：合作与网络、评估、教育项目、实践体验项目、访谈、文章以及“学习博物馆2011—2013”项目介绍。所有文本、模型、教育项目和文章均由一群极具职业精神的博物馆教育工作者、师范教师、授课教师和项目评估者等共同撰写。

如何使用实践手册；同行之间的知识分享

项目参与者致力于丰富和创新自己的教学实践。这一目标通过开发教育资源和展示、参与学术实习和完成学士学位论文来实现。由于所有项目参与者都是在平等的条件下参与的，因此我们选择将这些方法和实践材料统称为“同行知识共享”，即社群内专业人员之间的交流，这种交流有助于同一专业社群内部关系对等的人员间分享经验。而“学习博物馆”项目的目标之一就是让来自不同专业社群、不同学科的专业人员通过建立合作伙伴关系来丰富实践。

因此，我们希望读者不是简单地采纳手册中呈现的具体教育资源或最终成果，而是借鉴并加工手册中描述的教育课程和学术实习中产出的知识，并使其适用于自身特定的实践和学科背景。在这一过程中，读者应自问以下问题：

· 该合作过程对我的教学（无论是在师范院校还是在博物馆）有哪些潜在的帮助？

· 手册中描述的合作机制和执行方式将如何为我在类似工作情景中的规划、实施和评估提供帮助？

· 该合作过程是否激励了我制订新的计划？

· 该合作过程是否激励我在师范院校、师范教师和博物馆专业人员之间发展合作关系？

· 在利用博物馆作为学习空间的合作过程中，授课教师学到了什么？

· 该合作过程如何鼓励授课教师在工作中发挥创造性和创新性？

评估和三个可应用于同类项目的关键发现

在“学习博物馆”项目中，我们设计了一个“项目支持型评估方案”，该方案着重关注了项目的流程和发展。我们不断地提出“哪些做法是有效的？”这一问题，以此有意识地促进项目的长期实施和可持续发展。项目评估者多尔泰·卡尔森（Dorthe Carlsen）在手册中撰写的两篇文章介绍了她在评估项目过程中采用的标准和视角。

第一篇文章详细描述了项目支持型评估计划，包括所应用的方法和评估设计，以及评估中的一些发现。文章探讨了项目的基本理念及其创新潜力，同时分析了紧密的合作关系如何促进新实践的诞生。第二篇文章是一篇实践指南，描述了如何将评估方法应用于个人项目、教育项目或学习材料中。文章围绕以下几个关键问题展开：我们可以评估什么？我们想要评估什么？我们的评估基于哪些价值观？如何评估？我们的评估旨在达成哪些目的？项目评估中的三个焦点是：

- 合作的重要性；
- 作为学习空间的博物馆；
- 面向学习的设计。

合作的重要性

项目从一开始就确立了博物馆专业人员与师范教师之间紧密合作的中心和基本理念。评估结果显示，这种合作对于实现预期效果至关重要——在该案例中，预期效果是提升和优化丹麦学校对博物馆资源的利用。在最终评估中，共有93%的项目参与者表示该项目加强了师范院校和博物馆之间的合作。

根据项目参与者的反馈，促进合作的关键因素是人际交往的密切性、相互了解的深度、共同投入的时间，以及跨学科和跨机构合作的经历。然而，评估也表明，项目参与并非总是一帆风顺，在面临日常挑战时，很难优先为这一项目分配必要的精力与时间。因此，合作开发专门针对授课教师的教学课程和项目工作坊成为构建有效合作组织框架的关键手段。

作为学习空间的博物馆

将博物馆作为另类学习空间是该项目的另一个关键枢纽。授课教师能否将博物馆视为另类学习空间？答案是能够视为。通过系统地调查参与者的学习成果，并探究他们在不同背景下的经历（例如，询问实习授课教师在实习中学到了什么），我们发现授课教师确实将博物馆视为另类学习空间，这一结论部分源于师范教师和博物馆工作人员代表的陈述，部分基于项目经理对授课教师的访谈。授课教师为博物馆的展览和藏品制作的教学资源和为学生开设的教学课程，也尤其能体现这一点。对教学课程和资源的分析揭示了授课教师至少可以通过两种方式在博物馆中进行学习：一是在使用博物馆资源的过程中学习，二是学习如何有效地使用博物馆资源开展教学。

在博物馆中学习意味着授课教师可以通过利用博物馆资源来加深对某一学科的理解。此处的“学科”既可以指特定的学科科目，如艺术、历史、地理或数学，也可以指师范院校的其他科目，如教学法和公民素养课。由于教学是在教室之外进行的，这促使所有参与者对他们的教学规划、执行和评估进行重新思考。

在学习如何利用博物馆进行教学的过程中，授课教师需要掌握如何将博物馆提供的资源融入教学实践。为了充分开发博物馆的教学潜力，授课教师必须对博物馆这一机构有所了解，了解博物馆何以成为学习和教学空间，以及如何与其他专业人员（如博物馆教育工作者）合作。

面向学习的设计

在许多合作过程中，一个显著特征是博物馆教育工作者和师范教师为授课教师安排了一系列教学课程，要求授课教师基于展览、实物或特定展项开发教学材料、教学课程或教育活动。创建这些教学材料需要遵循一个或多个原则，如开展积极的对话或为学生设计美学的学习过程。在多数情况下，这些教学材料以数字化形式存在或包含数字资源。博物馆教育工作者和师范教师设计的课程提升了授课教师的教学成效。通过研究授课教师开发的教材和课程，我们可以发现他们在设计过程中普遍运用了一些策略，进而要求学生产出某种类似成果。例如，授课教师可能会要求学生以自己选择的展览为出发点，拍摄一部短片，展示他们对某一主题的理解。换言之，授课教师会在教学方法上效仿他们自己的导师——在该项目中，导师包括师范教师和博物馆教育工作者。

对项目经验的进一步分析表明，课程的创建由特定的设计理念推动：项目参与者真正学到东西的课程恰恰是那些授课教师自己应用了新设计的课程。换言之，当师范教师和博物馆教育工作者要求授课教师以任意形式的教学材料或教学课程来产出教学设计时，这样的方法最为有效。我们甚至可以说，是设计促进了学习！

教育培训课程的规划至关重要

“学习博物馆”这样的项目，其构建基础在于探索博物馆实现目标所需的具体步骤。这在评估的专业术语中被称为“项目理论”。简而言之，“学习博物馆”的项目理论是通过开发和测试教师培训课程和学术实习项目，来帮助未来的小学教师更得心应手地使用博物馆资源。从长远来看，这也将加强和促进小学对博物馆学习资源的专业化利用，进而提升和拓展博物馆面向小学生的教育服务。实现这一目标不仅需要在博物馆内组织培训课程和实习项目，也需要博物馆专业人员走入师范院校开展活动。该项目致力于不断优化各种类型的教育培训课程，并开发了课程规划和结构设计的泛用式模型。良好的规划既确保了双方目标的实现，也确保了学生在博物馆的时间得到最大化利用，并让评估自始至终被视为规划的重要组成部分。最重要的是，双方都能承担起应当肩负的责任。同时，地点、资源、时间、学科等因素的差异决定了课程的内容自然也会有所不同。在手册中，读者可以从2011—2013年项目期间的课程中汲取灵感，或者可以在未来项目中使用以下项目模板来激发新的创意。

基本信息：

- 合作课程的标题+合作类型的描述。
- 本次活动的理念/结构是什么？（它是一个工作坊、教育课程还是学术实习？它将如何在实践中执行？）

总体目标/合作目标：

- 师范院校的目标是什么？（丰富相关学科的教学内容、发展教学方法还是产出教学资源？）
- 博物馆的目标是什么？博物馆的方法、技术、需求或产品要求是什么？

参与者：

- 参与者是谁？他们将在哪一年毕业？

持续时间：

- 项目的持续时间和沟通频次应该如何设定？

参观博物馆前的准备：

- 在参观前，双方应开会确定参观活动的框架，讨论参观目标、内容，商议在师范院校的前期准备、博物馆参观期间的具体安排，以及回到师范院校后的后续工作。会议还应商定日期、参观时长和后续反馈报告提交的日期，以及交流相关的文献理论。

文献阅读：

- 在合作过程中，工作人员应阅读哪些文献？博物馆有没有相关的文献或协助沟通的文本？对博物馆教育工作者而言，了解师范院校审定过的文本通常是个明智的选择，这样双方就可以基于共同阅读过的文本，展开对展览的深入讨论。

参观博物馆时：

· 将进行哪些活动？会有哪些人员发言？说些什么？参观时带着什么任务？规划了什么样的需求？随后是否有小学生或授课教师的实习班级参与的活动？

参观后的阶段：

· 参观博物馆后会发生什么？参与者日后是否需要返回博物馆继续跟进之前的任务？在后续阶段，是否需要征询博物馆教育工作者的建议？

评估：

· 如何进行评估？参与者将向谁、在哪里、以何种方式展示他们的成果？在博物馆展示合作的最终成果（如学习资料或教育产品）是一个不错的选择。重点在于博物馆教育工作者能够回到师范院校或学校开展后续跟进工作。同样重要的是，参与者能够从师范院校以及博物馆教育工作者那里获得反馈。此外，还需要评估这些材料在博物馆环境中的有效性。

展望及后续反馈：

· 这种合作伙伴关系能否应用于其他背景、学科、博物馆，或通过其他理论方法来实现呢？如何深化这种合作，以便更好地激励和支持实习项目和本科师范生的联合培养工作？

发展性收益和跨学科特性将使所有参与者受益

对于紧密合作伙伴关系的评估基于双方共同完成的项目，如对授课教师的培养，但事实证明，此类项目能提升所有参与者的能力。不仅授课教师从合作中受益，那些构成学生周围正式和非正式网络的其他机构和参与者同样能获益。学校教师获得了将理论付诸实践的机会，博物馆教育工作者则强化了教学和实践能力。跨学科性是此类项目的核心所在。当合作伙伴发挥新功能、找到新定位时，传统上存在于不同专业类别、学科和博物馆类型之间的障碍就变得不再重要。跨学科的合作无疑提升了创新的可能性。

灵活性——机构、利益相关者和学科的参与

"学习博物馆"的模式和组织方式是灵活的，它能够促进更多不同的机构、利益相关者和学科之间的协同合作，而不仅仅服务于博物馆与学校之间的关系。在“学习博物馆”中，连接机构的个体（授课教师）也可以替换为中学生、学前儿童、家庭、社会服务专业人员或其他人。博物馆和师范院校也可以被其他教育机构以及俱乐部、图书馆、美术馆、艺术家协会等替代。最重要的是邀请人们参与项目，确立共同的目标，并构建有效的合作机制。

注释：

1 Sarah Elaine Eaton, PhD, “New Trends in Education: Implications for Evaluation and Assessment,” YouTube webinar, https://www.youtube.com/watch?v=6iH_ikNmn9I.

2 Numerous publications have appeared in recent years, one of the most recent of which is Kadriye Ercikan and Peter Seixas, eds., *New Directions in Assessing Historical Thinking* (New York: Routledge, 2015).

3 See http://historicalthinking.ca/about-historical-thinking-project.

4 See Institute of Museum and Library Services, “Talking Points: Museums, Libraries and Makerspaces,” http://www.imls.gov/assets/1/AssetManager/Makerspaces.pdf.

5 According to Barry Joseph, Associate Director for Digital Learning, Youth Initiatives, at the American Museum of Natural History, “Digital fabrication is useful for us because the first step is learning how to see. It starts by learning how to look at what you just captured on your camera or phone and manipulating it, studying it in the 3D space, and trying to perfect it. You get to understand something very well by using your eyes. Those are skillsets that align very well with scientific practices. It allows us to take that final step within the digital fabrication process and print something—something you might otherwise be unable to actually see or touch, such as a nebula or bacteria, or something too fragile or sensitive like a dinosaur bone, and putting it in a form that you can actually hold in your hand. . . . Digital fabrication creates all sorts of interesting new pathways for informal science and for us to connect with youth.” See http://dmlhub.net/ newsroom/expert-interviews/blending-digital-media-badging-and-museum-based-learning/.

6 http://www.stemchallenge.org/stem/#/home.

7 Visual Thinking Strategies, http://www.vtshome.org/research/visual-thinking.

8 Pamela B. Schaff, Suzanne Isken, and Robert Tager, “From Contemporary Art to Core Clinical Skills: Observation, Interpretation, and Meaning-Making in a Complex Environment,” *Academic Medicine* 86, no. 10 (October 2011): 1272–76, doi: 10.1097/ACM.0b013e31822c161d, http://journals.lww.com/academicmedi cine/Abstract/2011/10000/From_Contemporary_Art_to_Core_Clinical_Skills_.25.aspx.

9 See “North Carolina Museum of Art Hosts Blended Learning Pilot Project and Artist Residency,” http://ncartmuseum.org/images/uploads/blendedlearning_ncma.pdf.

10 Cecilia von Heijne, “The Flipped Museum,” ICOMON e-Proceedings (Rio de Janeiro, 2013), 1–7, http://network.icom.museum/fileadmin/user_upload/minisites/icomon/publications/2013_Rio/

von_Hei jne_2013.pdf.

11 Heijne, "The Flipped Museum," 5.

12 See Mizuko Ito, Kris Gutiérrez, Sonia Livingstone, Bill Penuel, Jean Rhodes, Katie Salen, Juliet Schor, Julian Sefton-Green, and S. Craig Watkins, *Connected Learning: An Agenda for Research and Design* (Digital Media Learning and Research Hub, 2013), 6, http://eprints.lse.ac.uk/48114/1/__lse.ac.uk_storage_LI BRARY_Secondary_libfile_shared_repository_Content_Livingstone%2C%20S_Livingstone_Connected_ learning_agenda_2010_Livingstone_Connected_learning_agenda_2013.pdf.

13 Ito *et al.*, *Connected Learning*, 8.

14 Emily Utt and Steven L. Olson, "A Sense of Place in Museum Public Programming: Three Case Studies," *Journal of Museum Education* 32, no. 3 (Fall 2007): 293–300.

15 Anuradha Bhatia, "Museum and School Partnership for Learning on Field Trips," PhD dissertation, Colorado State University (2009), iv, http://dspace.library.colostate.edu/webclient/DeliveryManager/ digitool_items/csu01_storage/2009/04/06/file_1/38788.

16 Jay P. Greene, Brian Kisida, and Daniel H. Bowen, "The Educational Value of Field Trips," *Museum* (January/February 2014), http://educationnext.org/the-educational-value-of-field-trips/.

17 Tine Seligmann, ed., *Learning Museum Practice Manual: Collaborative Partnerships between Museums, Teacher Training Colleges and Schools* (Copenhagen: Museum of Contemporary Art, 2014).

18 Bhatia, "Museum and School Partnership for Learning on Field Trips," iv.

19 *Practice Manual: Collaborative Partnerships between Museums, Teacher Training Colleges and Schools*, Museum of Contemporary Art, Roskilde, Denmark, 2014. Free download from www.learningmuseum.dk/ english-summary.

第七章 博物馆外的博物馆学习

由博物馆发起的场馆外学习计划向其目标观众提出了一个截然不同的主张。对于参与博物馆内学习的观众，他们的参观行为已经表明了他或她对学习、成长或者至少对参观博物馆可能带来的消遣感兴趣。而在博物馆之外，缺乏这样的先决条件。

得益于教育领域的重大转变——“学习的民主化”，每个人都可以成为“向导和引导者”，这极大地提升了公众的学习兴趣，也让人们拥有了前所未有的相互接触、访问数以百万计的资源和自我指导的学习机会，如 YouTube 视频、Instagram 和 Twitter 帖子、讲座、课程、城市设施等。[1] 这对世界各地的博物馆来说是一个好趋势，因为这种持续教育的意愿一定程度上带来了观众数量的增长。但发生在场馆外的这一趋势也意味着博物馆必须更加努力地证明其内容值得公众投入时间、注意力和金钱。

博物馆已在竞争中占得先机，因为公众普遍认为博物馆是不可多得的可信资源[2]，但博物馆仍有许多工作要做。博物馆需把握机会在其每一个“接触点”——博物馆实体场馆以及博物馆工作人员、资源和内容与公众建立联系的其他地方，包括外联项目、网站、线上课程、移动应用、社交媒体、公众参与、传播活动等，强化其核心的基本学习主张。不论接触频率或时长如何，这些接触点不仅可以推动人们前往“真正的博物馆”，还可以在接触中吸引观众、启发思维、传授知识和技能。

而这也基于博物馆学习能为人们的生活提供内在收获的理念。

■ 博物馆学习可以激励人们无论身处何处都能积极参与、学习和探索。

■ 博物馆学习可以帮助人们发展思考和学习的技能，使他们能够将世界视作美妙的、拥有无限可能的教室。

■ 博物馆学习可以连接博物馆资源（藏品、人员、设备、展览、研究）与学习的关联生态系统中的其他节点。

博物馆可以通过优化这些接触点，增加其在教育领域的足迹，这不仅关乎传授知识，还涉及培养技能、发起对话和营造空间。在博物馆外部，响应观众行为、期望和动机的压力甚至比在实体博物馆内更强。博物馆无法做到完全洞察各地观众不断变化的需求和期望。尽管具有挑战性，博物馆仍有可能通过采用一种参与性和互惠性的过程，在博物馆内外开展更多对话式的互动，博物馆工作人员和公众一样，既是教育者也是学习者。博物馆外部的活动邀请或许能够提供人们走进博物馆所需的动机。此外，博物馆工作人员或志愿者将受益于他们和观众接触的中介环境，了解不同媒介语境下的观众背景——网络不同于博物馆，小巷也非展厅，在机场的人或许无心欣赏艺术，参加会议也不同于读一本书，在社区中心参加活动的男孩与参加博物馆周末工作坊的男孩或许有着不同的动机。同时，博物馆也可以通过提供基于博物馆内容的、便利的创造性机会以及探索与社会学习空间，从而为学习做出贡献。

博物馆外的学习规划与博物馆内部的学习规划类似，但前者更注重背景和合作。规划时需要考虑的问题包括：

- 博物馆想与谁进行互动?
- 博物馆的哪些工具和资源最为合适和具有相关性?
- 观众在这个环境中还与什么互动?
- 观众为什么会关心博物馆?博物馆满足了他们哪些需求或兴趣?
- 博物馆在培养哪些知识、技能、态度或行为方面具有显著的影响力?
- 观众需要什么程度的指导?
- 博物馆需要学到什么?
- 博物馆在馆内和社区中还可以与谁合作?
- 博物馆应如何评估其影响?

本章探讨了博物馆发起的利用博物馆资源在馆舍之外接触新的“在地的”受众群体的活动，包括外展项目、网络和移动应用，以及公众活动和营销活动。章节的最后部分聚焦于博物馆工作人员之间的同行学习，这种学习主要通过博客、社交媒体、出版物和会议等形式进行。

机场、医院、大学以及小巷中的博物馆

一些博物馆融入了其他机构，如医院、机场或更常见的大专院校的校园。这些场所因其独有的藏品、专用空间及组织架构，本身也可能被视作"博物馆"，因此在这些场所开展的活动并不代表严格意义上的"博物馆外的学习"。考虑到访客可能是因参观博物馆以外的动机而来到这些地方，故这些博物馆的规划中鼓励学习的方式必须考虑与整合这些不同的动机。

例如，位于伦敦的切尔西和威斯敏斯特医院的切尔西和威斯敏斯特健康慈善机构，负责收藏、管理并展示医疗机构中最为全面的当代英国艺术藏品。这些艺术品装点了所有公共区域、病房和诊所。医院为大多数患者，包括母亲和婴儿、儿童、老年人、成人及患者家庭，提供以艺术为中心的项目，旨在帮助他们提升健康与福祉。这些项目包括：

- 一条艺术长廊，鼓励术后患者通过在散步中欣赏艺术品及聆听原创音乐来锻炼身体；
- 一款专门设计的移动应用，旨在分散即将接受注射治疗的儿童的注意力；
- 儿童病房内特别设立的音乐和游戏区；
- 借助音乐和艺术帮助痴呆症患者，让他们在学习艺术和音乐的同时实现康复目标。

孟买的查特拉帕蒂·希瓦吉国际机场 2 号航站楼内设有被英国广播公司誉为"印度最大的博物馆"的格洛里·图·印度博物馆。[3] 该博物馆与新航站楼一同在 2014 年 2 月启用，展示了 7430 平方米的艺术品，供超过 3000 万持票旅客在机场的四个楼层中游览。该博物馆旨在为通常缺乏历史感的"非地点"机场注入浓厚的孟买和印度特色。无论是前往机场的旅客，还是孟买当地的观众，都欣赏到大约 100 件专门定制的艺术品，以及由印度各地艺术家、工匠、城市、村落、收藏家和博物馆提供的 7000 件其他作品。这些精选作品旨在"以一种文化、审美、历史和社会的方式精细解读印度，使观众真切地感受到他们身处南亚次大陆的中心"[4]。观众可以观看由当地艺术家拍摄的家庭影片，并通过扫描二维码获取更多关于作品的信息。即使观众没有停下来获取更多信息或观看与藏品相关的媒体材料，博物馆

也促进了数百万人（外国人和印度国民）在机场开展跨文化学习。

大量博物馆位于大学校园。除了保存、记录和研究其藏品外，这些博物馆通常还致力于支持教师和学生的教学与研究活动，许多博物馆还向社会公众敞开大门。洛桑联邦理工学院的“同一屋檐下”项目（Under One Roof project）代表了大学博物馆发展的新方向，这些博物馆正日益转变为促进博物馆学和数字人文学科方面的实验和创新研究的“实验室”。洛桑联邦理工学院耗资 4200 万美元的项目于 2016 年正式开放，项目包括建设一个以“重大科学、技术和社会问题”为研究对象的研究中心、一个专注于“未来展览设计实验”的实验室，以及蒙特勒爵士咖啡馆——一个致力于展示并增强学院数字化成果的蒙特勒爵士音乐节视听档案的实验中心。[5]

同样专注于“实验”功能的机构还有伦敦萨因斯伯里惠康神经回路与行为中心的五个大型街头橱窗式科学展览。这些展览通过展示中心在神经科学方面的研究工作，为伦敦人提供了参与视觉感知和认知功能互动实验的机会。路人被视为观众、参与者和研究对象，这种学习体验将“互惠式学习”的概念提升到了新高度。大学博物馆中这种利用博物馆的藏品、展览或研究项目吸引新受众的实验室模型正在获得越来越多的认可。在此，学习不仅有利于博物馆本身，也使参与者有所收获。

一些博物馆位于城市中不同寻常的位置，作为与城市居民和过往行人发起对话的一种方式。位于曼哈顿下城区一条小巷中废弃货梯里的 Mmuseumm 展示了不断变化的“当代文物收藏”，这些展品揭示了现代世界的复杂性，如抗议者在巴格达扔向乔治·W. 布什的鞋子。观众可以拨打免费电话并输入展品代码来获取更多关于每件展品的信息。通过在纽约小巷中创造出意料之外的学习时刻，博物馆激发了观众的好奇心，并以一种独特的方式证明了故事和知识无处不在。

那些融入其他机构或地点的博物馆正努力超越单纯的“展示”模式，不再只是通过展览捕获过客的短暂关注，它们也在寻找方法激发更有目的性和更细致的参与。无论参与对象是博物馆的展品本身，还是诸如在机场博物馆的环境中对目的地城市、地区或国家的文化产品和历史身份的学习，这种方式都在超越传统的认识，引导人们以新的方式观察和体验周围的环境，并为更深入的学习提供丰富的内容。

外展项目

外展项目将博物馆学习的元素带入学校、社区及其他机构。在外展项目中，博物馆学习不仅涉及博物馆资源，如文物、复制品、多媒体或工作人员，也可能引入一种基于探究、自主学习和动手探索的博物馆教学方法，将这些资源带入博物馆外的环境中。

博物馆的外展项目包括：

- 学校和社区的计划与项目；
- 博物馆工具包；
- 流动博物馆；
- 快闪博物馆和临时展览；
- 博物馆游学。

学校和社区的计划与项目

博物馆在学校开发的项目通常旨在使用博物馆的教学收藏并运用相关研究成果，以提升课程中特定领域的教学效果。博物馆实现这一目标最基本也是最有效的方式之一是向教师提供可在教室中使用的博物馆工具包。例如，多伦多的安大略皇家博物馆向学校提供了“动手活动包”（包含实践案例和资源箱），其中包括课程计划、学生活动卡和参考材料，供学校按需灵活借用，期限从两周至一年不等。美国国家公园服务开发了“利用博物馆收藏教学”的模块，包括与国家教育标准相关的课程计划、博物馆文物的照片、历史图片和其他档案、网上资源和词汇表。这些模块还向教师提供了识别和使用这些藏品的方法，并推荐了相关的社区活动。

其他外展项目还有剧院和工作坊。例如，新泽西州的花园州探索博物馆推出了一个“移动博物馆”计划，该计划融合了现场工作坊、现场动物表演、戏剧和手工艺工作坊。巴黎的凯布朗利博物馆设计了一个“墙外”计划，与当地艺术和社区团体携手合作，为大巴黎市区公共服务不足的地区开发了诸如展览和“巡回工作坊”等活动。活动内容包括工作坊、讲故事、晚间活动、艺术家合作项目以及进校园项目。

学校和社区项目可以在一定时间内带领特定的群体开展若干活动，这些活动一般包括某种形式的教学（内容和技能）、参与、协作以及创作。项目可能涉及个人研究自己家族史或邻里史的历史项目，以及现场参与式艺术项目。例如，迈阿密帕特里夏和菲利普弗罗斯特科学博物馆的博物馆环境志愿者项目（Museum Volunteers for the Environment，简称 MUVE）根据博物馆的核心原则“行动、学习和参与”，动员人们参与由志愿者领导的佛罗里达州南部沿海栖息地恢复项目。该项目首先利用生态艺术、博物馆展览、社交媒体、电影和讲故事等方式，向佛罗里达州南部的居民介绍该地区面临的环境压力，然后启发和促进人们共同行动起来，恢复原生栖息地。参与者变身为公民科学家，在每周或每月的直接观察活动中通过观察鸟类来监测生态系统对特定栖息地的反应。[6] 自 2007 年以来，5000 多名 MUVE 志愿者已经恢复了超过 15 英亩（约 60703 平方米）的沿海栖息地。

流动博物馆

流动博物馆，也称为移动博物馆，致力于将博物馆体验带给那些可能无法访问博物馆的人群，比如农村地区或与博物馆有着物理和心理距离的社区。这类博物馆通常采用轻便的建筑结构，如安装在拖车上的集装箱，内设可供人们与之互动的展览，从而模拟传统的博物馆参观方式。大多数移动博物馆具备在现场扩展空间的能力。例如，洛杉矶自然历史博物馆为学校提供了考古体验和海洋体验。这两种体验都设在拖车上的博物馆内，学生可以在考古体验中挖掘和分析文物复制品，在海洋体验中进行模拟潜水，感受南加州的海岸环境。另一个例子是新泽西州的名人堂移动博物馆，这是一辆长 53 英尺（约 16 米）的拖车，在现场可以扩展至 850 平方英尺（约 79 平方米）的展览空间，其中的多媒体展览，主题为“做出改变”，旨在激励学生“思考潜能，追逐梦想”（见图 7.1、图 7.2）。[7]

移动博物馆使更多不同背景的人从博物馆教育的多个方面受益，包括操作物件、触觉刺激以及团队协作和建设活动。

快闪博物馆和临时展览

快闪博物馆通常融合了现场艺术装置或表演艺术作品，同时兼具售货

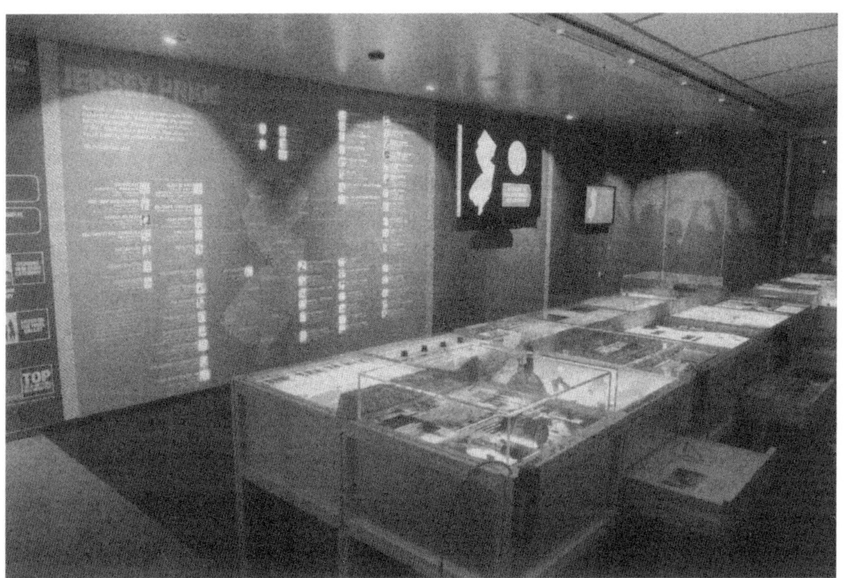

图7.1　美国新泽西州的名人堂移动博物馆（图片来源：Gary Gellman, Gellman Images）

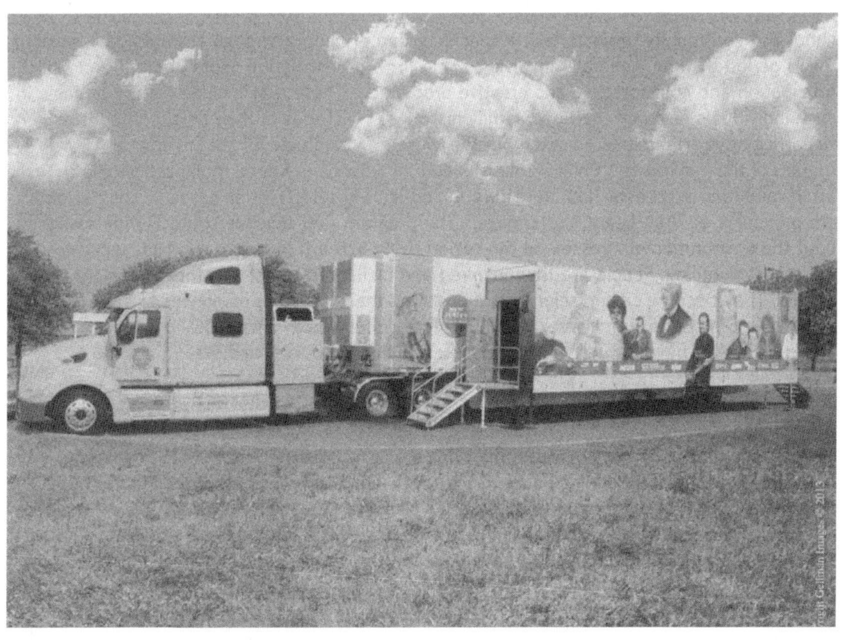

图7.2　美国新泽西州的名人堂移动博物馆（图片来源：Gary Gellman, Gellman Images）

亭以及市镇会馆的功能。这些主要由展览和相关项目组成的临时“博物馆”往往建在购物中心、空置店铺、公共广场或展览馆等地，其目的在于吸引路人注意到与展出地点密切相关的特定思想、理念或主题。有些快闪活动只有展览，但也有一些会包含公共项目、工作坊等各类活动。

“万物博物馆”是一家注册于英国的慈善机构，致力于服务那些“未经正式训练、不经意间创作、尚未被发现及难以归类的当代艺术家”[8]。它通过在世界各地的临时展览收藏、研究、保护和展出自学成才和非传统艺术家的作品，迄今为止已在伦敦、巴黎、莫斯科和威尼斯成功举办了多次展览。2011年，在伦敦塞尔福里奇百货公司的展示柜中举办展览后，“万物博物馆”的人气飙升。此次快闪展览增设了3000平方英尺（约279平方米）的展览空间，用于举办个展以及在塞尔福里奇销售文创产品。以后，该项目继续在世界各地的艺术博览会上巡回展出，并开展与艺术家（其中许多人有发育障碍或其他残疾）的现场研讨会，以及与该项目所收集作品的作者进行“对话”访谈。

观众从这些体验中获得的学习机会不仅基于与展览内容的意外相遇，还来自与博物馆运营者的互动交流。一系列的公共项目和工作坊进一步促进了对话和社会学习。

博物馆游学

“卡尔加里校园 / 开放思维”项目是博物馆实地游学的一个绝佳案例。传统的游学活动通常是学生与成年监护人一起去更远的地方进行，但与传统游学不同，在这类案例中博物馆工作人员作为导游，提供参观导览或“志愿者旅游”体验，让学生在实地获得震撼的体验。位于新奥尔良的国家二战博物馆为大学生和高中生提供了“诺曼底学院”项目，该项目由导游带领学生前往法国 D-Day 登陆点，并提供一门综合性在线历史课程。学生在探索二战期间的领导力和决策制定的同时，还可以获得大学学分。国家二战博物馆还组织了成人游学，由导游带领游客前往珍珠港、诺曼底或阿登等重要战役遗址。[9] 其他由博物馆主导的游学还包括带领团体参与考古发掘、参观历史遗址或进行生态体验。

游学不仅是博物馆赚取收入的一种方式，也是推广其专业知识、在与其故事和主题相关的地点促进学习的有效途径。

线上的博物馆学习

博物馆的网站和移动应用旨在为人们提供虚拟访问版的学习体验。尽管大多数人访问博物馆网站主要是为了规划参观[10]，但博物馆网站在提供在线学习的方式和内容方面已日趋完善。人们通过在线的博物馆学习可以轻松地下载教师的课程计划，为学生和研究者提供视频参考资料，进一步搜索数字化藏品，参与精心设计的学习游戏，以及参加线上学习课程。移动网络和移动应用使得“随时随地”学习成为可能。

在网络平台上，观众可以访问大量数字资源，自由地进行信息检索。他们能够通过社交媒体展示自己的成果并收获他人的评论。他们还可以超越时间和地理的限制，与其他个人、机构及资源建立连接。现在，网站还可以基于个人浏览习惯和在线活动的数据进行个性化设置，从而实现帝国战争博物馆的吉娜·科茨卡（Gina Koutsika）所设想的“学习播放列表”[11]，即从多个来源搜集学习内容以满足个人学习需求的合集。

从理论上讲，线上学习放大了博物馆学习中自我导向的潜能，许多博物馆也欣然拥抱这一可能性。然而，正如黛安娜·劳里拉德（Diana Laurillard）在《重新思考数字时代的教学法：21世纪学习设计》（*Rethinking Pedagogy for a Digital Age: Designing for 21st Century Learning*，2013）中所强调的：“提供在线探究、讨论、制作、合作和获取的机会本身并不是教育。”[12]劳里拉德指出：“学习者需要教师的指导，因为他们可能不知道存在哪些未知事物，或者如何开启前往目标地点的旅程。教学法的关键在于引导学习而不是让学习者自己摸索方法。”

许多博物馆发现，仅在网站的某个部分上传数字化内容并不足以激发公众自主学习的兴趣。一些博物馆正在彻底改革网站，以确保在线“学习”成为其主要目的，使知识和参与成为网站每一页的“红线”。[13]致力于虚拟学习的博物馆必须考虑一个问题：他们希望并实际能够提供什么样的指导——这需要员工和机构具备线上响应能力。大多数博物馆网站由数字团队或营销团队负责创建和维护，很少完全由教育工作者或数字教育工作者设计或管理——后者具备相对较新的技能和能力。数字团队或营销团队主导网站运营固然有其优势，但如果博物馆教育者能参与创建整体在线体验的过程，必然能极大推动网站发展成为一个持久、动态且可持续的学习资源库。

设计网络学习体验的协作方法可以扩展到博物馆不同部门之外。2014—2015 年，为了成为“艺术和学习的独特数字空间”[14]，伦敦的南岸中心邀请公众通过用户测试、在现场特定“玻璃屋”的开放式会议、工作坊和在线调查等方式参与其新网站的设计。博物馆收到了强有力的反馈：人们希望能够尽可能利用博物馆资源进行自主学习。这一参与过程促成了一个新网站的诞生，用户可以“重复使用内容、数据和软件，探索网站的运作方式并轻松管理他们的隐私”，即“开放平台、开放数据、开放设计和开放使用”[15]。有趣的是，这次活动还开辟了博物馆公共项目的新方向，如举办“我们想要的网络节”（2015 年 5 月），这是“一个庆祝万维网如何改变我们生活的节日，包括工作坊、展览和讲座等一系列活动”[16]。

除了决定博物馆网站的设计和设计者，优化网络学习还需要评估网络体验的质量。博物馆需要考虑以下事项：

- 可用内容的趣味性和实用性；
- 使用丰富的媒介内容，如照片、视频和音频；
- 活动的可及性和参与深度以及博物馆的回应能力；
- 使用高质量的叙事；
- 内容所使用的语言。

博物馆还应考虑其内容是否便于观众发现：

- 信息架构的实用性；
- 用户界面设计的易用性和吸引力；
- 网站的可及性；
- 搜索引擎优化（SEO），使得网站在网络上更容易被用户“发现”；
- 线上和线下的营销推广活动。

参考资料

博物馆网站支持学习最常见的方式是提供可供观众下载的数字参考资

料和课程计划。这些源自博物馆自身收藏和展览的研究或教学资源，可以服务于任何群体且无须用户亲自到访博物馆。资源的形式多样，从可下载的工作表到完整的视频频道一应俱全。例如，华盛顿特区的美国大屠杀纪念馆的网站提供了关于美国大屠杀历史的全面且权威的在线资源。该馆的在线学习项目提供了学术和研究、教育者和专业人士、学生领导力项目等多个类别的丰富资源。美国大屠杀纪念馆与牛津大学出版社合作，每年出版三期《大屠杀和种族灭绝研究》期刊，并推出了一系列关于大屠杀和种族灭绝研究的专著。此外，该馆还提供了在线演讲和讲座、使用 14 种语言出版的大屠杀百科全书、教师和学生的教学材料以及与大屠杀相关的地图。该馆的大屠杀幸存者和遇难者资源中心，还提供了可以检索的“幸存者和遇难者”数据库以及视频和音频形式的幸存者证词。

博物馆正在线上创造更吸引人和更高质量的学习内容。视频已成为首选媒介——许多博物馆纷纷上传了幕后视频、馆长访谈以及艺术家或科学家工作的视频，以此为观众提供更多知识和与展览背景相关的内容。这些视频也会发布在博物馆的 YouTube 频道上。例如，ARTtube 特别展示了来自荷兰和比利时 14 家不同博物馆的艺术和设计视频，其中包括艺术家和设计师的访谈、艺术品安装和修复过程，以及实验性视频作品。这些频道每月会发布新视频，吸引了超过一万名在线访客。[17] 新技术使得录制和编辑高质量视频的成本变得非常低廉（就像现在电影院里放映的电影可以用 iPhone 拍摄一样 [18]），这也使得观众对在线视频更加挑剔。因此，博物馆在线视频在技术和内容上都需要追求高质量。这并不一定意味着复杂的制作，而是要在考虑到其背景和观众的情况下以最佳方式分享和传授内容。

“聪明的历史”网站（Smarthistory.org）摒弃更为正式和脚本化的独白，开始尝试以无脚本的对话视频来探讨艺术史，以“充满情感、发现甚至分歧的内容……旨在为观众模拟他们自己可能与艺术作品发生的互动……对话模拟了我们希望他们拥有的真实体验——帮助观众勇敢地面对陌生事物，并以对他们有意义的方式去转化它”[19]。实践表明这种形式非常有效，现在它已被应用于可汗学院（Khan Academy）线上学习平台的数百个“聪明的历史”（Smarthistory）视频中。类似 TED Talks[20]、the Moth[21]

和 StoryCorps[22] 的简单讲故事形式，也通过数字视频和音频的方式，进一步提高了博物馆学习质量。

可供搜索的数字藏品

博物馆从 20 世纪 90 年代开始努力推进馆藏的数字化。从那时起，博物馆投入了大量时间和资源来进行非数字藏品的数字化，并同样重视对馆内的“数字原生”藏品的管理，以便学者和公众能接触到这些资源。即使博物馆做出了这些努力，数字化藏品仍然往往是博物馆网站最不受欢迎的版块。[23] 博物馆需要在功能、范围、设计以及营销、学者和观众的需求等方面开展更多研究。许多博物馆正在寻找新方法来增加和共享数字化藏品的价值，并为员工、学者和公众提供服务。这些方法包括允许人们自由下载和使用博物馆藏品的数字资源（即“开放获取”政策），与其他机构合作建立大型藏品数据库，以及开发更多的数字策展体验。

达拉斯艺术博物馆最近重新设计了其数据库，以改善其超过 2.2 万件艺术作品收藏的在线访问体验。借鉴史密森尼学会和阿姆斯特丹的荷兰国家博物馆在开放藏品获取方面的领先做法[24]，达拉斯艺术博物馆的目标是尽可能免费提供其图片、数据和软件，供个人和教育者使用。

多家博物馆携手打造了可搜索的大型藏品数据库。例如，欧罗巴那（Europeana）就是一个包含数百万件与欧洲文化遗产相关的藏品库，其收藏涵盖了来自欧洲多家美术馆、图书馆、档案馆和博物馆的书籍和手稿、照片和绘画、电视和电影、雕塑和工艺品、日记和地图、乐谱和录音等。文化网格（Culture Grid）[25] 是一个类似平台，它汇集了来自英国及欧洲数百家博物馆收藏的 300 万件物品。这些平台的好处在于它们提供了“一站式”资源，便于公众探索特定收藏，并自行开展学习项目。

博物馆还可以开发具有吸引力的网络体验，借助其故事吸引观众，并将他们与数字藏品相连。例如，“欢迎藏品”（Wellcome Collection）创作了一个名为《心智工具：疯狂、谋杀和心理治疗的世纪》的数字故事[26]，它将图书馆数字档案中的文本融入故事，以便用户在阅读时可以探索故事原型的源档案材料。这些内容在“知识共享许可协议”（Creative Commons）的许可下也可免费查看、下载和复制。

虚拟导览

虚拟导览使人们能够在线参观博物馆。随着技术的日益普及，这种方法越来越受欢迎，特别是它不仅为用户提供了参观博物馆空间的机会，还允许用户下载、放大、探索，并在用户以特殊方式与展品互动时关联到类似作品，这一体验极大地促进了学习。广受引用的谷歌艺术计划[27]便是一个例证，它从最初为博物馆提供“街景”服务发展成为专门的在线参观平台。

社交媒体

社交媒体也可以是学习资源，即使学习的时刻转瞬即逝。然而，要想有效地利用社交媒体，博物馆需要对其特点具有敏锐的洞察力。

社交媒体社区往往会保护平台内容的平等性，以防营销泛滥，掩盖了丰富的原生内容。人们在社交媒体上发布内容时，隐含了创造价值的期望，用户希望自己发布的有趣内容或对话，可以被回应、收藏或分享。在 Instagram 上发布一件艺术作品的图片，配上一行精心构思的文本，可以在瞬间传播知识并激发他人的兴趣。社交媒体也能带来深度的连接。人们可能被一种媒介形式所吸引（如 Instagram 上的一张照片或一条推文），并被引导至更具深度的媒介（如博客、视频或相关活动）。

2014 年，迪拜的埃马克图姆医院博物馆发起了 # 治愈之语（#WordsThatHeal）活动。人们通过在 Instagram 上使用统一的标签分享“治愈之语”，加强人与人之间的联系及与博物馆的互动。博物馆制作了一些小视频在 Instagram 上分享，鼓励人们“捐赠话语”，内容可以是英语或阿拉伯语中有关治愈的传统或当代谚语。博物馆收集并分享了数百个词语和短语，并将它们印制在卡片上，分发给迪拜和伦敦的医院患者。这项活动旨在教授人们某些传统的阿拉伯谚语，但也提供了一个平台，让人们分享自己的知识，并以某种方式在以博物馆为核心的数字社区中感受到彼此的连接——这本是迪拜因其极为多样化和分散的人口而面临的挑战。

在线学习

博物馆正在通过自主研发的在线平台，或与诸如 Coursera 和可汗学院等在线教育平台合作，为成人和儿童提供包括“函授课程”在内的更正式的课程。博物馆在线课程可以完全是自我引导的，学习者可按照自己的节奏访问播客、进行互动测验、阅读文章和报告、观看视频；也可以是在教师引导下的学习，如定期举办的需要报名参加的网络研讨会。通常，这两种学习在完成时都会给参与者一定的认可或证书。

例如，旧金山的探索馆在 Coursera 的师范学院版块上推出课程，旨在帮助中学的数学和科学教师将探索馆的动手实践和探究式体验纳入课堂教学。此外，探索馆还发布了 70 个时长 5 分钟的“为科学教师，由科学教师”主题播客讲解教学技巧。[28] 探索馆还为可汗学院提供了介绍许多重要博物馆的视频和文本。

水晶桥美国艺术博物馆为阿肯色州的公立高中学生设计了带学分的在线课程——“艺术中的美国身份：博物馆混搭”，该课程通过“阿肯色在线”网站提供，这是阿肯色州教育部门与阿肯色州教育服务合作机构的合作项目。[29] 博物馆还提供免费的在线专业发展认证课程，旨在培养教育工作者教授课程的能力，并探索博物馆远程学习的可能性。

博物馆若能通过像 Coursera 这样受众广泛的在线学习平台展示其内容，而非仅限于自身网站，便能触及更广泛的群体。不过，那些拥有丰富经验，并能够利用传统且受欢迎的在线会议技术等形式提供课程的博物馆，很可能已经培养了一批兴趣盎然的学习者社群。通过在线会议，学习者不仅能获得同行评审和互动评论的机会，还能链接到更多相关资源，从而丰富线上学习体验。诸如 Candena（www.candena.com）[30] 等新兴平台，正在助力博物馆更有效地组织和实施在线合作课程项目。

游戏与竞赛

游戏和竞赛是博物馆激励学习者与学校和博物馆内容互动的一种方式，这通常涉及将博物馆的实体空间与网络空间连接起来。例如，史密森尼国家 STEM 电子游戏挑战赛（与 Joan Ganz Cooney 中心和 E-Line Media 合作）邀请学生提交原创电子游戏和游戏设计，以此激发和提升他们对科学、技术、工程、数学（STEM）科目的兴趣。学生可以通过参加科学博物馆、图书馆和社区中心等合作伙伴提供的动手“创客”工作坊来学习制作自己的电子游戏，这些工作坊通常由年轻导师主持。项目通过导师制度将青少年和成人聚集在一起，“青少年负责教授同龄人游戏设计的基础，成人则负责教授如何识别自然中的系统并将其融入游戏机制”[31]。和大多数博物馆外的学习形式一样，STEM 电子游戏挑战赛也致力于帮助女生和来自低收入家庭的孩子打破进入传统封闭行业的壁垒。

移动应用与博物馆户外路径

移动应用分为两大类：一类是可以在断网状态下使用的离线应用程序，另一类则是针对智能手机访问进行优化的在线移动网站。与通过电脑访问网络的体验相比，在移动应用上学习的体验往往更为短暂，也更加碎片化。

一些博物馆正在开发专门针对户外使用的体验式移动应用。虽然这些应用程序更像是娱乐工具，但也有一些强调了特定的学习目的，如鼓励现场探索和观察的应用程序，会通过各种地理定位技术将内容与特定地点关联起来。

英国德比郡的巴克斯顿博物馆和艺术美术馆于 2014 年启动了一项试点项目，旨在通过一系列数字化路径将其藏品与周边景观结合起来。工作人员希望加强该馆的历史和考古藏品与当地居民及观众之间的联系，特别是与周边极受欢迎的皮克区国家公园的联系。该试点项目包括以下四条路径：

- 巴克斯顿水源移动路径：通过博物馆馆长讲述的故事，串联起与巴克斯顿自然泉水相关的地点；
- 购物故事移动路径：将巴克斯顿居民的音频回忆与主要购物区的关键地标连接起来；
- 神秘的阿博洛路径：由考古学家讲述，深入探索阿博洛遗址的考古调查之旅；
- 多夫戴尔家庭活动之旅：专为家庭设计的冒险路径，提供可下载的打印材料，其中包含家庭成员在徒步时可以共同完成的活动。

基于试点项目的成功，巴克斯顿博物馆和艺术美术馆获得了文化遗产彩票基金的资助，开发了“口袋奇观”数字导览项目。该项目向观众提供信息、高清照片以及源自博物馆藏品的音频和文字故事，这些都标注在考古遗址和地标等地图的“兴趣点”上。此外，项目还包括“沙发上欣赏的奇观”——博物馆网站上一个可搜索的目录。对巴克斯顿应用程序的评估表明，当内容和叙述引人入胜时，学习效果也是最佳的，而这需要技艺高超的叙述者、采访者和媒体制作者。

移动应用和博物馆户外路径是博物馆连接人们与其周围环境中事物的常见且有效的方法。但人们往往关注移动技术方面的问题（如在巴克斯顿博物馆和艺术美术馆案例中出现了英国农村地区移动信号覆盖的问题），常常忽视更大的挑战是确保内容本身足够有趣。次一级的挑战则是营销问题，博物馆需要创造机会让人们发现并尝试使用移动应用。

还有诸多创新的移动应用提供了新的学习机会，比如有些移动应用鼓励公众成为公民科学家，利用移动设备收集数据并将其提交给大型研究项目。以“拍树叶”项目（Leafsnap）为例，这是由哥伦比亚大学、马里兰大学和史密森尼学会的研究人员开发的一系列电子野外指南，利用视觉识别软件帮助用户识别树叶照片中的树种。[32] 有些应用致力于激发人们的创造力，如美国现代艺术博物馆的艺术实验室移动应用。[33] 还有一些则侧重通过吸引人的手段引导用户进行自我探索，如大都会艺术博物馆的 Met App。[34]

公共参与和市场营销

博物馆的核心价值在于其提供的经过阐释的真实内容，这也是博物馆与娱乐场所或图书馆等机构的主要区别。在社交媒体时代，参与的重要性超越了知名度。因此，以往可能被视为“营销”的活动，实际上恰好是帮助首次接触博物馆的观众意识到博物馆价值的良机。营销活动不仅有机会向新的受众介绍博物馆，还能推广博物馆及其学习机会。随着社交媒体的普及和参与度的提升，学习规划与市场营销或宣传活动之间的界限变得越来越模糊。博物馆教育工作者与市场营销和沟通团队之间的合作可以有效地达成双方的目标。

冲击性广告

冲击性广告旨在通过广告牌、广告、社交媒体等手段向观众传递即时价值。温哥华科学世界在2012年组织的一场备受赞誉的营销活动中，使用了标语“我们能解释”（We can explain），试图将令人惊奇的科学知识传递给公众，在公交车站、出租车顶部和电梯内展开宣传——这些地点都有广告位。该活动鼓励人们将令人惊讶的科学事实与周围的世界联系起来，体现了“世界即教室”的博物馆学习概念（见图7.3、图7.4）。

2014年，旧金山现代艺术博物馆发起了#艺术玩乐（#PlayArtfully）活动，借助社交媒体的力量，鼓励人们通过参与简易的小游戏“在日常世界中发现艺术”。旧金山现代艺术博物馆在旧金山的公共空间、线上和社交媒体上推出了一系列小挑战，旨在唤起公众的创造潜能与生活热情，邀请路人们一起“玩耍”，并在线分享成果（见图7.5）。例如，最受欢迎的Roy G. Biv游戏鼓励人们“寻找最丰富多彩的场景。

图7.3　温哥华科学世界发布的“我们能解释”系列冲击性广告

图7.4　温哥华科学世界发布的“我们能解释”系列冲击性广告之“人在太空中会变高”

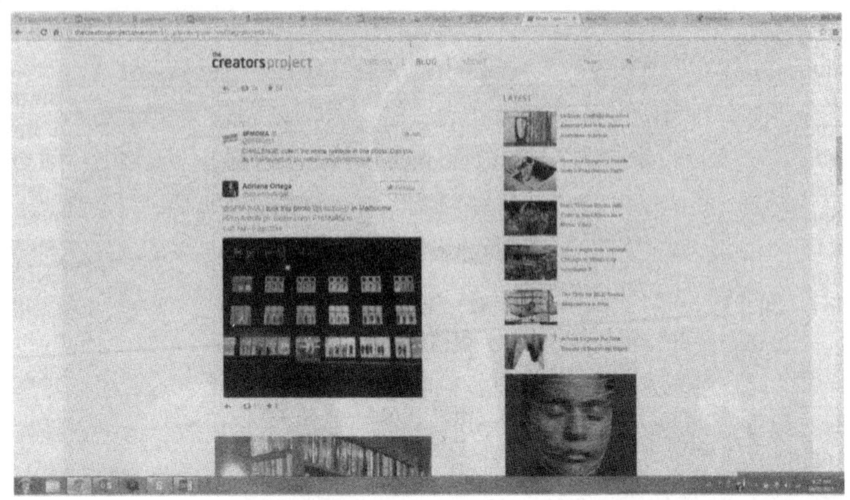

图7.5　旧金山现代艺术博物馆在社交媒体上发起的#艺术玩乐活动

如果你能拍到一张包含彩虹所有颜色的照片，便算作胜利”。该活动旨在鼓励人们“从更有创造性的角度看待生活，并将博物馆视为玩乐和创造力的推动者，丰富人们对博物馆及整个艺术界的认知”[35]。在三个月内，超过一千名用户在社交媒体上参与了这一活动，影响人数超过两百万人，涵盖了 Instagram、Twitter、Tumblr 和 Facebook 等多个社交平台。

这类广告和社交媒体活动不仅吸引了公众对博物馆的注意力，还促进了博物馆学习，在激发好奇心、观察周围世界和创造力方面发挥了积极作用。

公共参与

公共参与为博物馆提供了一种与馆内人员互动相仿的形式来展示基本的博物馆学习方法。这不仅涉及汇聚观众并倾听他们的意见，还意味着给这些观众提供参与博物馆学习的机会作为回报，以确保初次接触博物馆的社区能够感受到互惠的体验。通过额外的规划，如征求公众对新展览的看法或是旨在增加观众或会员数量的公共参与及市场营销活动，这些举措也能成为参与者和博物馆共同的学习机会。

加拿大文明博物馆（现为加拿大历史博物馆）围绕“我的历史博物馆”

（My History Museum）的概念开展了一场公共参与活动，目的是收集加拿大民众对于新常设展览内容与展示方式的看法。博物馆向公众提问："如果由你来负责规划一座加拿大历史博物馆，你会展示哪些内容？你将如何与全国各地的加拿大人建立联系？"为此，博物馆设立了一个互动网站，邀请人们发表评论、贡献想法。该网站展示了博物馆的藏品、加拿大历史的时间线、精选的加拿大历史人物，并举办了调查、小组讨论和公共圆桌讨论，以及与特定"特殊利益"团体进行了面对面的临时博物馆活动会议。博物馆精心设计了网站和互动材料，以示这是一个有趣且易于参与的活动，并在非传统场所如跳蚤市场、购物中心和机场等地设立临时博物馆，以便触及不常访问博物馆的人群。博物馆不仅提供材料，介绍关于某些藏品、历史事件和人物的基本内容，还邀请人们投票或评论哪些内容最能引起他们的共鸣。

同行学习

博物馆不仅是观众的学习场所，也是博物馆工作人员和志愿者之间相互学习的场所。博物馆工作人员是重要的文化大使，也是观众从博物馆机构获得和分享知识的关键。因此，同行学习是博物馆学习的一个重要方面。这种学习发生在会议等专业网络中，也通过博客、社交媒体和其他专业出版物来实现。

同行学习不仅限于博物馆专业领域。随着博物馆积极在其所在社区展现软实力[36]，工作人员也能成为更活跃的公民社会成员。[37]因此，专业网络也可能是基于地点、主题或人的相关网络，不仅限于博物馆界的内部。

博客、社交媒体和出版物

通过博客和社交媒体进行的同行学习日益增加。数字出版正在成为实践者、研究人员、学者和顾问等博物馆专业人士分享新知识的一种高效手段。值得注意的是，博物馆数字领域的从业者往往也是该领域中最多产的群体。那些熟悉数字平台及相关表达方式的人员能引导更多博物馆工作人员形成对数字通信在其他博物馆职能中潜力的新认识。正如切尔西·艾米丽·凯尔（Chelsea Emelie Kell）在艺术博物馆教学博客中所述："博物馆技术人员发表的文章不仅推动了'博物馆技术'概念的发展，还形成了博物馆技术这一专业领域……他们以专业的奉献精神提供了大量免费的在线论文，供所有人阅读——这有助于整个博物馆领域认识到技术的重要性，因为技术连接了理论与实践。"[38]

根据博物馆的需求出版刊物或书籍的技术趋势，也体现了博物馆正在拓展主动传播知识和即时发表的形式。

会议与网络

每年有数百场博物馆相关会议。有些是规模较小的本地或区域会议，有些则是更国际化的会议。这些会议催生了丰富的演讲、论文、视频和社交媒体记录，这些内容会传播给更多的人。博物馆正在尝试不同的会议形式，从传统的演讲和小组讨论到更加动态的观众互动方式，这些变化亦体现了博物馆教育实践的发展与创新。

总结

博物馆学习始于博物馆与人们建立联系的那一刻，并将对人们产生深远影响。博物馆应该认识到在馆外以及虚拟空间中存在诸多教学和学习机会，通过把握这些机会，博物馆能够在社区中发挥更加显著的作用，同时在观众的生活中扮演更加重要的角色。

案例研究 7.1 "卡尔加里校园/开放思维"项目：携手共进将课堂拓展至社区

崔西·萨维尔

这个美丽的冬日，大片大片的雪花从灰蒙蒙的天空中飘落下来，正是在野外漫步的好时机。在积雪中缓缓前行的我们仰望着树木和天空，探究着脚下的土地，倾听着周围的声音。这群三年级的小小研究者向我保证，这是揭开他们新教室秘密的最佳方式。在整整一周的时间里，他们的学习翻越了学校的围墙，来到了野外保护区。他们很清楚，要成为这片地区的研究者，必须放慢脚步。

我们耐心细致的搜寻很快就有了收获，一名小研究员在一棵云杉树干上发现了两只红胸黄雀。一名学生指出它们的动作很笨拙，另一名学生则认为它们在寻找食物。随着我们放慢脚步，停下来仔细观察，这些鸟儿离研究员们越来越近。黑顶山雀也进入了研究员们的视野。学生们发现，黑顶山雀的喙比普通山雀的喙更长更细。直到两只山雀振翅起飞，学生们还沉浸在推理之中，认为这两种鸟吃的食物肯定不同。鸟儿飞得如此之近，我们甚至能感觉到它们翅膀扇动带动的气流。在接下来的一周里，在这个新的野外教室里，这些研究员不仅能观察到不同种类的鸟，还开始学习这些生物如何与彼此及环境互动。他们看到了生命之间的关联。小研究员们认识到，他们也是这种生命网络的一部分，开始思考自己在世界中的位置。

学生们每周都能在克罗斯保护区观察野生动物之间的互动，在格兰波博物馆戴上白手套检查文物，在卡尔加里动物园喂食长颈鹿，在卡尔加里迷人的、富有教育意义的环境中，与体验式学习的专家们一起学习。“卡尔加里校园/开放思维”项目（Campus Calgary/Open Minds，简称CC/OM）为教师和学生创造了将课堂移入社区的机会，开展为期一周丰富多彩的实践学习活动。在这个项目中，博物馆是一个开放的概念。正如埃莉诺·达克沃斯（Eleanor Duckworth）所说：“博物馆可以指任何一个在儿童遇到真实的、值得思考的问题时，其环境能够促进儿童奇思妙想（不同的儿童会产生不同的想法）的社区站点。”[39]

在卡尔加里，有11个站点参加了CC/OM，为一至十二年级的教师和学生提供服务。这些社区站点多种多样，包括卡尔加里航空航天博物馆、市政厅、克罗斯保护区（自然公园）、Vivo（娱乐中心）、格兰波博物馆、特鲁斯火花科学中心、卡尔加里牛仔竞技场、艺术共享空间、卡尔加里大学、卡尔加里动物园和卡尔加里教育委员会中心。每个独特的站点都由一个企业合作伙伴提供资金，并由一名协调员提供支持。该项目非常成功，并已在全球多个城市推广。[40]

1992年，卡尔加里教育委员会和卡尔加里教会学校学区召开会议，讨论“与学校和公众合作的新方式”[41]，受此启发，教育工作者和具有社区意识的领导者率先在企业和社区之间建立了合作伙伴关系，他们提出了有关未来学习的关键问题：

· 学生如何体验他们的社区，以培养他们在本土和全球社会中学习和成为公民的能力？

· 如何在课堂内外创造和分享体验型知识？

· 如何建立让每个学生都有归属感和参与感的关系？

福尔克和迪尔金指出：“许多研究人员发现，人类在以下几种情境中学习积极性最高：身处支持性环境中，参与有意义的活动，摆脱焦虑、恐惧和其他负面心理状态，拥有对学习的选择和控制权，以及面对与自身技能相匹配的挑战性任务。”[42]CC/OM秉承并日复一日地践行这些理念，不断挑战传统学习经验的界限。

二十多年来，资助者、社区站点和学区围绕这一计划团结一致，为卡尔加里的教学工作建立了一个综合且专业的支持网络。这种模式几乎可以在任何地方复现。社区教学站点的所有相关人员，包括高层管理人员，都对这一概念充满热情并有深刻的理解。他们与学区专家合作，共同制定了建议书，概述合作模式的内容，并规划如何利用社区教学站点的资源支持和促进教学活动。建议书内容包含了预算草案，用于确保资金支持。建议先由经验丰富的教师开设试点班级，与学生一起探索教学资源和测试不同的可能性。试点项目需要认真记录测试周的情况，为潜在的资助者、教学站点和其他教师提供有价值的见解。这种模式的可持续性和长久性依赖于以下因素：发展的可持续性、大量教师的参与、与社区教学站点的持久关系，以及真正关心青少年教育的慷慨资助者的长期支持。CC/OM的体验真正开启了学生的心智，让他们更清楚地认识到自己在大环境中的位置和作用。他们将成为知识渊博的学习者和积极参与活动的社区成员。

教师参与

CC/OM不是单一的游学活动，而是在全年段提供的丰富学习机会和与课程相关的探究活动之中，嵌入了为期一周的社区实践活动。资助合作伙伴、站点协调员和教育工作者共同分担责任，确保项目的基本原则得到贯彻。项目从春季开始，由教师提出计划书，阐明本次体验将如何促进下一学年的探究活动，也就是如何发挥社区教学站点的独特价值来支持课程。遴选项目教师是一项艰巨的任务，因为该项目每年都有超过50%的报名者竞争有限的名额。而入选的教师则能开启一段美妙的旅程，引导学生根据自身的特长、兴趣和需求开展个性化实践。

教师职业培训于当年的春天开始，教师们会应邀参加各自选定教学站点举行的欢迎会。在八月，教师们将花上一整天沉浸式地在新“教室”中学习使用其丰富的资源。九月举办的教学法研讨会将教师、协调员和学区专家聚集在一起，分享、学习和设计并实施满足学生需求且富有挑战性的任务。当教师与学生在九月相聚课堂之时，学生也可以建言献策，共同设计他们的学习任务。

活动周之前

> 难以想象没有CC/OM活动周的学年。
>
> ——教师

在活动周开始前的六到八周，教师们会参加一次策划会议。该会议由学区专家和协调员主持，教师们可以在会上讨论课堂上正在进行的各种探究活动，并探讨社区资源如何为学习提供支持。通过这些丰富的对话，一周的日程安排更具针对性，既能满足学生的需求和兴趣，又为面向学生分享经验的专家提供了更明确的方向。对专家和学生之间的互动进行周密的规划至关重要。无论是市政厅的城市规划师，还是卡尔加里牛仔竞技场著名的驯马师，他们的分享都不是传统意义上的专业人士演讲。相反，在专家分享其工作的重要性及其在社区中的价值时，互动体验都能邀请学生参与其中。学生和专家在花时间相互了解的过程中，兴奋之情溢于言表；这令专家能以全新的眼光看待自身的工作，而学生则对他们可能从未考虑过的职业产生了兴趣。

活动周期间

> 我从主持这个项目中获得的最宝贵的经验之一，就是儿童也能够掌握那些看似复杂的学科知识。
>
> ——站点工作人员

在教学站点中，学生们以实践的方式参与学习，他们长时间地观察，总结经验，并与同伴和知识渊博的成年人分享他们的理解。学生们带着好奇心、奇思妙想和目的而来。他们扮演着科学家、艺术家和记者的角色，并已经做好了应对世界现实问题的准备。在提前策划的过程中，教师已经规划了如何利用教学站点给学生创造在自己的课堂上无法实现的学习机会。以卡尔加里的特鲁斯火花科学中心为例，九年级学生要解决“能源和创新如何影响生活质量？”这一问题。在充满活力的教室里，他们与专家和协调员一起研究可再生能源和不可再生能源、能源生产和传输以及能源转化。学生们还参加了管道挑战赛——假设预算为2500万美元，学生以设计小组为单位协同工作，负责在城镇、湖泊和国家公园的景观上规划和建设管道。在整个过程中，他们会不断考虑景观以及规划对经济和环境的影响。学生投入时间认真地思考，运用批判性思维技能和背景知识来考虑多种观点并理解其中的偏见和公正性，使得建设和讨论的过程也变得生动起来。学生们会记录和反思，观察如何将失败转化为成功，学会表达自己的想法，认识到各种意见的价值，并逐渐成长为知识渊博且成功的设计师。

活动周之后

> 我需要提出好问题，并找到答案的用武之地。
>
> ——学生

在返回教室之后，学生们会运用所学知识，讨论当下的问题，将他们的理解从本土环境拓展至国家和全球的语境。经过五天深入社区站点丰富多彩文化的耳濡目染，学生们真正投入和参与了利用社区教学站点进行的学习体验。这种主人翁精神使得学生能够进行自我评估，看到自己随着时间成长的轨迹，并认识到成功掌握在自己手中。学生们从自己的经历和建立的关系中得到了极大的启发，成为热心回馈社区的倡导者。

例如，一年级的学生在"避寒之家"（Inn from the Cold，一个为无家可归者提供紧急庇护所的组织）的经历，激励他们收集并捐赠了六百双新袜子给有需要的人。这次活动是学生们在位于卡尔加里市中心的卡尔加里教育委员会中心的活动周的一部分。通过"如果我们关心他人，能带来什么？"这个创意，学生们将计划转变为行动，帮助社区变得更加美好。

在CC/OM中，学生与教师之间的持续互动促进了形成性评估的发展，这种评估认可并培养了学生多元化的成功条件。跨学科的工作性质促使项目设计丰富的任务，让学生针对多学科领域相关的学习成果进行深入探究。因此，评估的重点是支持学生展示所学内容和应用于实践的学习过程。

后续影响

> 这是我见过的最富有冒险精神的学生群体。他们倾向于了解如何做某事，而不是仅凭自己的猜想摸索，他们在此过程中通过经历的失败和成功找到了自信。
>
> ——教师

与这种体验式学习相关的研究，以及有关CC/OM的具体研究，都强化了在各种环境中与社区专家合作开展教育活动的理念："CC/OM提供的长期探索的机会、学生的自主权和知识的社会建构、探究精神和持续的写作记录，对学生的表达水平有着显著的影响。"[43]学生有机会放慢学习速度，深入钻研，磨练技能，发挥主人翁精神。这种模式将学习范式从完成任务转移到关注学生的个人感知和推理过程，从而促进了学习的个性化

图7.6　探索公共艺术（图片来源：卡尔加里教育部）

图7.7　与专家一起开展调查（图片来源：卡尔加里教育部）

和相关性。

我从不同的方式和环境中学到了很多东西。我也从观察事物、独立自主和自己想办法解决问题中获得宝贵的经验。

我们都可以在公共教育中发挥作用。

——学生

这项独特而充满活力的计划有助于我们在社区中共同建设强大而繁荣的未来。

——资助者

CC/OM为社区开创了新颖的参与教育合作模式。企业合作伙伴也为能够投资该计划，为满足社区和教育需求做出贡献而感到自豪。社区站点则因与学生合作而充满活力，并以主导者的身份参与到项目中来，使原本不为公众所知的幕后工作变得有目共睹。

图7.8 幕后体验（图片来源：卡尔加里教育部）

教师在此过程中经历了意义深远的职业成长，并构建了合作网络，便于定期交流教学想法和最佳实践。通过长期的课程、对超越传统课程界限的亲身经历的深入思考，以及放慢脚步、进行反思的时间，学生的学习得以提升到新的高度。学区获得了更多资源为其社区内所有学习者做出创造性的安排。最重要的是，通过整个社区的通力合作，社区获得了培养学生的鉴赏力、学习动力以及对文化意识、公民自豪感、社区责任和管理的理解等各种机会。

注释：

1 David Slocum, faculty director of EMBA Programs at the Berlin School of Creative Leadership, "Leading the Future of Learning through Four Key Trends," *Forbes,* February 17, 2015, http://www.forbes.com/sites/ berlinschoolofcreativeleadership/2015/02/17/leading-the-future-of-learning-through-four-key-trends.

2 Lake, Snell, Perry public opinion survey commissioned by American Alliance of Museums, 2001.

3 Sharon Fernandes, "India's Largest Museum Takes Flight," BBC Travel, February 26, 2014, http://www.bbc.com/travel/story/20140225-indias-largest-museum-takes-flight, retrieved May 8, 2015.

4 "Curatorial Note on the Artwork Program," http://www.csia.in/atcsia/jayahe.aspx, retrieved May 8, 2015.

5 "Where Science, Art and Society Meet," News Mediacom, February 23, 2015, http://actu.epfl.ch/news/where-science-art-and-society-meet/, retrieved May 8, 2015.

6 See www.miamisci.org/www/reclamation_project.php.

7 Steve Edwards, president of the New Jersey Hall of Fame Foundation board quoted in Andrea Vasquez, "NJ Hall of Fame Launches Mobile Museum with 16 New Inductees," *NJTV News,* June 2, 2013, http://www .njtvonline.org/news/video/nj-hall-of-fame-launches-mobile-museum-with-13-new-inductees/.

8 http://musevery.com/#about.

9 http://www.ww2museumtours.org/home/.

10 See Paul F. Marty, "Museum Websites and Museum Visitors: Before and After the *Museum Visit," Museum Management and Curatorship,* vol. 22, no. 4, 2007, pp. 337–360.

11 Gina Koutsika, "Informal Learning in Museums: How the Landscape Is Changing and Creating Opportunities and Risks," *MuseumID* 17:79–84.

12 Diana Laurilland, "Foreword," in Helen Beethan and Rhona Sharpe, eds., *Rethinking Pedagogy for a Digital Age: Designing for 21st Century Learning*. New York: Routledge, 2013.

13 The other objective for the redesign was to be the "best in breed event ticketing website."

14 Rob Gethen Smith, Lucie Paterson, and Paul Vulpiani, "How to Build an Open Website," presentation at MuseumNext, April 21, 2015, Geneva. On slideshare, http://www.slideshare.net/luciepaterson/how-to -build-an-open-website.

15 http://webwewant.southbankcentre.co.uk/.

16 http://www.arttube.nl/en/about.

17 Casey Newton, "How One of the Best Films at Sundance Was Shot Using an iPhone 5S," January 28, 2015, http://www.theverge.com/2015/1/28/7925023/sundance-film-festival-2015-tangerine-iphone-5s.

18 "Educators, Curators and Docents: Creating Interpretive Resources Based on Conversation," Beth Harris, Smarthistory.org, Christina Olsen, Portland Art Museum, and Steven Zucker, Smarthistory.org, USA, pa-per presented at Museums and the Web 2010, http://www.archimuse.com/mw2010/papers/harris/harris .html#ixzz3aDHcf7wC.

19 http://ed.ted.com/.

20 http://themoth.org/.

21 http://storycorps.org/.

22 Craig MacDonald of the Pratt Institute discusses this in "Assessing the User Experience (UX) of Online Museum Collections: Perspectives from Design and Museum Professionals USA," paper presented at MW2015: Museums and the Web 2015, April 8–11, 2015, Chicago, IL, http://mw2015.museumsandtheweb .com/paper/assessing-the-user-experience-ux-of-online-museum-collections-perspectives-from -design-and-museum-professionals/, retrieved May 11, 2015.

23 What started as an experiment has now resulted in 111,000 (and counting) high-quality images of famous paintings such as the Nightwatch as well as numerous other works of art by Rembrandt, Vermeer, Goltzius, and more becoming openly available on the web: http://openglam.org/2013/02/27/case-study -rijksmuseum-releases-111-000-high-quality-images-to-the-public-domain/#sthash.zGnIr8LL.dpuf.

24 http://www.culturegrid.org.uk/#sthash.qQFpfmJe.dpuf.

25 http://wellcomecollection.org/mindcraft.

26 https://www.google.com/culturalinstitute/project/art-project.

27 See http://www.exploratorium.edu/education.

28 http://distancelearning.crystalbridges.org/.

29 http://www.candena.com/.

30 "Blending Digital Media, Badging, and Museum-Based Learning: A Few Moments with Barry Joseph," associate director for digital learning, Youth Initiatives, at the American Museum of Natural History, http:// dmlhub.net/newsroom/expert-interviews/blending-digital-media-badging-and-museum-based-learning/.

31 http://leafsnap.com/.

32 http://www.moma.org/explore/mobile/artlabapp.

33 http://www.metmuseum.org/visit/met-app.

34 http://willakoerner.com/portfolio/sfmoma-campaigns/.

35 For more, read Gail Lord and Ngaire Blankenberg, *Cities, Museums and Soft Power* (Washington, DC: AAM Press, 2015).

36 Lord and Blankenberg, *Cities, Museums and Soft Power*.

37 Chelsea Emelie Kell, *A Museum Educator's Takeaways from Museums & The Web 2015*, April 16, 2015, http:// artmuseumteaching.com/2015/04/16/a-museum-educators-takeaways-from-museums-the-web-2015/.Museum Learning Outside the Museum

38 Eleanor Duckworth, *The Having of Wonderful Ideas* (New York: Teachers College Press, 1996), 7.

39 Gillian Kydd, Beyond the Classroom Network, April 21, 2015, http://btcn.ca/participating_sites.

40 Gillian Kydd, Seeing the World in 3D: *Learning in the Community* (Victoria, BC: Trafford, 2004), 18.

41 John Falk and Lynn Dierking, *Learning from Museums* (Walnut Creek, CA: AltaMira Press, 2000), 17.Cathy Cochrane, *Creating Thoughtful Writers: A Study of the Campus Calgary/Open Minds Program*, unpublished master's thesis (Portland, OR: University of Portland, 2000).

第三部分

怎样开展学习变革？
——如何将博物馆转变为21世纪的学习机构

本书的第三部分详尽阐述了将博物馆转变为符合21世纪要求的学习机构的规划过程。规划过程从哪里开始？需要重点考虑哪些运营、人员配备和预算因素？博物馆的设施将受到何种影响？当学习贯穿于博物馆的所有功能时，又该如何进行项目设计？

这些都是本书第三部分要解决的几个问题。俗话说，细节决定成败。在这种自上而下的规划工作中，管理人员不可能预料到每一个潜在的陷阱。本部分的撰稿人坦言，将博物馆转变为学习机构的工作虽然十分艰巨，但意义非凡。每位撰稿人都提供了一份有用的“实地报告”，他们依托自身经验，对博物馆所经历的挑战、成就以及挫折进行了生动的阐述。

第八章 机构性变革的管理

博物馆在决定转型为学习型博物馆之后，需要考虑哪些问题？本章将从机构、运营、人员配备和设施规划等角度展开探讨，以机构变革为主题开篇，南内特·V. 马切尤尼斯和辛迪·梅耶斯·弗利介绍了美国俄亥俄州哥伦布艺术博物馆变革规划的过程，并分享了该机构在振兴和转型道路上所取得的巨大进步。

转型决定将对机构的运营和预算分配产生深远影响。在本章的第二节中，查理·沃尔特利用他在美国西南部博物馆工作的丰富经验，就这些问题提出了自己的见解，阐释了细致的运营分析如何奠定高效规划的基础。

博物馆有时会忽视工作人员在有效实施基于新教学法的学习项目方面的能力。凯瑟琳·布朗在第三节中探讨了这一问题，并提议支持员工发展新的综合技能，尤其是对于一线的项目实施人员来说，他们的能力水平可能会长期影响观众对博物馆的印象以及参观意愿。

最后，若博物馆没有功能完善的建筑，一切工作都将难以顺利开展。在本章的结尾部分，希瑟·马克西米亚讨论了如何规划学习设施，以及新教学法和技术对空间分配和资源配置的要求。希瑟认为观众和学习成果应是博物馆设施规划的驱动力，并研究了如何针对不同类型空间进行优化配置，使其更好地促进观众学习。

重新构想作为学习机构的博物馆

> 我想重申“世界级”一词应用于形容以多种多样的方式来服务其社区的博物馆。哥伦布艺术博物馆是一座“世界级”的博物馆，因为它致力于让观众用各种感官参与艺术。

——圣克鲁斯艺术与历史博物馆执行馆长尼娜·西蒙，《博物馆 2.0》，2011 年 5 月 18 日

简介

六年前，哥伦布艺术博物馆与其他美国中西部的地区博物馆一样，正处于变革的十字路口。[1]2008—2009 年的美国经济危机以及公众对艺术博物馆兴趣的变化，给博物馆的资金支持和拓展带来了挑战，并引发了人们对博物馆未来发展的种种疑虑。[2]不同于“将艺术博物馆作为旅游目的地”的模式（如纽约现代艺术博物馆 60% 的观众是国际游客），哥伦布艺术博物馆的价值、参观人数和生存都依赖于当地社区的支持。[3]博物馆的使命是“为每个人创造伟大的艺术体验”。但是，是什么让社区成员一次又一次地回访博物馆，而不是将参观博物馆视为一次性的体验？博物馆如何重新认识自己，在保持自身优势、使命和愿景的同时，成为与社区息息相关、不可或缺的一部分？[4]简而言之，如果工作人员和董事会不能针对 21 世纪的新挑战制定出富有活力的解决方案，博物馆将无法生存下去——在十年前，许多博物馆可能觉得这一威胁难以置信，但现在已成为现实。[5]

哥伦布艺术博物馆踏上了变革的征程，旨在成为一家具有变革性、积极性和参与性的21 世纪学习机构，一家认可学习能影响其所在社区健康、发展和福祉的机构。具体而言，哥伦布艺术博物馆将创造力视为其影响力的核心导向。哥伦布艺术博物馆每天展出的、令人惊叹的艺术家们的作品都是人类创造力的典范，这些作品挑战固有观念，启发疑问，激发人们的好奇心和求知欲。我们的社区需要且希望培养、支持和颂扬创造力，而哥伦布艺术博物馆正适合培养创造力。最重要的是，创造力成为联结员工、董事会、会员和社区的纽带，推动着博物馆向前发展。

虽然这条道路曲折且充满不确定性，但博物馆仍经历了显著的变化并积累了宝贵的经验。在本节中，我们将概述成为博物馆学习机构典范的基本标准。

我们将探讨以下三个关键主题，它们对于变革成功至关重要：

- 使命为何重要以及如何重要；

- 重新思考领导力和管理；
- 创建鼓励研究和评估的文化。

在此基础上，我们将与大家分享一些故事、案例和策略，以阐明我们是如何通过努力成为真正的 21 世纪的艺术博物馆：

- 从宣称以观众为中心到真正做到以观众为中心；
- 明确社会使命：创造力；
- 从“教育部门”发展为“学习与体验部门”。

在这一过程中，我们不断自我挑战，思考以下问题，以激发博物馆领域的创新：

- 作为一个学习机构意味着什么？
- 博物馆如何才能成为行之有效的学习模式的领导者和倡导者？
- 博物馆如何能做到主动响应而不是被动地回应社区的需求？

使命为何重要以及如何重要

将近十五年前，哥伦布艺术博物馆董事会在疗养时发生的一场争论代表了艺术博物馆在价值观领域分裂的缩影。争论的核心是：哥伦布艺术博物馆的焦点应该是艺术还是人？董事会成员和工作人员就此展开了一场真诚的讨论，然而，所有参与讨论的人都没有意识到我们用错了连词——博物馆的焦点应该是艺术和人。这一如今显而易见的观点在当时却无人提出。我们当然希望人们来到博物馆，成为观众、会员和捐赠者。但在我们的固有观念中，我们必须在艺术与人之间做出取舍。而作为一家艺术博物馆，我们认为必须将艺术置于人之前。

仅仅五年后，也就是大约十年前，我们逐渐意识到了之前的错误，并开始挑战固有的观念。我们决定要成为一家真正以艺术和人为中心的机构，一家热情好客、以观众为中心、回应社区需求的艺术博物馆。我们想要做的不仅是表面上的改变和营销策略上的调整，我们并不只是想让自己看起来更受欢迎，我们追求的是与观众和社区关系性质的根本性变革。人们提到图书馆时搭配的动词是“使用”，提到博物馆时则会说“参观”。而我们想知道，如果人们开始考虑“使用”我们的博物馆，那会是什么的情景？

这对我们来说是一个特别关键的问题，因为我们很早就认识到，要想实现可持续发展，就必须探索新的模式。因为我们依赖的是来自社区和本地区的回头客，所以我们需要融入社区，并让观众将博物馆视为一种有意义的资源，让不同类型的观众都能反复参观，获得终身学习的体验。

变革征程的第一步非常直观，任何着手推动机构变革的人都熟悉这一步。我们实施了战略规划，重新审视了我们的价值观、优先事项、目的和目标。最终形成的使命宣言简洁明了，令人耳目一新。我们承诺，博物馆将让每个人都能体验伟大的艺术。为此，我们特意将“体验”一词放在了“艺术”之前。这份使命宣言因其简短、清晰、鼓舞人心而获得了员工的赞赏，并且行之有效。

领导力与管理

哥伦布艺术博物馆的领导结构在非营利组织中并不算特别先进，但在艺术博物馆中可能不多见。我们采纳了一种以团队为基础的民主决策过程。虽然工作人员的资历或工龄很重要，但它们在决策和机构发展方向上并非决定性因素。我们的领导层对各部门员工的想法持开放态度，只要他们对某个项目展现出了热情和毅力。然而，这种开放性并不意味着对决策采取放任自流的态度，博物馆高层领导始终努力以身作则，通过发现棘手的问题来拆解薄弱的项目或决策，同时加强对重点项目和决策的支持。工作人员准备新项目、展览或活动的提案时，感觉就像在准备辩论会。工作人员通常会向工作组提交初步研究报告，以论证项目的必要性，然后提供支持或反驳其结论的实地证据。尽管工作组会考虑其他策略，但他们通常会提出以下问题：为什么这个项目要由本博物馆来实施？它将如何为我们的社区做出贡献？

在哥伦布艺术博物馆，最有效的领导策略就是保持决策透明，并谦虚地承认我们都有过失误和成功。敢于承担责任的自信心对于合作的成功至关重要。当我们打破孤岛效应，实现跨部门的资源共享与风险共担时，我们就能取得最大的成功。在此过程中，项目负责人并非总是高层领导。即使高层领导对项目或决策的建议方向存有疑虑，但他们选择相信团队，相信员工的准备和努力。无论成果是否尽如人意，博物馆领导层都会给予支持，并在项目失败或失误时大度地站出来分担责任。我们所推崇的领导力品质，与我们所倡导的创造力品质如出一辙：我们鼓励提出问题而不是仅仅寻求答案，以好奇心激发追求卓越的动力，勇于承担风险，即便遭遇失败也能坚持不懈。

三位变革领导者

戴维·珀金斯（David Perkins）曾撰文论述支持变革的领导力，并提出了一个观点：当变革发生时，我们实际上需要三种类型的领导者来确保成功。[6] 哥伦布艺术博物馆创造力中心的空间和理念发展在实践中验证了这一理论。在我们的案例中，教育主管扮演了概念型或愿景型领导者的角色，即提出重大问题，制订计划，思考工作的结构、功能和评估。教育部门的工作人员则成为实际工作中的领导者或负责执行工作的人。[7] 而执行馆长（executive director）则提供政治上的愿景，或者说在更大的社区范围内推进工作，建立联系，并提供更高层面上的支持。我们之所以能够实现变革，在很大程度上要归功于领导角色的多样化。

如今，变革在哥伦布艺术博物馆已成为一种常态。对领导力的反思使我们能够重新构想博物馆的治理结构，尤其是打破了博物馆中的学习某种程度上被局限在某个部门之内的观念。就在最近，教育主管一职被提升为执行助理馆长兼学习与体验主管，其职责不仅限于管理教育部门，还扩展到管理扩大的观众互动部门和新近重新规划的观众体验部门（前身为观众服务部门）。担任此职的人现在是三位副馆长之一，负责引导最高领导层围绕学习的主题开展交流。与此同时，哥伦布艺术博物馆还成立了项目小组，以确保机构目标的一致性，并促进项目活动、战略变化、观众体验、内部文化和成长可以跨部门发展。

研究与评估：学习成果的重要性

在哥伦布艺术博物馆所实现的变革，离不开机构对实验、冒险以及至关重要的评估的开放态度。虽然我们常常不确定这一征程将把哥伦布艺术博物馆带向何方，但我们仍需预测未来的成功可能是什么样的。为了取得成功，我们知道还必须允许自己失败，并将失败视为学习过程的一部分。我们必须客观审视每次实验，评估它们是否有效助力我们服务受众。随着时间的推移，这种态度促使我们的员工团队在各项活动、展览和项目中，更加熟练地制定共同认可的学习目标。

2007 年，我们开始与学习创新研究所的高级研究员乔·海姆利希（Joe Heimlich）和杰西卡·卢克（Jessica Luke）合作。杰西卡在艺术博物馆学习评估领域有着丰富的经验，她为我们提供了关于评估和学习成果的速成课程及持续辅导。明确学习成果有助于我们将关注点放在观众身上，而不是个人兴趣或“过去的做法”。例如，如果我们希望提升观众的创造力，那么项目设计便应围绕这些成果展开。引导性问题有助于我们集中精力解决比特定项目或展览更宏观的问题，而这一问题库也成为我们确定工作重点的试金石：

- 21 世纪的终身学习是什么样的?
- 我们希望观众从博物馆的参观中获得什么?
- 艺术博物馆如何影响学校的变革?
- 如何促进创造性教学?
- 我们如何帮助家庭培养新一代思想家?
- 艺术博物馆如何才能促进批判性思维和创造性思维能力?
- 购藏活动、学术研究和展览如何促进新模式的构建与发展?

起初，我们的学习曲线颇具挑战。在 2007 年之前，我们这家机构对学习成果的关注不足。与其他大多数博物馆一样，我们基于流程来定义工作，有时也根据产出来定义工作，却从未以我们达成的影响为标准。对我们来说，评估意味着为资助者收集量化数据。我们在 2007 年举办了“光神经”（*Optic Nerve*）展览，这是一个关于 20 世纪 60 年代欧普艺术的展览，而这次展览的经历反映了我们最初在设计观众学习成果方面是多么的天真。当时我们与乔·海姆利希（时任学习创新研究所高级研究员）合作，通过逻辑模型来设计这些学习成果，并向他列举了几十条我们希望观众在参观展览时能够学到的知识。乔不断地指导、质疑并提醒我们，观众只会记得他们从展板上阅读到的一小部分信息。最后，在一次冗长的讨论中，策展人沮丧地表示，如果观众能够认识到欧普艺术是一场严肃的艺术运动，他就心满意足了。乔对此报以微笑，并向我们保证，这对普通观众来说是一个实际可行的学习成果，尽管当时对我们其他人来说，这一学习成果似乎过于简单且明显。我们最终商定了展览的另外两个学习成果。接下来的挑战就是设计能够实现这些目标的展示装置。文字展板和标签固然重要，但它们只是吸引观众的方法之一，其他方法包括利用展览中心的互动教育空间，帮助人们将自己在流行文化中接触到的欧普艺术理念与展览中的理念联系起来。

我们的学习成果设计流程始于展览规划表或项目规划表。八年来，这两份文件历经多次修改，但基本的提示性问题始终保持一致：我们希望给观众或参与者带来什么变化（如知识、行为、创造力、技能或态度方面）？在临时展览或常设展览的规划初期，馆长、首席参与官和展览的策展人会聚在一起，共同确定预期学习成果。我们的目标是设定的学习成果不超过三个，这通常需要花费这个小团队一个小时的时间。这场讨论至关重要。在讨论之前就已确定的学习成果通常会在这一阶段经历重大调整，因为各方不仅要考虑项目的重要性，还要考虑什么内容会引起学习者的共鸣。在第二个阶段，我们会思索将要传达的信息，以及如何为不同层次的博物馆观众提供思考或参加与学习成果相关活动的机会。“连接器”（connectors）是我们为将观众与展览学习成果有效连接而设计的策略。文字展板、扩展标签甚至座椅都可能成为“连接器”。但我们发现，为了以真正有意义的方式取得学习成果，我们需要设置各种各样的“连接器”，比如引发观众之间对话的“加入对话站”，促使观众仔细观察的谜题，以及鼓励批判性思维的投票站。随着我们了解了哪些方法有效并尝试新策略，这份清单也在不断变化。以我们的展览“激进相机：纽约摄影联盟，1936—1951”为例，我们设计了一个学习成果来反映该团体的口号，即通过摄影的变革力量来推动社会变革。在该展览中，我们设置了一个颇具实验性质的“连接器”——在每张展出的照片旁边都配了一个小挂钩。

我们在展览的起始部分放置了一个碗，里面装满了印有“同情”“希望”“讽刺”“不公正”等字样的圆形标签。观众可以选一个词汇标签挂在照片旁边，以此来表达从他们的角度来看哪个词最能代表照片所描述的问题。虽然我们很担心这个“连接器”会过于干扰参观体验，但随着观众们开始分享他们的故事，我们的忧虑逐渐缓解。曾有一对年轻夫妇来参观展览，女方显然被照片吸引住了，但她的丈夫却坐在一旁的沙发上显得漫不经心。然而，当他们步入第二个展区时，男方对标签活动产生了浓厚的兴趣，起身参与其中，随后两人一起在展厅里进行了一个多小时的热烈交谈。[8]

图8.1　“激进相机”展览中的文字联想“连接器”（图片来源：哥伦布艺术博物馆）

项目规划遵循一套基本相似的流程，通常由小团队负责制定预期的学习成果。项目规划表中包含一些引导性问题，旨在引导项目开发人员考虑到观众的学习动机和机构目标。我们的“连接器”系列项目的目标就是让观众与当地艺术家进行参与式创意交流。

项目预期学习成果包括：

■　参与者将意识到当地创意社区的价值；

■　参与者在哥伦布艺术博物馆的体验将使其因成为社区的一员而感到自豪；

■　参与者将调动自己的创造性思维。

项目针对的参与者群体为创意参与者。这类人群往往追求新奇、独特的体验，他们渴望以不同的方式思考或发掘个人的创造潜能。他们愿意接受挑战，勇于走出舒适区，尽管他们在决定参观哥伦布艺术博物馆时可能并没有意识到这一点。同时，他们想方设法更深入地参与日常活动，并热衷于积极的学习和娱乐体验。

学习成果并非个人专属，而是具有制度性特征。它们是反思过去和发展未来的交叉点，但绝不是一成不变的，随着项目的进展，学习成果也会发生变化。这两个例子表明，学习成果不仅能帮助我们更有意识地开展工作，还能帮助我们将这些学习成果与评估工作相结合，从而使我们深入了解上述的引导性问题库。

我们早期的研究和评估问题侧重于观众的体验和参与度。随着时间的推移，这些问题引导我们更有目的性地思考如何提升公共价值以及学习在艺术博物馆中的未来作用。我们重塑的使命与专注于学习的博物馆团队之间的重要联系是什么？我们如何才能为终身学习做出贡献，并为我们的社区带来深刻而有影响力的变化？这些问题将我们引向了创造力这一重心。不过，在对创造力进行评估和评价之前，我们首先需要发展一种接受变革的内部文化。有趣的是，也正是评估为我们带来了接受变革的语言、过程和意图。

以观众为中心胜过宣称自己以观众为中心

我们很快发现，宣称博物馆“以观众为中心”要比真正践行这一理念容易得多。为了真正实现这一转变，我们需要以全新的思维方式来审视我们的工作，从博物馆内的体验到公共和学校项目等各个方面。这也要求我们的员工建立新的工作关系。在内部，我们需要跨越传统的部门分界，越来越多地开展跨部门工作，跳出既有的舒适区。这一过程需要我们加深彼此间的信任。对外，我们不仅要与合作方共同举办活动，更要建立战略性的合作伙伴关系。工作人员还需要留出充足的时间进行思考和规划。这涉及重新评估工作的优先次序，某些项目可能需要暂时搁置，以便为开展新工作留出足够的精力和时间。在美国博物馆协会即将重新认证的背景下，以及在博物馆有史以来最大规模的捐赠和引资活动中，选择启动如此大规模的机构改革，无疑加大了我们的挑战难度。而拥有一个相信我们的新方向并全力支持我们的董事会，是取得成功的关键所在。

从历史上看，艺术博物馆专业人员对艺术作品了如指掌，但对博物馆观众的了解却相对匮乏。作为在许多人眼中带有几分神秘色彩的领域内公认权威，我们习惯于解释而不是提出问题，习惯于预设我们知道观众需要哪些信息来了解挂在墙上的艺术作品。因此，我们很早就做出了重要决定——不再假定我们知道观众想要或需要什么。我们用搜集到的、经过分析的真实数据来取代那些关于观众的轶事式描述，这一转变引出了一系列新的问题。训练有素的博物馆工作人员开展了访谈，邀请观众填写调查问卷，并观察观众如何使用博物馆资源——包括阅读展板的人数、在展厅停留的时长，以及他们坐下休息和沉思的频率。与此同时，我们开始与 K-12 学校合作伙伴针对学校不断变化的需求进行深入交流。我们阅读了现有的研究成果，寻找提出类似问题的同行，并努力从他们那里汲取经验。

与其他人的发现一致，我们认识到必须停止将观众视为单一的同质群体，或是简单地将他们分类为成人、家庭和学校团体。我们有严肃的艺术观众，也有持不同态度但同样有价值的成人和家庭观众。许多观众是和其他人一起来博物馆的，对他们来说，参观是一种社交体验。同伴的不同往往决定了他们参观的目的。我们开始意识到，理想的解决方案并不是用一种不同的体验取代另一种体验，而是在展厅中设计出多元化的体验和展项，以满足不同观众的需求。虽然现在我们正有意识地实现这一目标，但早期的多样化体验更多是随意而为。以往，体验的多样程度取决于我们对展览可能受欢迎程度的预判、主题的普遍性或专一性，以及策展团队对设计互动环节的热情。现在，我们机构的目标不仅是确定预期学习成果，还要设计出能够满足不同学习需求的多元体验空间。

创造力：学习的新视角

大多数有趣、重要且人性化的事物都是创造力的成果。[9]

——米哈里·齐克森特米哈伊

2006年，哥伦布艺术博物馆以“艺术博物馆教育的目的或价值是什么？”这一问题作为起点，开始重新思考学习的意义。当时正处于募捐工作的早期阶段，我们意识到这个问题的答案将深刻影响我们吸引潜在捐助者的效果。这个看似简单的问题让我们感到措手不及。我们以往处理“博物馆教育是什么？”这个问题的传统方法似乎不再适用。诸如“艺术接触和鉴赏”“分享物品所揭示的故事”“培养视觉素养”“丰富知识”之类的回答，虽然强调了博物馆的价值和对文化社会的贡献，但是未能深入探讨观众的真正需求。我们又该如何满足他们的需求？在深思熟虑后，我们没有采用传统的文档形式，而是创建了一张图表来传达我们的思考（见图8.2）。

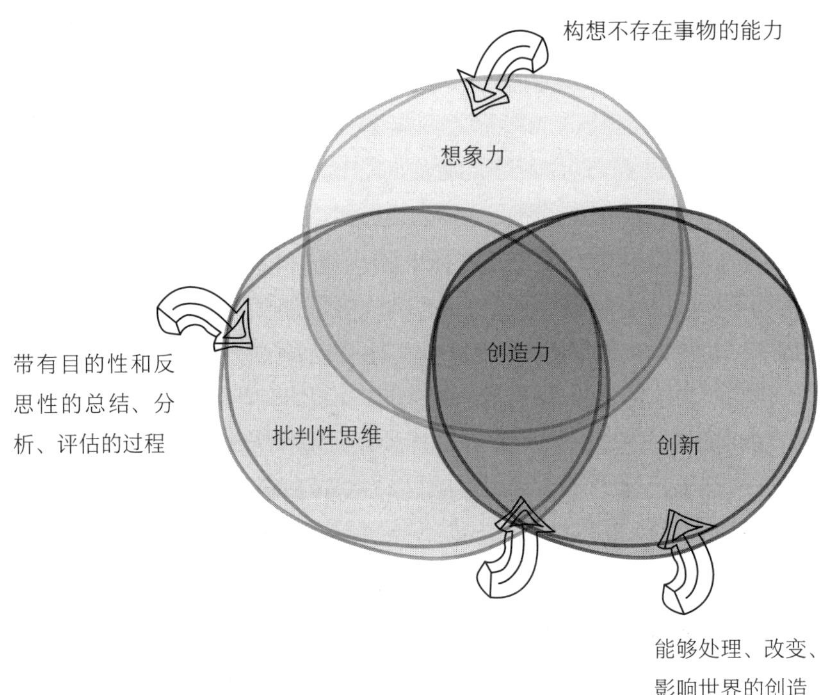

图8.2　哥伦布艺术博物馆教育框架（图片来源：哥伦布艺术博物馆）

该图表凸显了哥伦布艺术博物馆的教育在社区中的重要性与受重视程度，因为我们相信并尊重创造力的力量。这一认识使我们清楚地意识到，创造力不仅仅在艺术领域受到推崇，也为社区所看重。每个人都有创造力，在学校教育的各个层次、不同行业，以及人生的不同阶段，创造性思维都不可或缺。[10]

在这一点上，具体案例和对这一方向的坚定信念至关重要。同时，教育主管的角色正在逐渐转型，他们需要为机构构想愿景，想象博物馆的未来可能性，并规划变革路径，组建相应团队。艺术博物馆除了扮演文化守护者和文化权威的角色，也一直在努力阐述和展示其社会影响力。我们的社区正在追求这种变革，社区需要能够带来正面变化和意义的机构与空间。[11] 博物馆工作也是一种公共服务工作，我们对社区负有社会责任。我们必须反思博物馆的"存在方式"，包括等级森严的工作文化、割裂的部门运作，以及对我们工作成果的狭隘看法——这种看法仍然仅侧重于藏品、展览和设计美学，而不是如何创造积极的社会变革。如果不尽快优先开展以影响力为核心的变革，艺术博物馆恐将失去其在社会中的重要性。

发挥创造力

一个问题引出又一个问题：我们采取了哪些措施来实质性提升社区的创造力？如何才能有效地宣传创造力的价值？有哪些最佳实践可以为我们所借鉴？哥伦布艺术博物馆将如何呈现出其独特的创造力？

我们对自己的工作进行了深刻反思，并邀请行业内的意见领袖在我们淘汰旧有项目、改进方案及推行新措施的过程中提供助力。[12] 随着我们目标意识的增强，高层领导也更加坚定地支持和鼓励我们，从而促成了一个历时三年、三管齐下的创造力议程。该议程不仅反映了各部门对创造力的重视，也反映了整个机构对培养创造力的责任：

■ 博物馆始建于 1931 年的建筑在翻新后，一楼 1.8 万平方英尺（约 1672 平方米）的空间将全部用作创意中心。创意中心将起到催化剂的作用，成为帮助个人和团体发现自己与创造力之间独特联系的跳板。这个空间将提供众多互动体验，鼓励观众参与艺术创作，展现创作过程，突出行动中

图8.3 哥伦布艺术博物馆游戏秀（图片来源：哥伦布艺术博物馆）

的创造力，并强调创造力在我们社区中的重要性（见图 8.3）。

■ 重新构想我们的理念和方法，并将其贯穿于所有项目中（从学前班至高中的学校项目，到我们的大学合作伙伴，再到照顾阿尔茨海默病亲人的家庭）。这一举措旨在通过设计可衡量的学习成果来促进创造力的发展，从而体现我们的影响力。这意味着我们要投入大量的人力和财力开展评估工作。

■ 将创造力纳入我们的机构价值观，并修订战略计划，明确阐述哥伦布艺术博物馆如何在促进社区创造性参与方面发挥重要作用。

那么，究竟该如何设计新开的创意中心呢？在深入反思中，我们逐渐明确了几个关键步骤。首先，我们需要承认自己不是此领域的专家。为了弥补这一点，我们努力探索未知领域，填补知识空缺，同时不断向那些影响我们理念的作者、研究人员和教育工作者请教。其次，我们拜访了那些我们敬佩的博物馆同行，参观他们的空间，与他们共同探讨，然后分析哪些经验可以转化为构建我们愿景的助力。

创意中心的理念是在我们开始尝试之后才被整理成文的。作为一个团队，将指导原则、理念和定义落到纸上的做法统一了我们的思路，为我们提供了可靠的参照。另一个重要步骤是自由玩耍。在那段时间里，我们的

图8.4　奇妙屋（图片来源：哥伦布艺术博物馆）

办公室里摆满了玩具、回收利用的废品、书籍和胶枪。玩耍对于激发创造力至关重要。几个月来，来自哥伦布艺术与设计学院的实习生和员工一直在尝试用金属和磁铁造出巨大的金属头像，让观众在我们最具实验性和家庭友好空间——“奇妙屋”里以开放式的方式进行操控体验（见图 8.4）。

合作创造是我们学到的最有效的方法之一。在这个项目中，一位实习生的导师帮助我们解决了金属头像制作中的一个难题。

我们还发挥创意，找到愿意一同承担风险的社区合作伙伴和学校。例如，艺术院校与大学预科学院主动联系我们并表示：“我们非常喜欢你们正在做的事情，希望成为你们的实验合作伙伴。如果你们想尝试什么，我们愿意成为你们的实验基地。”由此，我们实施了迄今为止最具风险性和前瞻性的学校项目。我们为学校引入了教学型艺术家，为期四年 *，让他

* 当地高中学制为四年。——译注

们与一半的高一年级学生合作，并陪伴这些学生至毕业。与此同时，我们对未与艺术家合作的对照组学生进行了跟踪调查。我们探究的目标是："有没有一种更有影响力的馆校合作模式？"当博物馆在引入自主学习、文献记录和社区实践的同时，还培养创造力、元认知能力和全球竞争力，会发生什么？

不断发展的教育部门

在博物馆探索将创作力视为机构价值的意义之际，教育部门也经历了变革。归根结底，教育部门必须成为博物馆内和社区内创造力的引领者和倡导者。过去七年中，我们对教育部门进行了全面改革。我们重新评估了各项工作：终止了部分项目，取消了一些职位，并调整了部分职务。其中家庭教育方向工作人员的项目和职位变动较大。2011 年创意中心开放时，我们惊讶地发现许多观众携家带口前来参观，观众人数持续攀升，更令人惊讶的是家庭观众的增多并不依赖于以往使用过的"驱动项目"——这些通常是短期的营销活动，旨在为家庭观众制造紧迫感，促使其尽快参观。几十年来，我们一直通过一日特别家庭活动等驱动项目吸引家庭观众，在我们的经验中，这一度是吸引家庭观众的绝对必要条件。但现在，随着创意中心的开放，我们发现这些驱动项目的需求正在减少。原因何在？因为家庭不再需要特别活动来吸引，而是会根据自己的时间安排来参观，并且他们在博物馆里始终感到很自在。博物馆持续吸引着所有家庭（无论是否有孩子）。这导致博物馆做出了一个艰难但正确的决定：裁撤专注于家庭项目的员工职位。驱动项目也随之终止。我们已转向一种以团队为基础的员工结构，这种结构并不针对特定观众的"特征"，而是基于所有部门都希望达成的学习成果。

随着我们学习计划和理念的改变，员工的职位名称和职位描述也发生了变化。职位名称的变更体现了职责内容的发展。例如，"成人教育工作者"（adult educator）更名为"创意制作人"（creative producer），以便让这位工作人员从协调讲座转向与艺术家建立合作关系、协助来访艺术家以及策划展示创意实践的展览。另一组职位名称变化与学校和教师项目有关，我们将 K-12 专家改为"教学艺术家"（teaching artist），以凸显艺术思维的重要性，将“教师和学校项目经理”（manager for teacher and school programs）改为“战略伙伴关系经理”（manager for strategic partnership），以强调伙伴关系的重要性。我们还设立了新的职位，如首席参与官（chief engagement officer），他将成为所有部门之间的联络人，负责促进持续的对话、学习和创新流程，致力于在美术馆和公共空间打造 21 世纪的参观体验。合作创造是我们与学校和社区合作的宗旨，因此，在部门内发展团队来应对新的不同项目和计划，成为我们实践自身教学的重中之重。一旦项目和活动不再依附于某个人，我们就能更容易地淘汰那些学习成果与机构愿景不符的项目和活动。在探索新的工作方法的同时，快速原型设计、有意识的记录和反思已成为教育部门实践的新要素。部门的全体成员（约 12 名全职和兼职人员）都踏上了从模糊到明确的研究、反思和反省的旅程，开拓了新的工作领域。团建活动、读书小组、头脑风暴时间以及“皮克斯”式的办公方式成为常态。[13]

随着部门及其项目和实践的发展，更新部门名称的需求也日益凸显。“教育”一词所暗含的学校和传授知识的含义与我们工作的实质渐行渐远。我们的工作侧重于学习的四个方面：终身学习、社会学习、渐进学习和建构主义学习。我们是学习者，我们认为自己的角色是一种崇尚学习和思考的文化的创造者，而不是传授知识的教育者。2014 年，博物馆教育部门更名为学习与体验部，原观众服务部一起并入其中。在机构层面，我们意识到各部门需要通力合作，以实现博物馆的愿景和使命，即为每个人创造卓越的艺术体验。如此大规模的变革并非易事，疲惫、眼泪和焦虑是常见的情绪和状态。幸运的是，由于我们的领导力和支持，这项工作同样令人振奋和充满力量。我们为了事业和社区所做出的改变，将深深地影响我们每个人。

风险 / 回报……成功 / 回报

为了支持和回报这些付出，我们必须为创造力提供一个坚实的理论基础。这一工作重点对我们的机构来说是前所未有的，它意味着质疑传统的“我们为什么存在”的答案。这将动摇我们的核心，造成员工之间的裂痕，使许多传统的支持者质疑我们的发展道路，甚至有些人会决定与我们分道

图8.5 IMLS国家奖章颁奖现场（图片来源：哥伦布艺术博物馆）
时任第一夫人米歇尔·奥巴马为哥伦布艺术博物馆执行馆长南内特·马切尤尼斯和社区代表杰弗里·塔克颁发2013年IMLS国家奖章

扬镳。

哥伦布艺术博物馆的故事为其他面临类似挑战的博物馆提供了一个重要的案例研究。博物馆的实验性举措仍在持续进行并不断演变，至今已取得显著成就，获得了广泛的赞誉与认可。哥伦布艺术博物馆已经接待了来自全国五十多家博物馆的代表，其中主要是教育部门的成员，他们对了解创意中心的成长与运营模式十分感兴趣。哥伦布艺术博物馆的工作人员应邀在动物园、学校、科技机构和博物馆的各种会议上发表演讲。两名工作人员接受了 TEDx 演讲的邀请。还有一名员工获得了美国博物馆协会颁发的 2012 年布鲁金斯创造力论文竞赛荣誉奖。2013 年，哥伦布艺术博物馆被授予国家博物馆和图书馆服务奖章（IMLS 国家奖章），这是一项令我们尤为自豪的荣誉，因为它表彰的是那些为社区做出重大和特殊贡献的机构（见图 8.5）。

但更重要的是，博物馆所在的社区正在通过投资合作项目、参观交流及支持活动来拥抱创造力。企业和大学团体正在积极寻求那些针对特定创意元素的新项目。当地艺术家和创意工作者与哥伦布艺术博物馆的工作人员合作，共同构想新的节目模式，其中包括“连接器”系列活动，并邀请当地乐队、喜剧演员和艺术家走入博物馆，与观众互动合作。家庭观众可以随时在他们乐意之时来博物馆体验，自主舒适地穿梭于各个展厅之中。我们致力于将正在进行的研究及收集的数据作为决策流程的基础。这一点说起来容易做起来难，需要持之以恒。积习难改，也并非每个人都渴望变革；那些渴求变革的人仍然会感受到随改变而来的焦虑和压力。我们的策展人有时也会犹豫不决，甚至公开表示怀疑。艺术界有些人本身就对以观众为中心的艺术博物馆理念持有疑虑，因此在某种程度上，我们的要求使策展人承担了极大的职业风险。一些新的跨部门团队蓬勃发展，而另一些则举步维艰。我们的一些画廊和项目实验以失败告终，一些传统观众和严肃艺术观众并不喜欢画廊的实验。至少在一开始，他们觉得这些变化威胁到了他们所熟悉的、令他们感到舒适的博物馆体验。然而，绝大多数观众都对我们新的发展方向表示赞赏。我们找到了新的合作伙伴，我们的学校合作伙伴在与博物馆的合作中发现了新的价值，尤其是在协助学生发展批判性思维能力方面，而这正是俄亥俄州新课程标准的基础。

总结：自我反思是博物馆转型的关键

那么，如何像使用图书馆一样使用艺术博物馆，而不仅仅是走马观花式的参观呢？我们发现，以创新的方式吸引观众参与并倡导创造力是一段持续的旅程，而不是一个静止的终点。我们每天都在继续努力，成为艺术博物馆内社交、创意和动态体验的中心。几乎每天，我们都在这一过程中迎接新的挑战。我们已经意识到，变革既是一个过程，也是一种价值。作为一个机构，我们致力于将变革作为一种反思、评估和加强适应能力的方式。约翰·杜威说过：“我们不是从经验中学习……而是从对经验的反思中学习。”今天，围绕艺术博物馆教育的对话不应该是我们正在开展哪些项目，而应该是我们从工作中学到了什么，以及如何使我们的工作对所服务的社区更具意义和影响力。

虽然本节讲述的是一个机构的故事，但我们希望通过分享来引发更广泛的思考和启发。博物馆的社会使命是什么？什么样的号召力能够将员工、董事会成员和社区聚集在一起，推动博物馆向前发展？虽然哥伦布艺术博物馆借助创造力达到了这一目的,但这一策略可能并不适用于其他博物馆。我们鼓励其他博物馆明确目标，有针对性地提出更多“为什么”的问题，即使这些问题的答案可能暴露出令人尴尬、自私自利或规避风险的行为。我们将继续提出这些问题，因为答案就像一面镜子、一个放大镜，既反映出我们的行为模式，也揭示了我们的预设。最重要的是，我们要始终保持不断变化、成长和学习的意愿。我们社区的需求和价值观正在迅速变化，如果不能跟上步伐，就存在被边缘化的风险。

21 世纪博物馆的运营思考

在构想 21 世纪的博物馆时，人们可能会立即联想到资源丰富、利于协作的学习环境，以创造力为核心的项目活动，以及科技应用带来的拓展性和新型学习工具。但 20 世纪的问题仍可能让 21 世纪的博物馆发展止步不前，财务问题、参观人数下降、缺乏战略重点等 20 世纪就困扰博物馆的问题在今天依然存在。

在 21 世纪的征程中，博物馆应牢记一些基本运营原则。这些原则包括:系统性思维、将变革作为一种运营方式、将机构学习作为一种核心实践，以及将可持续性作为一项关键的决策标准。运用这些基本运营原则，并围绕它们制定组织流程，将有助于博物馆成为更具思考性、协作性和创新性的机构。

系统性思维

系统性地思考意味着以一种相互联系、相互协调的方式开展工作。一位博物馆馆长曾告诉我，他们的战略目标是阐释当地环境。然而一小时后，我与同一家博物馆的策展人进行了交谈，他提到自己计划在另一个州开展研究。在另一家博物馆，一位负责展览的副主管告诉我，直到市场部在一次员工会议上介绍了展览概念，他才知道他们的博物馆即将举办某个主题的展览。虽然不同部门之间信息不通是常见现象，但这些情况均表明组织存在严重的步调不一致问题。这种不一致会影响组织的执行力，有时甚至会导致项目失败。

2015 年 1 月，圣安东尼奥儿童博物馆迎来了其成立二十年来最为关键的运营年。当年 6 月，博物馆计划开放其名为“实践博物馆”（DoSeum）的新场馆，这项工程耗资达 4500 万美元。届时，博物馆预计观众人数将翻倍，会员人数将增加两倍。为了实现这一目标，博物馆必须招募一大批新的工作人员和志愿者。博物馆首席执行官凡妮莎·拉科斯·赫德（Vanessa LaCoss Hurd）将管理层团队带到馆外，专门投入大量时间来确定机构的优先事项。这次团队建设活动得出了两个重要成果：一是制定了本年度的机构目标，所有员工的工作计划都将以此为框架；二是完善了机构的核心价值观。

会议提出的机构优先事项是：

1. 大力聘用、培训和投资于我们的员工
    a. 为“实践博物馆”设计并开展课程
    b. 建立绩效评估系统
    c. 建立有效的运作、沟通和监督系统
    d. 推动组织网络化发展
    e. 确保余下的全职职位由顶尖人才担任
2. 成功启动该机构项目
    a. 制造令人惊叹的新闻头条
    b. 实现会员数量翻倍
    c. 在关键社群中制造热点
    d. 提供一流的观众体验
    e. 举办令人赞叹的活动
    f. 创造令人赞叹的环境
    g. 留住关键人才，同时有序调整人员结构
3. 确定下一步工作
    a. 启动战略规划
    b. 继续完善规划细节
    c. 制定临时美术馆展览计划
4. 达成或超额完成收入目标

a. 达到收益性收入目标

b. 达到捐赠性收入目标

c. 将与收益性收入相关的支出控制在预算以内

d. 将与捐赠性收入相关的支出控制在预算以内

高级管理人员根据这份框架文件来规划下一年度所有员工的活动。执行团队每周召开一次会议，重新审议员工的工作计划。管理人员与员工每周进行核对，重点关注这些目标实现的进展情况。

圣安东尼奥团队的另一个重要举措是建立了一套跨部门团队合作的新流程。每周的教育会议集合了来自展览、公共项目和观众服务部门的员工，共同围绕统一的教育理念开发项目和服务。每周一次的观众体验会议邀请博物馆各部门的员工确定重点领域、优先次序，并共同解决这些问题。公共项目主管还会召集教育、营销、运营和开发人员参加每周例会，制定全年的工作议程。圣安东尼奥儿童博物馆通过集中精力和统一行动，将博物馆运营的各个方面联系起来，从而有效地实现了整体的进步。

随着一年中各种新机遇的出现，这一框架还为博物馆团队提供了一个衡量进展的基准。对于那些不符合该框架理念的新想法，可以将其归档，以便为下一年优先事项清单的编制提供参考。

将变革作为一种运营方式

美国博物馆联盟的重新认证程序为新墨西哥州自然历史与科学博物馆的巨大变革创造了条件。评审人员注意到，该机构于 2008 年启动了上一个战略规划，当时美国经济正处于严重衰退期，因此评审人员要求该机构制定新的规划。在与整个社区的利益相关方的对话中，有人对博物馆的展览项目表示了担忧。虽然大家对现有的古生物学和地质学展品抱有热情，但社区希望看到新的展品，以及更多的互动活动和关于现代自然史的内容。为此，博物馆立即制定了三项战略：

■ 首先，重新评估当前的使命和核心价值观，这一过程将帮助博物馆在外部环境发生变化时保持更明确的自我定位；

■ 其次，实施积极的临时展览计划，这将对提升观众体验产生立竿见影的影响；

■ 最后，寻求新的合作伙伴，以便在资源匮乏的情况下提高博物馆的运营效率。

在评估使命宣言时，博物馆组建了一个跨部门团队，共同讨论博物馆的过去和未来、优势和劣势、愿景和任务，并草拟出多个版本的宣言。在此基础上，团队讨论了每版宣言的优点，合并了各种想法，并起草了一份初具雏形的宣言。最后，团队逐字斟酌，剖析其含义，并展望性地思考博物馆应通过其工作实现的目标。图 8.6 展示了这项工作的若干草案和说明。

使命宣言评估

原使命宣言：新墨西哥州自然历史与科学博物馆通过高质量的展览、活动和研究来保存、阐释并展陈本地区独特的遗产，从而教育并激励广泛的观众群体。

重新定义宣言时的考虑事项：

· 基于讨论的微调
· 我们考虑了使命最终的成果吗？
· 有更适合的动词或名词吗？
· 宣言应简短
· 宣言应独特

最终版使命宣言：新墨西哥州自然历史与科学博物馆通过非凡的藏品、研究、展示和活动来保存并阐释本地区独特的自然与科学遗产，从而激发人们对终身学习的热情。

图8.6 使命宣言评估

这项基础性工作的另一个重要层面是确立一套指导工作方向的核心价值观。博物馆之前并未重视其核心价值观，但随着必将到来的变革，更清楚地认识自身的身份和所代表的价值变得至关重要。管理团队制定核心价值观时，首先列出了对他们个人而言重要的价值，然后由此扩展到对博物馆而言重要的价值。管理层在最初列出的二十项价值清单中，优先选择了三项，作为他们希望在日常工作中博物馆所体现的核心价值。

下一步是将这份包含二十项价值的清单分发给全体员工。如果管理团队确定的核心价值确实是博物馆的核心价值，那么员工的选择就会与之一致，事实也的确如此（见图 8.7）。

新墨西哥州自然历史和科学博物馆核心价值

· 尊重他人
· 诚实、正直与自豪感
· 以高质量和卓越作为标准
· 团结合作

图8.7　新墨西哥州自然历史和科学博物馆核心价值

使命与核心价值观的评估让博物馆在外部环境发生变化之时找到了稳固的立足点。这一实践的成效在博物馆随后策划的首个临时展览中得到了生动展示。为庆祝新墨西哥州建州一百周年而举办的“恐龙世纪”展览，探讨了新墨西哥州丰富的化石遗产以及在该州发现的精彩的恐龙故事。为了增强展览的互动性和吸引力，博物馆引进了仿真恐龙，将一只成年霸王龙模型放在与之对应的骨骼标本旁边。博物馆还调整了预算，增加了市场推广的投入，让绘有恐龙图案的巴士在城市中来回行驶。参观人数随之开始攀升。

在举办“恐龙世纪”展览的同时，博物馆也在商谈首次巡回展览的事宜。博物馆决定引进“泰坦尼克号”展，因为它以前从未到过新墨西哥州。博物馆坚信这个展览一定会成功，并且可以把科学和工程故事与博物馆的使命联系起来。虽然部分工作人员对此次展览与使命的契合度持有保留意见，但他们也非常清楚，举办该展览的另一个重要目的是提高参观人数、增加收入，并增强新墨西哥人对博物馆及其工作的认识。

博物馆承认展览给运营带来了压力，其中一大挑战就是主办和运营展览所需的工作人员和安保人员的数量不足。为此，博物馆向其强大的志愿者协会求助，询问他们是否能够在展览期间每周提供 130 名志愿者进行轮班工作。他们欣然接受了这一挑战，在博物馆志愿者协调员和教育主管的支持下完成了相关培训并安排了值班日程。得益于他们的无私奉献，展览取得了巨大成功。同样，市场营销对展览的成功也起到了关键作用，博物馆基金会为这次展览提供了超过 10 万美元的市场营销赞助。在“泰坦尼克号”展的七个月展期内，博物馆的会员数量增加了两倍，参观人数和收入也猛增了 40%。

促进博物馆变革和发展的最后一项关键战略是建立重要的合作伙伴关系。博物馆与新墨西哥大学西南生物博物馆合作建立了新墨西哥州生物多样性研究与教育合作组织，旨在解决该地区当前的自然历史问题（博物馆的利益相关者指出应加强这方面的工作），并为大学生提供进入博物馆的机会，同时完成博物馆教育公众的使命。双方在一场由董事会成员出席的正式仪式上签署了谅解备忘录，以表明其对博物馆的重要性。此次合作的首个项目是由研究生与博物馆的生物科学馆策展人合作举办的以“自然历史藏品的重要性”为主题的小型展览。

博物馆签署的第二份谅解备忘录则是与新墨西哥高地大学的媒体艺术系合作，在博物馆中建设文化技术教室。高地大学在博物馆专门开发的教室中开设了移动应用开发、3D 打印、物理交互计算、电子展陈设计等大学课程，并为博物馆员工预留了名额。这一项目帮助博物馆发展了使用新科技的能力。一名员工在学习了多门课程后还成功考入了媒体艺术的研究生项目。

从静态展示转向举办活跃的临时展览，旨在增加观众数量和收入的同时，新墨西哥州自然历史和科学博物馆还通过建立战略伙伴关系发展了组织能力，进而建立了动态的变革周期。同时，有意识地评估机构的使命与核心价值观也更好地帮助博物馆保持自身定位。

将机构学习作为一种核心实践

营造一个以学习为核心实践的组织环境（这里指的是员工通过职业发展和培训进行学习），是博物馆成功的关键。圣安东尼奥儿童博物馆从二十年前的旧址搬迁到新馆，需要转变运营模式，以满足预期观众的需求。在这一过程中，工作人员向全美各地的同行学习经验，并在新馆中进行了模拟运营。随着开馆时间的临近，博物馆的员工人数将会激增，而新馆施工和开馆所带来的压力也会导致员工流失率高于正常水平。因此，从项目启动伊始，博物馆就为员工培训和职业发展留出了时间。我们根据新馆的名称，将这一举措命名为“实践博物馆大学”（DoSeum University）。我们的目标是打造一支更具系统性思维的团队，并通过这些努力建立更强大的文化。

“实践博物馆大学”的初始课程包括：

1. 实践博物馆 101——机构历史、概述和文化
2. 博物馆与非正式科学教育领域
3. 观众体验
4. 人际关系、工作礼仪和运营资源
5. 教育理念
6. 公共活动
7. 展览课程一
8. 应急预案
9. 参观、开放 / 关闭、出入证、停车
10. 会计
11. 人力资源
12. 设施租赁和咖啡厅
13. 会员
14. 发展
15. 社区伙伴关系
16. 市场营销
17. 商店
18. 特别活动
19. 志愿服务
20. 儿童安全
21. 展览课程二

我们还作为一个团队坐在一起，讨论了新馆的运营与旧馆有何不同。我们预估新馆能吸引大量观众，目前博物馆高峰期一天的访客量为 1500 人，那如果一天有 5000 名观众，该如何运营？新馆在同样的单位时间内会有多少观众？有七个新展厅和两个独立的室外展览体验区的楼层需要配

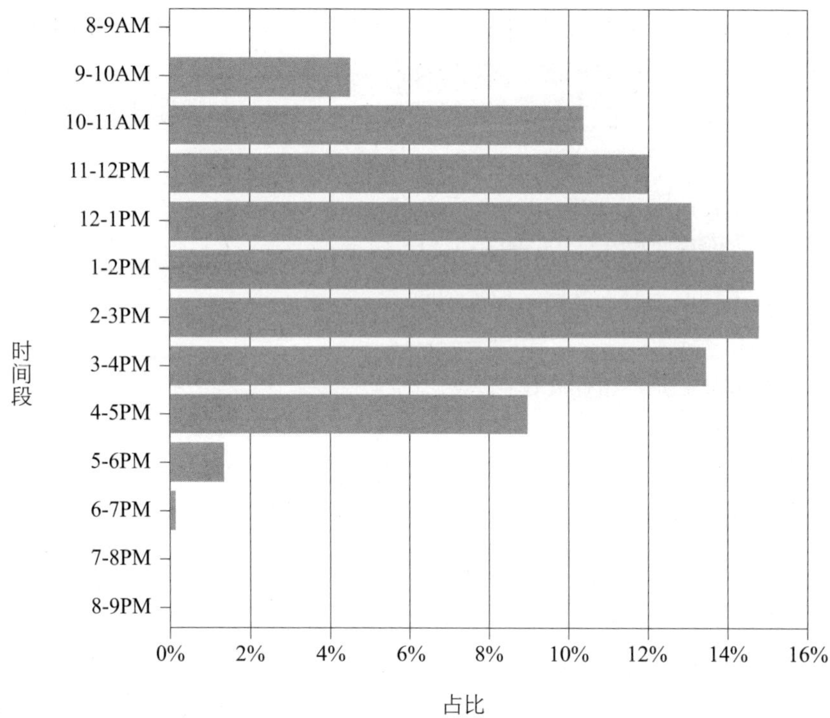

图 8.8 博物馆各时段观众比例

备多少工作人员？

我们以博物馆目前的参观模式为基准，开始模拟不同的情景（见图 8.8）。我们能够模拟出一天中各时段的观众比例。俗话说："所有模型都是错的，但有些模型是有用的。"通过分析最繁忙的一天，也就是周六的平均参观人数，我们就能为新馆的参观模式建立一个有用的模型。

我们还需要另外两个关键信息，即观众在新馆的平均停留时间和建筑的设计容量（博物馆一次可容纳的最大人数）。关于平均停留时间，工作人员咨询了其他新近开馆的博物馆，决定以 3 小时为起点。从设计容量的角度来看，我们最初估计馆内和室外展区可同时容纳 4000 人。我们通过在新建筑的平面图上按比例放置 10 平方英尺（约 0.93 平方米）的方块来进行模拟。结果发现，4000 人将肩并肩地站满大楼的每一个角落，还有 250 多人站在停车场！根据这一分析，我们认为 2500 人是一个更理想的访客容量，至少可以作为一个基准数据。

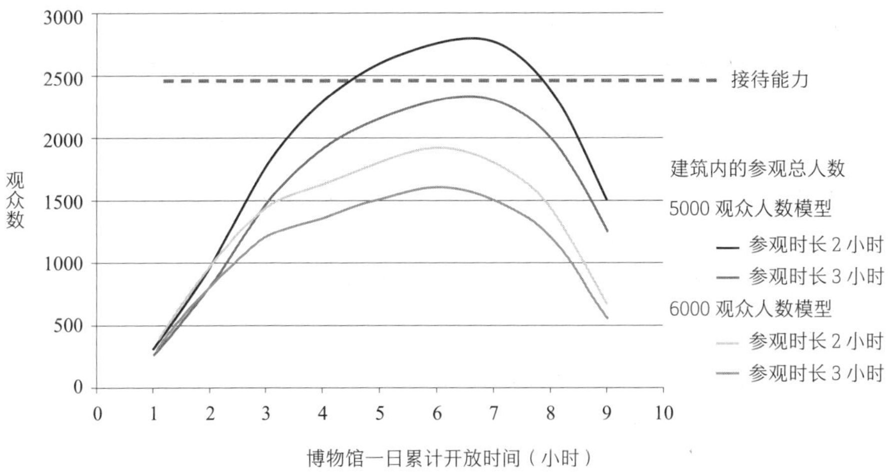

图 8.9 基于周六历史数据的售票情况（图片来源：DoSeum）

我们对周六的 5000 人和 6000 人的参观情景也分别进行了模拟，发现我们真正应该关注的时段是 6000 人到访日的下午 1 点至 4 点（见图 8.9）。在这些时间段内，我们预估场馆内的人数可能会超过预计的 2500 人。

创建一种重视学习的组织文化，可以帮助博物馆应对未知的挑战。我们很清楚新馆参观人数的模型有赖于人们到达的时间、停留的时长以及新馆在不降低参观体验的情况下最大容客量等数据，因此我们致力于收集观众停留时间的数据，在参观高峰期对大楼进行巡视，并根据需要对场馆的容客量进行增减调整。我们还致力于通过“实践博物馆大学”继续共同学习，坚持开展组织学习，使其成为我们的身份和工作的重要组成部分。

将可持续性作为一项关键的决策标准

几年前，我们与一群博物馆工作人员坐在一起，向他们提出了一个问题：“这家博物馆的最终目标是什么？”他们异口同声地回答：“保护我们的遗产并教育公众。”随即，我拿出《财务 101》一书，将其中的一个观点读给他们听：“任何公司的最终目标都是生存。”我进一步指出，在管理层会议中，大部分时间往往被用于讨论生存相关的问题（如预算、现金流、工资单、应付账款），而不是博物馆的教育使命。罗伊·谢弗（Roy Shafer）提出的“没有利润，就没有使命”战略聚焦了这一矛盾，并帮助博物馆思考如何资助与使命高度契合的活动。这些活动可以产生足够的收入来覆盖直接和间接成本，也可以通过开发资金或边际收入较高的低使命项目（如在影院放映商业电影进行创收）来支付这些成本。

在最基本的层面上，由私人非营利组织运营的博物馆与企业类似，此类型的博物馆在无法平衡预算的情况下就会关闭或倒闭。财务可行性往往是董事会最关心的问题。博物馆的教育和保护使命所创造的资产价值固然远远超过了金钱利益，但归根结底，如果博物馆的负债超出其资产，就可能被迫关闭。

在探讨可持续性时，我们不妨自问：什么是我们的核心使命？那些被视为核心运营领域的项目应当在预算中占据重要地位，即便专项拨款结束，这些核心领域也不应消失。桑迪亚山自然历史中心是新墨西哥州自然历史与科学博物馆和阿尔伯克基公立学校的合作项目，它就是一个很好的例子。博物馆的工作人员被派往桑迪亚山自然历史中心为阿尔伯克基公立学校五年级的学生讲授野外生态学。由于博物馆肩负着全州的教育使命，这些教育工作者也会前往全州各地进行教学。教师们一致反馈说，桑迪亚山脉之行是该学区五年级学生最重要的科学体验之一（见

图8.10　桑迪亚山自然历史中心活动现场（图片来源：新墨西哥州自然历史与科学博物馆）

图 8.10）。以如此直接的方式向青少年介绍新墨西哥州的自然历史，完全符合博物馆的使命。与阿尔伯克基公立学校的合作不仅增强了博物馆的相关性，还有助于新墨西哥州建立更强大的教育基础设施。

在新建或翻新设施的过程中，人员配置作为通常占博物馆预算 50%—65% 的关键因素，其重要性不言而喻。在圣安东尼奥儿童博物馆向“实践博物馆”过渡的规划过程中，这一方面的挑战尤为显著。预算是根据初步测算制定的，但随着展品和项目的最终落地，为确保给观众带来极佳的体验，需要对人员配置预算进行细致调整。

我们最初的预算计划配备 27 名兼职探索领队。然而，随着展厅的扩建、教育项目的增多以及观众数量的上升，我们意识到需要将领队人数增加近一倍。于是，我们制定了四项策略。第一是建立一个季节性员工库，他们可以在繁忙的夏季提供支援，夏季结束后就可以离开。这类岗位的时间要求会提前和应聘者讲明，这吸引了许多需要暑期工作、秋季就要返校的学生前来应聘。

由博物馆志愿者服务经理和社区合作经理制定的第二项策略是成功申请到 10 名来自“美国志愿服务队”（AmeriCorps）就业培训项目的工作人员。在暑期前半段，这些员工与我们一起工作，并积累在博物馆从事暑期教育项目和观众服务工作的宝贵经验。他们的加入极大地充实了博物馆的人力资源，相当于增加了 20 名兼职员工或 150 名每周轮班的志愿者。

第三项策略是将我们的志愿者计划从最初的偶发性质，即个人或团体仅在周末繁忙时段或特殊活动时报名参与，转变为一种长期深度参与博物馆运营的模式。我们的预期目标是安排 100 多名固定的志愿者每周至少参与一班次的工作，并且每个服务周期至少持续三个月。虽然我们希望他们能更长期地留在博物馆工作，但首要任务是确保他们在夏季开馆的头几个月里能稳定地参与运营。

最后一项策略是当我们耗尽预算资源聘请更多员工但仍有缺口时，我们要求所有全职员工在整个夏季每周轮流在楼层值班一次，每次服务四小时。这不仅能为博物馆提供专业支持，还能让所有员工直接与观众接触。作为一个不断学习的组织，与观众的定期对话将有助于我们了解观众的体验。

综合考虑

虽然不像飞行员的飞行前职责清单那样具体，但将这四个理念——系统性思维、将变革作为一种运营方式、将机构学习作为一种核心实践、将可持续发展作为一项关键的决策标准——融入博物馆的运营之中，将帮助博物馆建设一个强大的平台，以应对 21 世纪博物馆运营的需求和挑战。事实上，这些理念是永恒的，应被视为 21 世纪博物馆运营的根本。

创建系统性流程，能最大限度地减少组织孤岛并加强沟通。在专业领域内，我们不断积累并更新数十年来的经验基础，以保持与社区的相关性，并确保参观人数和会员人数稳定增长。作为一个在变革中苦苦挣扎的组织，我们需要有明确的使命和核心价值观。保持博物馆活力和健康最重要的一点，就是在我们的组织中发展学习文化。如果我们故步自封，可能会错失帮助我们创造更高效未来的机会。而将可持续发展作为一项关键的决策标准，将促使我们追求速效、短期的解决方案转向采取使组织更专注于使命和长期健康发展的策略。

进入 21 世纪，并不意味着 20 世纪的运营挑战已被抛在脑后。我们必须掌握一项关键技能，即在维持博物馆的使命及相关性的同时，还能以服务为导向，并确保财务稳健，以此来保持博物馆机构的活力。

摆脱“博物馆纪律”：培训一线员工，促进有效学习

为什么不少成年人对博物馆的体验拥有负面的记忆？是什么导致许多成年人宣称自己自五年级以来就没去过某某博物馆？

在 20 世纪 80 年代初的一次专业考察中，我参观了佛罗里达州的一家小型历史博物馆，那次经历或许可以解释为何会出现以上问题。当我们进入这座规模不大的博物馆时（那里没有独一无二的无价历史文物或标志性文物），为我们提供参观服务的讲解员描述了她是如何教导学生遵守“博物馆纪律”（以双手背于身后、十指交叉的姿势参观），以此做好参观准备。作为一名刚进入博物馆行业的新人，我当时惊呆了，根本不敢询问为什么这家博物馆会采用这种方式来让观众体验博物馆，即使问了，讲解员也不

太可能对我的问题表示欢迎，或与我探讨这一问题。这只是他们的工作方式。这次经历给了我很大启发，并影响了我今后四十年的博物馆工作方式。

时至今日，虽然“博物馆纪律”可能已经成为过去式，但那种让观众在展览现场感到难以接近或缺乏兴趣的印象在公众的记忆中仍然根深蒂固，尤其是在婴儿潮一代 * 中，正是这种体验导致他们在五年级之后就不再有参观博物馆的经历。遗憾的是，如今仍有一些讲解项目倾向于采取单向传递信息的方式，将观众视为被动的接收者。造成这种情况的原因有很多，其中最重要的一点是，许多讲解员仍然是习惯于“传统教学方式”的年长者，他们偏好讲座的形式，拉着观众从一个展厅走到另一个展厅，热衷于向他们的观众传授那些深奥而有时显得晦涩的知识。

情况有何变化?

当然，这个行业已经发生了变化。许多观众对博物馆的负面印象仍然挥之不去，并不是因为博物馆教育工作者缺乏知识或不够努力。事实上，他们一直在努力改善观众的体验，使之更吸引人、更有意义，并通过辅助项目和许多新的知识传授形式使之更加生动活泼。但是，关于博物馆的旧印象依然存在，这主要是因为我们培训一线人员（无论是带薪人员还是志愿者）的方式仍然倾向于“传统方法”。

在博物馆环境中，以更投入、更个人化的方式与观众互动，激发观众的想象力，丰富他们的生活，是有别于说教式方法的一个终极目标。为实现这一目标，我们首先必须探讨博物馆与课堂的不同之处，以及实地体验如何能为观众带来极具影响力的变革性体验——否则他们可能会永远失去对博物馆的兴趣。

博物馆教育工作者相信，实物具有激发探索和开启心智的力量，而这种内在的驱动力就是非正式学习的本质。然而，本・加西亚（Ben Garcia）[14] 在一篇富有洞察力和启发性的理论文章中指出，尽管博物馆教育理论的研究不断进步，并且有教育工作者所列举出的机构证据，博物馆仍然以正式学习措施为基础来“推销”自己，即强调博物馆在支持课堂教学成果方面的作用。正如卡罗尔・斯科特（Carol Scott）在 2002

---

* 在美国指第二次世界大战结束后、1946—1964年出生的人。——译注

年所述，使用与正规教育相同的指标来衡量博物馆中的学习成果“已经引发了大量的争论和讨论，因为短期量化指标的能力有限，无法充分反映博物馆在社会中所扮演角色的复杂性以及博物馆对社会价值的长期贡献”[15]。

杜威学派的学者菲利普·杰克逊（Philip Jackson）断言：“我们需要为我们所做的事情进行广泛的、哲学上的辩护，而不是狭隘的经验辩护。”这意味着博物馆无法通过经验来证明其合理性，而且通过这种方式论证自身价值的尝试弊大于利：“它们向博物馆内外的利益相关者传递的信息是，博物馆作为学习场所在多个层面上都显得‘不及’正规学习机构——不及正规学习机构的教育效果，对社区健康的重要性和在社会中产生积极动力的能力也不及正规学习机构。”[16]

这意味着，在博物馆教育机构之外（国家立法机构、市政或学校系统内）进行宣传时，需要理解、接受，甚至提倡“博物馆学习内禀的强大特质”，这样才能推动该领域的发展，使其价值得到主流的认可。博物馆教育部门如果将其成功与外在激励结果（如内容标准）联系在一起，就会陷入对积极学习体验最狭隘的定义之中。加西亚总结道：“我们的专业已经做好了充分的准备，能够基于博物馆学习的独特性质，提供哲学、学术、研究以及实践上的论据，以阐明博物馆教育‘是什么’和‘为什么’。”我们首先要做的是摆脱“博物馆纪律”及此类印象。

讲解员培训：前进之路

博物馆一线工作人员是摆脱“博物馆纪律”和实施更有效教学法的关键因素。对这些工作人员开展适当的培训需要耐心和毅力，因为与博物馆一线志愿者和讲解员一起工作，会是博物馆教育工作者职业生涯中最有价值和最有挑战性的经历之一。一方面，许多热情的工作人员所表现出的无私和服务精神令人敬佩且让人自省。另一方面，他们对变革的抵触常常严重阻碍博物馆以现代和前瞻性的思维方式发展其阐释和教育的使命。许多完善的、长期开展的培训项目，因为博物馆教育工作人员和讲解员队伍之间人际关系和理念上的分歧，最终不幸分崩离析，这些矛盾有时甚至导致了讲解员团队的解散。

在众多项目中，博物馆讲解员依然站在与观众互动的最前线，是接触观众、影响观众对博物馆看法的主要人员，这支关键队伍的培训已经从半自治状态发展到了“专业化”的程度，使博物馆其他教育项目和工作人员能更好地结合在一起。正如第六章关于学校教学法的讨论所指出的，博物馆也经历了从“讲台上的圣人”（以讲座为基础）到“身边的向导”的转变，遵循更加流畅、动态和互动的引导讨论的教学方法，这更符合其非正式学习机构的使命。这些方法也恰好与同时期课堂教学法的发展趋势一致。

对话式学习：与博物馆观众互动的更好方式

关于博物馆作为 21 世纪教育机构的论述可谓汗牛充栋。但正如约翰·福尔克和林恩·迪尔金所言：“尽管大多数博物馆专业人员都倾向于认为他们的工作是帮助观众发现未知，启发思考，并面对挑战，但大多数观众在视觉和智力上都强烈地被熟悉的事物所吸引……如果博物馆能在这一条件的基础上设计教育体验，将极大地促进公众的学习。或许，发挥教育机构最大效能的关键在于寻找一个巧妙平衡点，它能够巧妙地激励个人探索那些略超出他们认知范围的重要话题、观念和行为。”[17] 文章进一步指出，采取高度情境化（个性化）的方法，强调“更多社交、情感或审美学习而非概念学习”在最大化影响力时能起到关键作用。这意味着需要开展对话，让参与者在训练有素、经验丰富的引导者的支持下相互理解，探讨观众和博物馆都感兴趣的重要话题。

玛丽·简·赞德（Mary Jane Zander）认为：“课堂上很少出现真正的对话。”[18] 尽管博物馆没有正规教育环境中固有的一些要求或限制，但在参观中也很少看到对话。她指出了造成这种情况的几个主要原因，其中之一是大多数教师（或讲解员）都没有接受过引导对话的培训。[19] 她强调：“对话不仅仅是靠提出正确问题或理解教学策略，而是要创造一种环境，使教学关系适合进行开放式探索。”其他实践者和理论家将对话式教学关系描述为超越传统教学的关系，需要投入时间、精力，以及相互尊重，以形成真正对话所特有的开放和基于信任的交流氛围。

阻碍有意义对话的一个关键因素是“争论文化”，在这种文化中，大多数公共论坛往往把问题简化为正反两方的对抗。[20] 这一点在网络世界最为明显，评论区充斥着诽谤和贬损性攻击，以求“赢得”争论。为了保障对话的有效性，有必要设立一些参与规则或指导方针，以便所有参与者都能自在地发表经过思考后的个人见解和意见。但这并不意味着对话就是简单的“讨论”或“探究式学习”。例如，教师（或讲解员）提出问题，引导学生形成特定观点。尽管提出问题肯定是激发对话的重要手段，但有效的对话引导远比简单地提问和回答问题要复杂得多。显然，创造对话环境所需要的技能远超传统博物馆讲解员的“常规技能”范畴。

图 8.11 展示了讲解员培训前后的转变，其目的在于提升观众在博物馆的体验。左侧三角形代表培训计划的旧模式，这种模式下，绝大部分时间和注意力都放在了深度且具体的知识性内容上。据我所知，在一些备受推崇的讲解员项目（特别是在艺术博物馆）中，新进员工需要进行长达三年的强制性学习，培训几乎全部以授课为主，在获得首次带队参观的资格之前，员工要对展厅中的展品进行详细的艺术史、哲学和资料研究。虽然这是一个较为极端的例子，但在现实中，大多数讲解员培训项目都以长期培训为主，其内容深度几乎相当于考取一个学术学位。

培训内容经常涉及一些基本的后勤事务（例如卫生间在哪里、如何协助坐轮椅的人、关于拍摄的规定等）和团队管理技巧（尤其是如何应对大型团队或如何同时协调多个讲解员带领的团队）。即便如此，对于团队管理中更为细枝末节或基础的部分，如对学校团体、家庭、老年人或国际观众进行适宜的个性化处理，似乎仍缺乏足够的培训或实践。

根据我的经验，在培训或随后的评估中，几乎没有人关注如何让观众真正理解讲解员所掌握的丰富知识。大多数讲解员一旦接到参观任务，就会回到培训时的讲解模式，即灌输式的讲解，急于展示自己对复杂知识的简化处理，以及过多的平淡细节。熟悉事实内容固然重要，但更重要的是知道如何根据听众的特点选择恰当的讲解方式，以及如何在互动过程中有效地利用这些内容。虽然总会有一些观众喜欢听详细的讲解，但这些人在如今的博物馆观众中只占少数，更多的观众可能会因为讲解中充斥着晦涩的内容或讲解员不佳的社交技能而匆忙离开导览队伍。

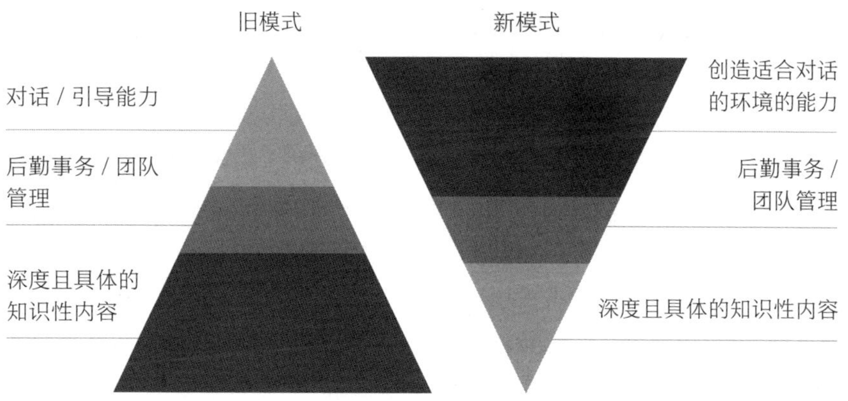

图8.11 博物馆讲解员培训计划新旧模式对比

图 8.11 右侧的三角形代表了一种更具前瞻性的讲解员培训方式。它有效地颠覆了旧有模式，将详尽无遗地专注于事实、日期、人物行为及其原因等的知识性内容放在了次要位置。这并不意味着培训项目应该放弃知识性内容和博物馆在智识方面的领导力。关键在于提供内容的方式与基于事实的知识同等重要，甚至更为重要。如果没有观众愿意学习知识或对知识不感兴趣，那么讲解员即使对资料倒背如流也无济于事。

后勤事务和团队管理的能力与创造对话环境的能力紧密相连，相辅相成。这需要了解群体心理，理解不同年龄层、不同生活阶段人群的需求和偏好（如家庭和老年人需要坐着休息的时间，带孩子的参观者需要知道卫生间位置并在其附近短暂休息等），以及如何应对拥挤的展厅日程和参观时间重叠的问题。能够在参观期间规划出适合团队的"流程"是确保良好参观体验的重要因素。

讲解员培训的首要任务是培养创造对话环境的能力与适当引导观众的技巧和判断力。这包括将需要精心学习的具体知识性内容融入讲解员与观众和 / 或观众之间的对话框架中。培训内容包括：

- 心理学基础，特别是发展心理学、激励机制和教育方法；
- 教育理论和最佳实践，以课堂和展厅中的历史与前沿方法为基础，包括博物馆教育工作者和理论家的成果；
- 引导工具和发起对话的技巧，特别是利用展览的元素，使接受培训的讲解员能够直接应用所学知识；

■ 角色扮演和实践工作坊，还有涵盖内容和讲解技巧的讲座或学习模块。

虽然讲解员培训的前期工作繁重，但在讲解员学习新技能和更新现有技能的过程中，持续的支持、小组练习和建设性评估也具有巨大的价值。在与一家历史悠久的艺术博物馆讲解员团队合作的过程中，参与者们自己也得出了一些结论，这些结论将帮助他们更好地满足观众的需求。以下是他们在讨论中提出的将对讲解员在促进观众学习方面的未来工作产生积极影响的议题：

■ **定期召开小组会议，和同行分享经验。**讲解员们喜欢聚集在一起，分享经验、建议、成功和失败。这种相互学习不仅对个人成长有益，也对于推动博物馆的愿景大有裨益。在他们看来，讲解员是将观众与博物馆的教育使命联系起来的“领路人”，他们需要汲取彼此的长处，共同面对挑战，创建一个真正的知识体系，供他们和未来的讲解员借鉴。创造并保持定期的讲解员互动机会非常重要，无论是非正式的还是正式的。这些活动可以是午餐会、角色扮演、对话练习、闲聊、观看和讨论资料或培训工具。任何能够引发对话和共享经验的活动，都能让大家一起努力实现提升观众体验的共同目标。树立合适的态度和技巧范例（比如，不要做“讲台上的圣人”）对成功至关重要。这类对话应至少每月举行一次，可以在任何地方进行，甚至可以与其他机构合作，将影响扩大到主办机构之外。

■ **更加贴近受众，而不是专注于提供“事实”型知识。**讲解活动主导方式需要从参观导向（即单向介绍或演讲）转变为促进体验导向。这要求讲解员能够营造一种欢迎和互动的氛围，并适应不同年龄和个体的学习风格。最重要的是，讲解员要保持极大的灵活性，以满足不同受众的需求并与之互动。传统讲解员以精通所讲解的知识为荣，而这种新的角色定位对讲解员在内容掌握方面的要求不减反增。讲解员必须熟悉并能灵活地运用知识，这样才能自如地以非线性、无脚本的方式根据观众需求提供专业知识。

■ **在以观众为中心的讲解和引导技能方面进行更深入的高级培训。**

如上所述，为了实现卓越的互动式、对话式的观众体验，有必要开展更多的培训、实践和同行学习活动。虽然目前讲解员培训项目中最常见的培训形式仍以讲课为主，但这并不能为所设想的更高层次的讲解内容提供适当的技能模型。

■ **整合新的培训材料和技术。**视听和数字媒体在技能培养和增强观众体验方面具有巨大潜力，应当被纳入讲解员培训。在培训和实践观众体验活动中，全面利用多媒体手段是一个需要不断深化和发展的领域。

■ **转变评估标准。**"只评估重要的事项"是一句商业格言，意指必须专注于评估对商业成功最重要的因素。只强调知识内容的掌握程度，却忽视其他重要价值的评估形式，会造成混淆并产生反效果。显然，针对讲解必须制定新的评估标准，从而在讲解员的整个培训和评估过程中培养和鼓励更合适的技能。

结论：实现更有效的观众互动

我清楚地记得，当时我带着三岁的女儿去隶属国家公园管理局的新墨西哥州卡尔斯巴德岩洞游玩。考虑到她的年龄，我们选择了最简短、最基础、最容易的步行游览。一切都进行得很顺利，直到大约十分钟后，我们来到了游览的第一站，导游（一位经验丰富、非常自信的工作人员）开始向大家介绍天花板上的侵蚀图案如何形似各种卡通人物的轮廓。我们一行人试图询问有关石笋、钟乳石、洞穴形成以及我们所处的这个巨大空间的问题，却未得到导游的解答。我的小女儿随后询问是否可以离开，因为她对这些不感兴趣。于是，随着队伍的前进，我们从后面溜了出来，走了很短的路回到入口和阳光下。这次经历真是令人失望！

这一事件的教训是，导游不应为了吸引观众，将观众对易理解内容的渴望，与无关的"趣味事实"或流行文化引用混为一谈，他们应当努力找出观众感兴趣的内容，而不是做出错误的预设。更重要的是，讲解员可以极大地影响观众对博物馆的态度。正如我们在本节开头所提到的，有些观众因上一代博物馆工作人员拘谨严肃的工作作风而感到疏远，这些过往经历的记忆至今仍影响着他们对博物馆的看法。虽然现在没有人再被要求遵守所谓的"博物馆纪律"，但观众心中对博物馆及其工作人员的固有印象仍然像污点一样，影响着公众对博物馆的整体认知。

另一个重要的教训是，博物馆的管理层应当意识到，讲解员不可能在没有沟通和培训的情况下轻松无缝地适应新的活动和教学形式。尽管作为志愿工作人员，讲解员容易被忽视，但作为一线工作人员，他们往往是观众与博物馆工作人员（除了售票员或零售店店员）进行直接交流的唯一桥梁。因此，博物馆应当在讲解员身上投入更多，而这也是博物馆从旧式博物馆向 21 世纪学习机构转型过程中的关键一环。

高效开展 21 世纪学习的设施规划

博物馆的设施应该充分满足机构所有现场活动的需求。因此，当博物馆重新定位为 21 世纪的学习机构时，博物馆的设施也必须进行重新评估和更新。现有的博物馆建筑在过去几十年中为我们提供了良好的服务，也曾帮助我们了解博物馆中的学习方式。而现在的任务是在空间利用的层面将学习置于中心位置，这要求我们既要对旧有空间进行升级改造，也要创造全新的学习空间。与其他复杂的博物馆功能一样，学习空间的战略规划必须以观众、活动和成果为中心，换言之，需要围绕公共项目进行细致规划。对观众群体以及相应设计的活动和学习成果实施战略分析，有助于我们确定所需学习空间的种类、规模和物理特征（见图 8.12）。

在设计一座全新的博物馆时，我们有必要充分考虑所有相关因素，在选择和规划空间方面做到与我们的新项目规划相匹配。对于现有建筑的改造，则可能需要对已有空间进行调整甚至彻底改造，以满足不断变化的学习要求，特别是在兼顾博物馆其他功能的条件下。但是，无论是规划新建筑还是改造旧建筑，观众的需求和项目内容都会随着时间的推移而发生变化。这要求我们的空间设计具备足够的灵活性，以便及时把握新的发展机遇。博物馆的核心学习空间始终是前端的展览空间和后端的藏品及信息资源空间。展览空间是公共平台，而藏品空间则是分享信息和经验的非公共平台。在 20 世纪，越来越多的博物馆开始增设专门的教育空间，这些空间往往借鉴了更为常见的学术空间，如教室、工作室、实验室、图书馆和礼堂。后来，博物馆又增加了探索实践区、故事分享圈、

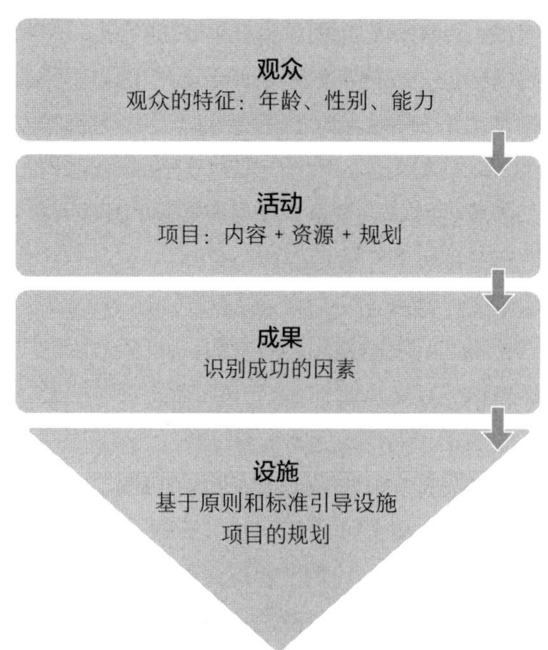

图8.12　学习空间规划的战略分析流程

馆内实验室等更多创新空间。

在审视博物馆的公共空间时，我们认识到这些场所都可以在促进学习方面发挥作用。事实上，博物馆的学习活动已超越了实体馆墙，通过创新的外展项目，结合一系列数字和通信手段，这些活动可以从博物馆延伸至家庭、教室或其他公共领域。人们可以坐在咖啡馆里，使用智能手机或平板电脑进行博物馆空间虚拟参观。但博物馆设施仍然是观众参观和体验博物馆最重要的框架或容器，正是这些设施构建了博物馆实体空间，并塑造了博物馆独特的定位。

每个公共空间都能成为学习空间吗？尽管有人可能会质疑，洗手间或衣帽间这样的功能性空间如何能融入这一设想，但借助一些富有想象力和启发性的装置，一些意想不到的空间也能促进学习，比如威斯康星州科勒艺术中心美妙绝伦的陶瓷博物馆洗手间。但这些地方真的能成为教学空间吗？有些空间可能需要专注于更基本的功能，或者充当美术馆和剧院这类信息量密集环境中的“缓冲区”。因此，到底要在特定空间中融入多少内容或活动，应当成为博物馆规划团队首要考虑的问题。不管是建立新博物馆，还是翻新旧博物馆，设施规划都是每个博物馆战略规划流程中的核心要素。部分博物馆由于预算限制可能不允许对现有设施进行大规模改造以适应 21 世纪的需求，这更凸显了精心规划支出以确保博物馆的所有空间都能服务于学习的重要性。以下是一些设施规划的建议：

- 可以重新设计画廊和展厅等核心空间；
- 可以重新设计特殊学习空间；
- 可以重新激活间隙空间和社交空间；
- 可以重新设计娱乐空间；
- 可以开放藏品和信息资源；
- 可以将后备支持空间与其他功能区域连接起来。

在仔细分析现有设施的使用情况、基础设施、毗邻关系、人流量、观众服务以及后勤支持的同时，博物馆还应评估原有的学习项目和新项目的战略发展。如果新的博物馆学习是建立在公共项目战略规划的基础之上，那么设施规划就需要密切配合这一新公共规划，以确保留有合适的空间。新的空间需符合“大小适宜”的要求，以实现最佳功能性和灵活性，并在设计时考虑到基础设施的配置，特别是通信和信息主干网。

博物馆空间必须兼具娱乐、藏品保护、审美享受和学习等多方面的功能，这要求博物馆空间具备前所未有的灵活性。这种灵活性究竟意味着什么呢？有时，它意味着将新型藏品，特别是多媒体、装置或行为艺术引入博物馆内的非展览空间；有时，它意味着将表演等新活动引入传统展览空间。此外，它也可能意味着公共空间和非公共空间之间的相互融合，以支持学习目标的实现。例如，将藏品和研究空间与工作室、工作坊相连接，进而又与集会、会议和活动空间相连接。

一份按功能划分的博物馆空间的典型清单包含以下几项：

- 到达和引导；
- 观众服务；
- 展览；
- 表演；
- 协作、会议和活动；

- 研究与创意；
- 藏品与信息资源；
- 后备支持。

在本节中，我们将依次考虑这些不同类型的博物馆空间，并将它们作为潜在的学习空间进行评估。我们还将评估每个空间在支持探索和游戏、表达、交流、协作、互动、分析和展示以及记录和回忆等学习活动方面的潜力。

到达和引导空间

学习机会与挑战

到达博物馆，寻找正确的入口，查找所需服务，开始规划参观路线，这些是每个观众首先面临的学习挑战。这些挑战大致可分为两类：

- 了解博物馆，包括熟悉路线、通道和对建筑本身的基本了解；
- 从视觉和智识层面熟悉博物馆的内容。

了解博物馆始于抵达之前，通过舆论风评、博物馆网站、旅游资料和其他信息来源，观众对博物馆建筑、展品和活动、开放时间和门票价格形成了初步印象。此外，这些渠道还为观众提供了驾车、乘坐公共交通或步行前往博物馆的路线指引。这些信息对于观众顺利抵达并开始他们的博物馆体验至关重要。博物馆能否妥善回答诸如"我们学校班级参观时应从哪个入口进入？"等问题，往往是决定其能否提供一个成功学习环境的第一步。同样，这些信息来源也可以帮助观众通过线上参观展厅、浏览藏品和目录，以及查看当前的活动和事件，从而熟悉博物馆的内容。观众到达博物馆时对博物馆的了解越多，他们就越愿意体验博物馆的全部内容，如果时间有限，他们也能更有针对性地规划如何高效利用时间来探索整个博物馆。在了解博物馆的设施、内容和所提供的服务后，观众便可自行规划参观路线和时间管理，从而最大限度地高效利用时间。博物馆也可以考虑在空间规划和活动安排上为观众提供"捷径"或短时体验。

如今的博物馆观众在参观时，对馆内的设施和内容抱有明确的预期。例如，他们可能希望洗手间非常干净，并为儿童和成人配备无障碍设施。

他们可能希望有礼品店、免费 Wi-Fi、卡布奇诺咖啡吧和背包寄存柜。满足并切实管理这些对博物馆线下体验的预期，应成为设施规划战略过程中不可或缺的一部分。

到达和引导空间：学习清单

- 导览系统；
- 导览标记（如 AR 标记）；
- 信息亭或柜台；
- 无线网络；
- 通道和人员流通的安全保障、应急响应；
- 现代化的电力、数据与安全系统；
- 舒适的地板；
- 充足的自然光照明；
- 休憩场所；
- 会合点；
- 服务设施，如洗手间、衣帽间、咖啡厅、急救室。

到达和引导空间：成功结果

- 观众从视觉和物理上能迅速定位博物馆的位置，包括街道、停车场、人行道、入口和内部空间；
- 观众可以轻松找到获取信息的服务点、找到家人和朋友的位置；
- 观众在博物馆及周边环境中有安全感；
- 观众可根据自己的时间计划或长或短的参观路线；
- 观众有途径了解博物馆以及博物馆的内容。

观众服务空间

学习机会与挑战

观众服务空间如何支持博物馆学习？观众服务空间是为观众提供第一线支持的场所，包括洗手间、衣帽间、信息台和安保，以及餐饮和零售服务。这些服务使参观更加舒适愉悦，延长了观众的停留时间，并给每一位观众留下博物馆的良好印象。

如上所述，博物馆可以战略性地决定在这些环境中有效融入学习模式和机会的程度。例如，在大堂和咖啡厅等主要公共场所，可以提供 Wi-Fi 等工具，而更多的信息则可以分类融入不同的空间：

- 洗手间可以展示废物利用和可持续发展的理念；
- 急救站可以宣传急救和应急准备知识；
- 走廊上的标识可以结合民防政策；
- 镶嵌在地板上的鱼形徽章可以提示附近有三文鱼栖息的溪流，引发人们的探究；
- 咖啡厅的装饰或烹饪演示台可与博物馆的内容、信息相结合，同时也提供参与创新活动的机会；
- 商品及其无障碍展示进一步传递博物馆的公共信息；
- 公共区域的活态展示、展品、艺术品和手工艺品将博物馆展陈内容延伸到公共空间（但要注意遵守博物馆藏品保护的原则）。

在每一种情境下，将学习机会分类融入公共空间都应该增强而不是阻碍空间的主要功能。这样做的目的是避免出现如观众在洗手间尝试使用 AR 技术时产生困惑而造成障碍的情况，因此细腻和无缝应是设计空间时的关键词。

观众服务空间：学习清单

- 导览系统；
- 公共空间具有良好的毗邻性和流动性；
- 适当的方向标识；
- 适当的信息和互动亭；
- 适当的展览和内容；
- 在适当区域提供 Wi-Fi；
- 服务人员；
- 入口和人员流动的安全保障、应急响应；
- 现代化的电力、数据与安全系统；

- 卫生且易于清洁的各种空间表面；
- 充足的功能性照明。

观众服务空间：成功结果

- 观众能快速识别并使用观众服务场所；
- 观众能够获得适当的帮助和信息；
- 展品和互动装置能激发观众的兴趣，但不应妨碍相关功能的发挥；
- 通过设施设计强化博物馆希望传达的信息。

展览空间

展览空间是博物馆学习的核心，因此通常在讨论中占据主导地位。首先，展览空间是将观众与博物馆“真实”内容、物件及其所代表的思想联系起来的物理平台。其次，展览空间向外连接其他类型的空间，人们在这些空间中可以进行扩展学习，如表演、活动、实验以及研究和创作。

展览空间还需要经得起时间的考验，既要保证特定展览体验的持久性，又要满足新项目的需要。特别是博物馆工作人员在展示新旧展品时，需要不断创新展示方式。因此，博物馆展厅既要有展示的稳定性和灵活性，也要有充足的空间。

在规划学习型展览空间时，有两个要点值得注意：

- 结构和基础设施的灵活性；
- 在展厅内寻找或创造学习空间。

从这些要求中衍生出许多规划问题。其中或许最重要的一个问题与灵活性有关——展览空间在各个要素配置方面是否易于调整？换句话说，这些设置有多么“灵活”？展览设计又在多大程度上盖过了展厅本身的固有特征？

寻找学习空间

就空间而言，常设展览的设计通常会控制同时参观展览或体验互动展项的人数。如果某些展项达到承载上限，那么展厅中的其他观众就必须找到其他关注点。如果展厅内预计会聚集成群的观众，如学校团体、旅游团、家庭观众，则需要在展陈中留出适当的空间。在无法重新设计整个空间的情况下，可能需要采取变通的方法使观众能够有效利用有限的空间和技术。

艺术博物馆展厅的展览空间往往宽敞，通常也是最开放和最灵活的空间。同样，科学中心和其他经常改变用途的空间在基础设施方面也具有很高的灵活性。这类空间可根据需要轻松调整配置，以便于团体和旅游团聚集，或小型团队一起开展工作，抑或是在特定展览中加入新媒体和互动设备。

“固定配置”的展览空间包括场景模型、开放式仓储的“密集陈列”、微型场景和实景布置，以及模拟特定场景的展陈和天文系统等装置。这些灵活性较低的空间类型都有其特定的学习应用或风格，以平衡其相对缺乏的可变性。每一种空间都应设计有足够的流通空间，这些区域也能转化为学习空间。特别是开放式存储区，需要留有相邻空间，以便观众访问线上资源、记笔记以及进行小组交流。

结构

当今大多数博物馆在规划时都充分考虑到了藏品、展览和项目的结构需求。它们往往采用较高的天花板和开放式布局，这样不仅拓宽了空间感，也增强了空间在适应不断变化的展览和活动项目时的灵活性。学习空间的规划可包括紧邻展厅或与展厅融为一体的活动室，为其配备必要的物质和技术基础设施，以支持个人和小组活动，并适应不同技术水平的需求。

现有博物馆，特别是那些由历史建筑改造而成的现代博物馆，常常面临许多挑战。这些挑战在学习空间方面表现得尤为明显。房间小、门洞多、走廊窄以及那些容易产生回声的硬质表面，这些因素不仅影响了观众的观赏和行动自由，还可能干扰听力、活动和小组集会。空间的局限可能导致小展厅无法直接开展学习活动。不过，只要有寻找学习空间的意愿，这些优先问题完全可以在战略规划阶段得到妥善解决。例如，如果没有足够的空间供教育工作者带领小组活动，那么可以在每个展厅安排讲解员，以迎接观众的到来。

现有博物馆建筑的结构形式也可能存在某种“固有缺陷”，如厚重的混凝土墙壁、地面电缆、可能会造成手机和平板电脑没有信号的死角。通过重建设施，博物馆可以有效地规划和修复结构以克服这些挑战，从而一劳永逸地解决问题。

基础设施

个人或团体在展厅中使用技术需要提前规划，这一规划在建筑设计阶段实施最为有效。最好在一开始就把可预见的未来所需的技术基础设施尽可能多地配置于展览空间内。这样做不仅满足了展览本身的需求，也可以兼顾学习活动的技术要求。以下基础设施要素会对博物馆学习，尤其是展览空间的学习产生积极或消极的影响：

- 环境；
- 光线；
- 声音；
- 电力；
- 数据；
- 可及性。

在展览空间设计中，基础设施的配置可能有无数种选择，但我们需要确保展厅空间的基本条件能够最有效地支持学习成果。

展览空间：学习清单

- 开放的空间和空间之间的流畅动线，以满足展览和学习活动的需要；
- 与建筑和外界的联系；
- 使小组参与者能够听到彼此声音的声学技术；
- 提升人体舒适度的暖气和空调；
- 数字视听、翻译和演示技术的基础设施遍布整个空间；
- 电力和数据传输的基础设施遍布整个空间，Wi-Fi 信号覆盖全场；
- 根据空间和基础设施测试技术接口，以确定技术的热点和死角；
- 照明设计应避免侧光和需要眼睛适应的光度对比（向光效应）；
- 适合观看、阅读和操作互动设备的光照度；

- 缓解脚痛或“博物馆疲劳”的地面；
- 无障碍环境。

展览空间：成功结果

- 观众能安全舒适地进入展览空间，并能顺利、无障碍地浏览空间；
- 展览和学习项目都能毫不费力地融入空间；
- 展品的安装和拆卸，包括展品和学习项目技术接口的安装和维护，都能得到充分的支持；
- 展项或学习项目的实体边界几乎不可见，观众却能感受到其自然的引导；
- 观众带着兴奋的心情离开，并不时地讨论关于展览的内容和想法，而不是在参观时被绊倒或发现损坏的互动设备。

表演空间

学习机会与挑战

视觉艺术与表演和媒介艺术之间的界限越来越模糊，无论是藏品、展览，还是精彩的演出都可以与观众建立联系。过去，博物馆中的现场表演可能仅限于礼堂或剧院，而如今，这些活动可能会延伸到其他公共空间，包括展览空间。博物馆希望向公众展示的表演类型也在不断丰富，从演讲、电影、音乐到舞蹈、戏剧以及角色扮演和情景再现。在博物馆内为这些活动寻找或开发设备齐全的场所也是一项挑战。

许多博物馆正在建设剧院和礼堂，并受到剧院设计领域变革的影响。在过去的三十多年里，因为新型声学材料、创新建造工艺及新媒体设施的广泛应用，这种影响急剧扩大。虽然剧院或礼堂仍是博物馆建筑中成本较高的部分，但如今它们可以根据特定的策展目标进行定制，为观众带来前所未有的体验。剧院顾问可协助工作人员在特定的展览或集会空间中融入恰当的表演技术，如舞台布景或演出场景、照明系统和音响环境。

控制礼堂或剧院空间的成本取决于对“合理规模”的把握，既要迎合观众规模，又要匹配技术层次和设备空间需求，同时考虑舞台和后场及毗邻空间的面积与配置。要确定最合适的表演空间和形式，必须对博物馆的计划目标和预期学习成果进行广泛研究。例如，建设 IMAX 影院或 3D 影院是为了学习项目，还是为了创收？无论预期的项目是什么，都需要考量空间的使用频率是否足以证明其投资的价值？理想情况下，表演空间的利用时间应至少占博物馆开放时间的 30%，其余时间可能用于设备安装和拆卸、技术支持等。除了主要用于循环放映电影的空间，博物馆剧场通常需要应对多种潜在使用需求，并确保不同场次之间有足够的间隔时间。

除了观众，表演者也是博物馆学习的一部分，因此博物馆剧院或礼堂需要规划和保障表演者的舒适度和创造性表达，提供安全的出入口、休息室和更衣室，在某些情况下还需要提供练习和排练空间以及安全的乐器存放处。重要的演讲嘉宾、艺术家或表演者应能够在避开观众人群的情况下进出表演场地。

表演空间：学习清单

- 导览系统；
- 大厅和演出前后的展览 / 互动空间；
- 为观众提供“适度配置”，如可选座位和过道选项；
- 支持多种用途（演讲、电影、音乐、多媒体）的音响效果；
- 支持多种节目用途的声光技术；
- 表演空间，如舞台、侧翼、立柱、飞行塔等；
- 演员空间，如更衣室、储物柜、洗手间、舞台门安全系统、乐器存放处；
- 练习室和排练室；
- 与博物馆信息基础设施的技术连接；
- 技术支持人员。

表演空间：成功结果

- 为演出成功提供充分支持；
- 所有演出准时进行，并达到预期效果；
- 观众可以与表演者进行适当的互动；

- 表演者的需求和期望得到满足；
- 演出体现了高水平的创造性和参与性。

协作、会议和活动空间

学习机会与挑战

作为博物馆规划师，我们经常听到客户抱怨“缺少会议空间”。不仅是博物馆，博物馆所在的社区也在寻求可以聚集在一起实现合作目标的空间。此外，用于举办从文化遗产博览会到大型派对等活动的大型非展厅空间也被视为当今博物馆不可或缺的一部分。一些博物馆正着手规划集小型、中型和大型会议室于一体的小型会议中心，并提供宴会厅和派对室等更为宽敞的场地。还有一些博物馆正在寻求与学校或其他组织的深度合作，这也对会议室和工作坊空间提出了要求。

现有博物馆的工作人员可能会对过去的遗留问题感到沮丧，比如唯一的会议室在遥远的办公区，狭窄的大厅成了开幕式和学习项目唯一可选的场地。这些条件限制了博物馆接待社区团体、与教育合作伙伴开展合作以及从活动租金中赚取收入的能力。为克服这一不足，博物馆尝试开发了“多功能厅”，它曾经是（而且在很大程度上仍然是）博物馆活动的主要举办地。多功能厅可以上午接待小学生，中午服务于女士聚会，下午成为老人团体的活动场所，夜晚则转变为摄影爱好者的聚集地。尽管频繁的布置与拆卸使工作人员疲惫不堪，但多功能厅确实证明了博物馆项目的丰富性和价值，并实现了超出其预期的价值。

在多功能厅能开展哪些学习方面的活动？除了直接用作实践或活动空间，多功能厅还常被用作会议室和活动室，其功能是围绕共同目标将人们聚集在一起，这些群体通常是自发形成的。通过场地租赁和向社区合作伙伴无偿开放，将新的观众带入博物馆，是博物馆“后退一步”、共享权威的另一种方式。博物馆的公共空间是否吸引了众多合作伙伴，可以被视为衡量博物馆作为社区机构成功与否的一个标准。

在过去的二十多年里，为了构建专门用于集中活动的场所，人们开发了新型的集群空间。这些空间涵盖了从会议中心到派对室、贵宾休息室、教育中心，甚至包括与公共空间相互融合的行政中心，以及提供可租赁/共享的会议和协作空间。空间集中化的好处是将可出租的空间或可连续用于开展活动的空间集中在一起，便于设置和维护，方便观众流动，并与展厅中的常规观众体验分开，从而减少冲突，但这也意味着该空间作为公共活动或学习空间有其局限性。

在实践中，我们很难在时间和空间上对用户群体及其活动进行有效分隔。将活动空间与展厅隔开会减少博物馆的吸引力，并对博物馆体验造成一定程度的冲击，因为这可能会导致真正参观展览的观众会越来越少。此外，人们总是需要安静的空间来祈祷、冥想和思考，需要后勤会议室，需要能让规划团队开展工作、布置展览计划和模型、开会讨论的宽敞设计空间，还需要行政空间。尽管这些空间可能符合未来灵活工作空间的新理念，但在日常工作中仍需维护必要的隐私与保密要求。

这就是博物馆在设计或重新规划过程中面临的挑战：如何在有限的空间内为办公、会议、接待、静思、规划和学习过程以及各种学习活动和项目创造协作空间，同时这些空间还不能过多地分散预算和观众对核心展览的关注？

答案的一部分在于摒弃过去静态的会议室，重新思考利用多功能厅的可能。博物馆已经普遍认识到了多功能厅等类似空间的实用性，但也明白这种性质的单一空间不可能满足所有用户的需求。为了满足未来企业和社区的需求，我们可以设想各种灵活的合作空间。这些灵活的空间可以成为聚会室、会议室、大型会场、项目策划或讨论室。此类多功能空间的设计更复杂，使用寿命更长，配备了演讲和展示的基础数字设施，与一流餐饮设施、室外分会场活动空间相连，同时具备引入专为特定场合和目的设计的活动和项目设备的能力。

协作、会议和活动空间：学习清单

■ 为多种用途设计的一系列灵活空间；

■ 根据需要转换为安静和私人空间；

■ 从公共大厅和自由聚会空间到多用途空间，再到展览厅，协作空间的设计连贯且多样；

■ 数字化视听、翻译和演示技术基础设施遍布整个空间；
■ 电力和数据基础设施遍布整个空间，Wi-Fi 信号覆盖全场；
■ 允许语音识别的声学设施；
■ 提升人体舒适度的暖气和空调；
■ 适合演示环境的灯光色温和色度；
■ 为在制材料提供室内储存空间；
■ 适用于各类活动和会议的家具的储存空间（现场 / 场外）；
■ 脚手架、梯子、视听设备和灯光设备等活动设备的仓库；
■ 餐饮服务支持，特别是布置和摆盘所需空间。

协作、会议和活动空间：成功结果

■ 进入博物馆的用户能迅速找到并被引导到他们举行会议或活动的区域；
■ 观众服务（洗手间、衣帽间、轮椅）醒目易找，方便使用；
■ 用户可随时使用 Wi-Fi 和语言支持，如辅助听力和翻译技术；
■ 演讲者只需极少的技术支持就能连接并运行他们的数字资料；
■ 工作人员可以提前预约协作空间进行内部活动，同时确保此举不影响公众使用；
■ 博物馆可无缝衔接提供接待服务（咖啡、点心、餐饮）；
■ 空间使用者的高回头率表明了协作空间的成功。

研究与创意空间

学习机会与挑战

实验、调查、创作、表达、反思和回忆空间扩展了展览的核心体验。事实上，这些空间元素不仅可以融入展览空间中，而且理应成为其不可或缺的一部分。如上所述，无论是通过建筑设计还是展品设计，展厅内空间都必须得到展览空间基础设施的支持。

研究与创意空间虽独立于展览空间，但仍然可能与展厅直接相连。在这样的空间里，研究与创意活动成为参与者与学者或博物馆专家之间的“连接器”。这些活动可以是学术性的，也可以是兴趣型或临时性的。在这些空间中进行的对话可以是内部对话，也可以是个人与展品之间的对话，还可以是展品与观众、学者之间的协作对谈或群体交流。为实现最佳探究体验，这些空间应能即时转化为表达的平台，无论是通过言语阐述观念、动手创作、记录观察，还是借助灵感与洞察力进行回顾与反思。

博物馆已逐步摒弃传统的课堂式教育空间，不断创新出多元化的学习空间，这些空间可被称为活动室、工作室、学习实验室和学习中心。这些空间可能在很大程度上受到各学科或艺术传统的影响，其设施和设备专业化程度极高。它们既可以像艺术工作室那样朴实无华，也可以像实验室那样设计精良。

与多功能厅相比，博物馆的研究与创意空间通常是为某个（或多个）学科特定目的而专门设计的。然而，越来越常见的现象是，在“表达”空间和“合作”空间之间形成一种流动性，使得对话从探究阶段自然过渡到合作阶段，再延伸到表达和记录的创作阶段，进而激活反思和记忆。

位于华盛顿特区的国家档案馆波音学习中心就是一个很好的例子。该中心的资源再利用室和学习实验室与数字资料库等更深层次的资源相连接，不仅为公众提供以家庭为基础的历史和家谱研究活动，还为学校团体提供了屡获殊荣的历史文献研究项目。学生们有机会接触档案馆的复制品存储和工作空间，并利用与美国历史相关的复制品文件，共同创作一份虚拟的“新闻公告”，以帮助总统应对迫在眉睫的危机。

协作空间和研究与创意空间的交叉融合，对青少年和成人群体尤其具有吸引力和实用性，因为他们在实现自己的想法和项目时可能需要从个人工作转向小组合作。这类活动和流程都需要基础设施的支持，以便进行记录、处理，并将成果与家庭和学校联系起来，以支持进一步的探索。因此，所有研究与创意空间都需要配备智能技术和连接设施，不仅要能满足不同年龄段使用不同设备的需求，还要能定期进行技术升级。

研究与创意空间：学习清单

- 从展览空间延伸至研究与创意空间和协作空间的流程；
- 研究与创意空间内的协作空间；

- 灵活的配置设计和邻近的储物空间；
- 即插即用并可持续升级的技术接口；
- 针对具体学科和项目定制的专业设备安装和管线布置；
- 坚固的表面、饰面和家具，支持参与者积极利用空间；
- 适当的自然光——良好的环境照明和工作照明；
- 在有油漆、胶水或其他化学品的地方安装排气系统；
- 提供充足和适当的创作材料；
- 通过预约、在线访问或借阅计划合理获取馆藏资源。

研究与创意空间：成功结果

- 个人或团体可以灵活地使用即到即用的资源，或预约参加活动；
- 空间和资源易于查找，与展览和公共空间自然衔接；
- 使用时间可以是灵活的，也可以为特殊项目而专门规划时段；
- 参与者可以随意进出，方便使用洗手间、咖啡厅等设施；
- 参与者可以轻松获取网络、Wi-Fi 及其他技术支持，也可以使用自己的移动设备与之连接；
- 成果、艺术作品、讨论和咨询的结果会以数字、实物、博客等形式实时展示给博物馆观众；
- 空间使用者的高回头率以及产品和互动的高品质表明了研究与创意空间的成功。

藏品与信息资源空间

博物馆的传统核心资源是藏品及对藏品进行调查和研究所产生的信息。与藏品相关的信息库，无论是存放在博物馆、图书馆、档案馆，还是藏品目录和图像资料库中，如今都成为博物馆与专业同行、学者及公众进行交流与合作不可或缺的资源。与博物馆其他未来的战略规划一样，在设施规划中如何确保藏品和信息资源的可获取性已经成为一个重要议题。

获取藏品资源

在过去的三十多年里，博物馆一直致力于提高其藏品对公众的开放程度，这既是一项挑战，也是博物馆不断探索的领域。以下是一些备选方案：

■ 将博物馆藏品放置在展厅之外的公共空间。这在保存条件方面具有挑战性。

■ 在封闭式库房区域开辟“窗口”。但由于部分博物馆藏品规模庞大，封闭式库房并不适合观众参观，而且存在安全和环境问题，这一方案实施起来也可能存在困难，目前仍处于试验阶段。

■ 利用专门空间提升藏品的可及性，即“密集展示”或“可视化库房”。这可能是最为成功的尝试之一。

每一种空间方案都有发展成为将大量藏品纳入创新学习策略新路径的潜力。

可视化库房最初是加拿大温哥华人类学博物馆的一项举措，目的是向公众开放所有民族学藏品。这种在类似展厅的环境中展示全部藏品的策略，在伦敦维多利亚与阿尔伯特博物馆的陶瓷、玻璃和银器展厅，纽约历史学会的美国藏品展厅，华盛顿特区的卢斯基金会美国艺术中心以及其他许多地方得到应用。作为一种学习体验，可视化库房既能让人们直接接触和面对艺术品和文物，又提供了自助探索和查询相关信息的途径。在空间规划方面，从规划之初就需要为个人和小型团体提供专门的展厅空间、基础设施和信息访问空间。此外，用于在线访问藏品、展览和图像数据库的技术基础设施至关重要，但不应将其显露在外。公共交互界面可以是一个内置的计算机信息亭、交互式屏幕或桌子，抑或是越来越多观众使用的个人移动设备。

缺乏空间或技术资源去创建可视化库房的博物馆仍然可以通过精选小型藏品进行密集展示和信息访问，将可视化库房作为一种模块化选项融入较大展厅。在其他公共空间放置此类藏品模块和信息界面的方案也值得讨论。这一方案所涉及的设施问题主要是环境控制、安全和保存以及信息获取。随着经济实惠且可靠的微气候箱的开发，这些展柜能够在公共空间中为展品调节环境条件，博物馆将有机会将更多藏品带入公共领域。但这对学习有什么影响呢？除了在公共场所观赏藏品的简单互动，还需要有更深层次的学习目标、活动和成果，以证明在场馆和基础设施上的巨大投资是合理的。

获取信息资源

传统博物馆中的图书馆和档案馆往往是一个封闭的空间，以专业性的纸质资源为主，主要功能是为策展研究提供支持。这样的场所通常是不对博物馆观众开放的。随着时间的推移，这种封闭的学术图书馆因为藏书的不断扩充占用了越来越多的空间，运营成本也越来越高。

如今，博物馆图书馆的藏品获取变得更加便捷。数字化技术改变了观众获取藏书的方式，实现了访问权的普及化。过去专门用于阅览室和书库的空间，现在可以用于配置联网的计算机和触摸桌、广播室、数字化实验室、网络制作室以及资料的临时存储区。

位于华盛顿特区的新闻博物馆是21世纪信息媒体推动博物馆发展的首批范例之一，它拥有专门的内部设施，用于表演、录制和广播、信息传输和存储、开发和保存原生数字信息来源，以及将数字信息传输到博物馆展览和公共空间内的学习场所。现在，许多博物馆都在积极地将数据从纸本形式向数字形式转化，它们长期保存的图书馆和档案资源也将经历数字化的变革，从而提升公众访问的便捷性。

藏品与信息资源空间：学习清单

- 继续探索藏品实体库房的实地访问，并同步提升线上藏品及策展信息的可及性；
- 融合数字化和原生数字信息资源来强化传统的信息资源（纸本书籍和手稿、期刊和档案资料、原始媒介中的声音和图像）；
- 允许观众先通过数字化资源接触藏品（对实物藏品的接触可以通过分层次的流程进行调控，最终达到学术研究层面的访问权限）；
- 在资源中心和整个博物馆内，特别是在展览区域以及活跃的学习空间，提供通向信息系统的公共接口节点，并支持通过个人移动设备进行互动访问；
- 提供后备支持空间，以接受、创建、管理和传播博物馆活动所产生的各种数字化和原生数字信息资源。

藏品与信息资源空间：成功成果

■ 观众学会认识、欣赏并期待博物馆提供的藏品和信息访问；

■ 博物馆信息系统成为一个门户网站，可从世界各地获取与博物馆及其成员利益相关的信息。

后备支持空间

上文讨论的每个空间类别都有其对支持空间的具体需求，本小节将更宏观地审视学习支持的总体战略布局。

学习机会与挑战

后备支持空间，也称辅助空间，对博物馆的运营和学习计划至关重要。有些空间相对较大，如供工作人员或志愿者组装教学工具包或其他学习资源的工作空间。有些则是办公室，其中少数为私人办公室，多数是开放式办公空间，教育工作者可以在这里独立工作或开展合作，以设计或改进学习计划。还有一些空间虽小，但必不可少，它们具有特定的战略功能。虽然公众很少能看到这些辅助空间，但它们的存在与否会直接影响到观众对项目成败的感知以及机构整体声誉的高低。（没有什么比在雅致的展厅角落里随意放置的拖把和水桶更能传递负面信息了！）一旦观众注意到博物馆对这些基本设施的要求不闻不问，他们就可能会对环境的清洁度、组织的专业性、应急处理能力以及整体的安全保障失去信心。

后备支持空间：学习清单

■ 满足业务需要的必要后备空间和系统，包括维修、内务、空调、安保，并配备出色的技术支持；

■ 方便的物资和设备的配送地点，以便快速响应；

■ 安装新设备和实施维修的工作间；

■ 服务器及其他信息技术支持；

■ 针对定期或偶尔需要的物品，如椅子、桌子、日用品等，进行集中批量存储管理；

■ 员工专用通道和运输装卸的路线应考虑楼梯、电梯和门的布局，避免影响观众的流畅通行。

后备支持空间：成功结果

- 能够自然、快速且有效地满足观众的需求；
- 定期、高效地完成项目装置的安装和拆卸；
- 安全和安保问题得到圆满保障；
- 为 IT 应用程序和负载提供无缝技术支持；
- 在紧急情况下为空调系统及其他建筑系统提供支持。

总结

我们在本节中讨论的是未来几十年博物馆学习空间的规划和设计，特别在新兴的数字化世界和观众对信息获取抱有期望的背景下。那么，博物馆如何判断自身已取得成功?

新博物馆设施和各类建筑解决方案的成功与否，应基于观众的反应来检验和衡量——首先是对建筑、室内外景观等突出信息的反应，其次是对包括学习项目本身在内的内容的反应。如果博物馆的观众不断回访，寻求更多体验，那么这些建筑及其内容和项目就成功地满足了社会对持续创造意义的更深层次需求。

注释：

1 Searching for "museum struggles" online reveals an astounding range of museums struggling with finances, relevance, or even keeping doors open. Two recent articles touch on issues at Midwestern art museums: "What's DIA's Art Worth? New Christie's Report Has the Numbers," *Detroit Free Press*, December 19, 2013, and David Lindquist, "Indianapolis Museum of Art Cuts 29 Jobs, Reducing Staff by 11 Percent," *Indianapolis Star*, March 4, 2013.

2 National Endowment for the Arts, "Survey of Public Participation in the Arts," November 2009.

3 Georgia Kral, "Tourists Support the Arts, But Not All, in NYC," *Thirteen WNIT*, August 15, 2004, http:// www. thirteen.org/metrofocus/2012/08/tourists-help-the-nyc-arts-economy-thrive/.

4 For a sample, see: Institute for Museum and Library Services, "Museums, Libraries, and 21st Century Skills" (July 2009); Nina Simon, *The Participatory Museum* (Santa Cruz, CA: Museum 2.0, 2010); The James Irvine Foundation, "Getting in on the Act: How Arts Groups Are Creating Opportunities for Active Participation," October 2011; Fine Arts Fund, "The Arts Ripple Effect: A Research-Based Strategy to Build Shared Responsibility for the Arts," January 2010.

5 Many prominent museums, including the Rose Art Museum, the Barnes Foundation, and the Detroit Institute of Arts, have fought over the past decade against external and internal forces that have threatened their collections and existence. Other museums too numerous to mention have experienced staff layoffs and reduced programs and budgets.

6 From a PowerPoint presentation by David Perkins at Project Zero Classroom Institute, "Three Visionaries for Change," July 2012.

7 Jessimi Jones, "Examining Why: Our Work with Teachers and Schools," Rachel Trinkley, "Nurturing a Culture of Change: Creativity in Docents," and Merilee Mostov, "Making Space for Experimentation, Collaboration, and Play: Re-imagining the Drop-In Visitor Experience," *Journal of Museum Education* 40 (Summer 2015).

8 Catherine Evans, "The Impact of the Participatory, Visitor-Centered Model," *Journal of Museum Education* 40 (Summer 2015).

9 Mihaly Csikszentmihalyi, *Flow* (New York: HarperCollins, 1990).

10 Edward De Bono, *Serious Creativity: Using the Power of Lateral Thinking to Create New Ideas* (New York: HarperCollins, 1992); Eric Liu and Scott Noppe-Brandon, Imagination First (Hoboken, NJ: Jossey-Bass, 2009).

11 Social mission resources: George E. Hein, *Learning in the Museum* (New York: Routledge, 2005); Lois H. Silverman, *The Social Work of Museums* (New York: Routledge, 2010).

12 Jones, "Examining Why: Our Work with Teachers and Schools" ; Trinkley, "Nurturing a Culture of Change: Creativity in Docents."

13 Jonah Lehrer, *Imagine* (New York: Mifflin Harcourt, 2012).

14 Ben Garcia, "What We Do Best: Making the Case for the Museum Learning in Its Own Right," *Journal of Museum Education* 37, no. 2 (Summer 2012): 47–56.

15 Carol Scott, "Measuring Social Value," in *Museums, Society Inequality*, ed. R. Sandell (New York: Routledge, 2002), 41–55.

16 Philip Jackson lecture, Chicago, IL, August 2007 in Garcia, "What We Do Best."

17 John H. Falk and Lynn K. Dierking, "The Museum Experience Revisited," chapter 12, *The Twenty-First- Century Museum* (Walnut Creek, CA: Left Coast Press, 2013).

18 Mary Jane Zander, "Becoming Dialogical: Creating a Place for Dialogue in Arts Education," *Art Education* (May 2004), p. 48.

19 N. C. Burbules, *Dialogue in Teaching: Theory and Practice* (New York: Teachers College Press, 1993).

20 Deborah Tannen, *The Argument Culture: Moving from Debate to Dialogue* (New York: Random House, 1998).

第九章 为观众而规划

博物馆必须了解自己的观众，才能有效地制定学习规划。博物馆在观众个人“更广泛的学习生态”中处于什么位置？它如何在这种生态中开辟一席之地？博物馆究竟应占据哪个恰当的位置？

本章着重探讨如何为不同类型的观众（包括个人和团体）及学习风格提供最大程度的学习可及性。在第一节中，梅丽莉·莫斯托夫以哥伦布艺术博物馆为例，展示了该博物馆转向以观众为中心，导致其工作人员的专业活动也随之发生改变。这个案例还展示了如何通过积极的显性教育手段来传达诸如气候变化等隐性信息，从而吸引更多的人参与其中，产生更广泛的教育影响。布拉德·金在第二节中重点讨论了博物馆在实践方面需要做出哪些改变，以更好地为儿童学习服务，并提升低收入和少数族裔家庭的参观率与参与度，而这些群体传统上在博物馆中缺乏归属感。在第三节中，凯蒂·思特林格讨论了在克服物理可及性上存在诸多困难的前提下，博物馆应如何规划以实现向所有观众的最大开放。

以观众为中心的规划，可以帮助博物馆吸引那些可能被忽略的观众，如青少年。青少年是最“插电”（plugged in）的群体之一，他们随时都在通过虚拟设备与他人保持联系，处于参与性、社会化、非正式、用户生成的学习方式的前沿，这种学习方式对自上而下的等级模式（traditional hierarchical model）[1] 提出了挑战。若博物馆能够认识到这些变化，并探讨如何适应由此引起的博物馆与观众间权力结构关系的调整，就有可能利用青少年在各种形式的虚拟交流中所呈现的专业能力。因此，研究这些已经转变的权力动态，从而进一步扩大本章所述的“规划以观众为中心的学习项目”的影响力和价值，是博物馆学习活动总体战略中需要实现的目标之一。

形成以观众为中心的学习模式

博物馆是文化的投影。近几十年来，“以观众为中心”一词无处不在，这反映了西方文化中对消费者的日益关注。其他行业也出现了类似的表达和观点，比如医学中的“以患者为中心”，市场营销中的“以客户为核心”，以及教育学中“以学生为主导”。对于每个领域来说，这种转变不仅是思维方式的改变，更重要的是行动上的变革。它需要摒弃旧的行动模式，采取全新做法。博物馆转向“以观众为中心”便意味着需要放弃过去“以藏品为中心”的传统，创造与之不同的工作模式。如何构想并实施这种新的模式，是博物馆工作人员所面临的挑战之一。

许多有见地的学者、研究人员和博物馆工作者已经从多个方面深入地探索了“以观众为中心”这一理念。事实上，关于以观众为中心的博物馆学习的相关研究也已经相当丰富和详尽[2]。然而，为什么许多博物馆，特别是艺术博物馆，仍然在努力钻研这个已经被充分研究过的理念？也许我们可以从博物馆之外的视角来洞察这一问题。

如今，大多数博物馆工作人员，无论其职务高低和所属部门如何，即便没有直接阅读相关文献，也都意识到了这一理念的重要性。但这种意识并不足以引发变革，博物馆工作人员（而非研究人员和学者）所面临的挑战在于如何将想法和研究转化为可持续的行动，在于设计、实施和维持能够替代旧习惯的新的工作模式和习惯。[3]常言道：积习难改。对人类学习和习惯的研究凸显了这项任务的复杂性。

将新兴研究成果转化为有效的实践并不是博物馆领域的专利。在《将研究成果转化为实践：为什么我们不能“说干就干”》（*Translation of Research into Practice: Why We Can't Just Do It*）一文中，医学研究人员为了阐明这个问题提出了一个三层变革架构：认知（awareness）、接纳（acceptance）、采用（adoption）。[4]对于医务工作者来说，这个架构的前两个阶段相对简单，而第三个阶段则存在着许多考验。

博物馆领域也存在类似的问题。对新兴研究和理论的认识是一个相对被动的过程，需要通过不同的学习方式来实现，比如阅读书籍、博客和文章，参加讲座和会议，与同行交流等。随着时间的推移，这些新的理念可能会随着人们认识的深入而被广泛认可，但也有可能遭遇部分博物馆工作者的排斥。然而，直接将新理念付诸实践的做法存在问题，首要任务在于改变现有的模式。

在三层变革架构中，第三阶段“采用”要求系统地清除旧的模式，为定义明确、易于使用的新模式留出空间。显然，在这一过程中需要投入相当多的努力和时间——可能要17年。这个数据出自最近的一项医学研究《答案是17年，那问题是什么：理解转化研究中的时间滞后》（*The Answer Is 17 Years, What Is the Question?: Understanding Time Lags in Translational Research*）[5]的发现。由此可见，约翰·福尔克、林恩·迪尔金以及乔治·海因（George H. Hein）分别于20年前和17年前提出的开创性思想至今仍未完全融入许多博物馆的工作，似乎也不足为奇了。[6]

变革的进程是相当缓慢和艰难的。对于许多组织和机构来说，创造和实施新的模式令人生畏。在《知行差距：聪明的公司如何将知识转化为行动》（*The Knowing-Doing Gap: How Smart Companies Turn Knowledge into Action*）一书中，现任斯坦福大学教授的作者提请人们注意这种理论与实践之间的差距在商业和非营利组织中出现的频率：

> 一次又一次，人们了解问题所在，也明白需要采取哪些措施来影响绩效，却不去做他们知道应该做的事情。[7]

过去六年里，哥伦布艺术博物馆一直在努力弥合这一差距（详见本书第八章）。哥伦布艺术博物馆对于“以观众为中心”这一理念的认知和接纳，无疑是建立在众多学者和博物馆工作人员辛勤工作的基础之上。然而，对于这一理念的采用是由内而外发生的，即创造和实施新的模式，以及对其进行修正和发展的持续性反思工作。归根结底，每个机构的采用阶段都是独树一帜的，它不仅需要机构内部每位员工的坚定决心和创造力，还需要领导者的明确支持。与其他博物馆相比，哥伦布艺术博物馆的不同之处并不在于该馆对“以观众为中心”这一理念的认知或接受程度更高，而在于它能够在全馆范围内持续地创造和实施将这些理念付诸行动的新模式。

在展览中开展以观众为中心的学习

博物馆学习可以通过多种途径进行，但展览是其中最为主要的平台。本质上，每个展览都是由物（展品、标签、陈设）和人（工作人员和观众）组成的。从历史来看，像哥伦布艺术博物馆这类的艺术博物馆都遵循着一套隐性或显性的行为和假设模式，这些模式规定了展览中可以展示和禁止展示的内容，文字的大小、位置和语气，以及展览中的陈设和观众的参观动线。这些模式都服务于过去以藏品为中心的博物馆学习。

以藏品为中心的展览倡导实物至上，这在博物馆行业中长期以来被奉为圭臬，即展览中的每一个设计都是为了美化或是神圣化实物。相比之下，倡导观众学习的展览则赋予观众更多的权力，提高了观众的地位。在这类展览中，在实物依然得到良好保护和展示的情况下，展览设计更倾向于满足观众的需求、期望和动机。从藏品至上到观众至上的转变或许会引发不少争议，这一过程需要我们在思维（认识和接受）和行动（采纳）上做出一系列必要的调整。

近年来，哥伦布艺术博物馆对于以观众为中心的学习模式已经逐渐从“认知”转向“接纳”。更重要的是，我们确立了三种新的工作模式来推动这一理念的发展：

- 好奇心与实验性的态度；
- 观众学习成果与展览流程规划表；
- 多样化评估。

好奇心与实验性的态度

哥伦布艺术博物馆并没有就这些尝试制定任何书面规定。尽管如此，这些尝试对于摆脱传统的以藏品为中心的学习模式至关重要。博物馆通过探索新的展览设计方法,可以对以观众为中心的学习理念进行构想并实践。在哥伦布艺术博物馆，质疑和实验是采用阶段的标志。我们质疑这些旧模式的有效性：为什么我们还在使用这些冗长的文本说明？真的有人会看吗？为什么我们不提供更舒适的座位？为什么不在展厅中嵌入创作区域？我们同样对新理论抱有疑虑：如果人们在博物馆里以社群的形式学习，这在展厅中是怎样的情景？如果我们设计的重点是促进对话和协作，会发生什么？如果我们没有设计学习内容，结果又会怎么样？

这些问题往往会引发一些冒险和实验。实验的性质各不相同，既有微妙的调整，如放大展览中文本的字号或者增加座位数量；也有显著的变革，如在展厅中央设置一个玩具小屋、沙坑或者投票站。有了博物馆持续性的支持，实验之轮才能源源不断地转动。在哥伦布艺术博物馆，馆长和副馆长都是实验的倡导者，所有部门都参与其中并为实验提供了帮助，包括展览设计师、登录员、策展人、教育专员、观众体验团队、开发部门、设施管理部门和安保部门。尽管我们还没有完全确定博物馆采用以观众为中心的学习模式都需要做出哪些调整，但我们愿意尝试新的事物、质疑既有假设、勇于承担风险，并从失败中迅速振作起来。这些都为新工作模式的采用奠定了基础。

观众学习成果与展览流程规划表

在哥伦布艺术博物馆，展览流程规划表对于以观众为中心的学习至关重要。因此，这个表格的变化也标志着从旧模式向新模式的过渡。最初，展览流程规划表只是一个两页的文档，供策展人和登录员汇总特展的基础信息，如展览日期、展览地点和策展人员等。如今这个旧的表格已不再使用。为了形成以观众为中心的工作模式，我们在这个表格的基础上重新进行设计，通过增加页面来将重点放在观众的学习上。新的规划表不仅包含了必要的展览数据，还加入了展览或展厅的概述、观众预期学习成果和阐释策略等内容。此外，我们还建立了定期团队例会制度，馆长、策展人、阐释团队和设计师在此会议上共同讨论并规划观众体验相关事宜。

设计和规划观众学习成果是哥伦布艺术博物馆的另一种新的工作模式。以藏品为中心的传统展览理念基于这样一种假设，即大多数观众参观博物馆的首要目的是学习与藏品相关的事实（facts）和内容（content）。然而，博物馆学习的研究却与这些实践相矛盾。为了转向以观众为中心的学习模式，哥伦布艺术博物馆着眼于观众在展览中的学习方式而非学习内容。对话、协作、观察、比较、实验和游戏是首选的学习手段。虽然提高对思想和信息的认识仍被视为观众学习的一种潜在成果，但在展览规划和设计阶段，它不再是唯一成果。

在明确阐述了展览中的观众学习成果之后，哥伦布艺术博物馆的展览现已焕然一新。那么问题来了，为什么会出现这样的变化？这是因为每种学习成果都需要一个或多个阐释策略，我们称之为“连接器”，它是指除藏品之外被安置于展览中为观众学习成果提供支持的物品，可以是传统的文本、音频或视频，也可以是非常规的绘画、手工活动、摄影角、沙箱或玩具小屋。展览团队共同构想和总结了一系列潜在的阐释策略，并将其记录在展览流程规划表上。同时，我们将这些策略与展览设计师、市场营销团队、教育工作者、讲解员、安保人员、设施管理人员和观众体验服务人员等其他部门的工作人员分享，这些团队在促进观众在博物馆中的学习发挥了宝贵的作用。

因此，以观众为中心的展厅与以藏品为中心的展厅在设计上存在明显差异。前者可能更加杂乱，展示物品更为丰富，空间被更大的字体所挤占，环境甚至可能更加喧闹。不可否认，哥伦布艺术博物馆的最大变化之一，便是对展厅中更多噪声和混乱的容忍度。虽然这个新的模式并不是天衣无缝或毫无瑕疵的，有时我们也会重拾旧习，或是为了追求工作效率而绕过这一流程。但总的来说，我们在不断地修改和完善展览规划流程，践行对这一转向的总体承诺。

多样化评估

哥伦布艺术博物馆一直致力于为观众提供与众不同的体验。我们认识到，在开展实验的同时，我们也必须诚实地进行反思和评估，从实验中汲取经验，对展厅中发生和未发生的事情保持开放的态度。为此，我们将继续观察、倾听，并从观众的反馈中吸取教益。评估是我们的新工作模式的一个重要环节。目前，我们采用了几种不同的策略来收集关于“连接器”和临时观众体验的信息：

- 对展厅中观众的时间进行追踪；
- 观众调查；
- 与观众随意交谈以了解他们的体验；
- 以照片和视频的形式对观众与“连接器”的互动进行记录；
- 将对观众的细致观察和参观后访谈相结合。

这些评估方法的最终目的都是提升观众的学习体验，同时建立和巩固我们的新工作模式以支持这些体验。

哥伦布艺术博物馆可以作为一个典范，它向我们展示了一个博物馆如何主动调整工作流程和方法来支持展览中以观众为中心的学习模式。这种转变得益于三个显著的新工作模式：实验性的思维方式、全面的展览流程规划表以及多样化评估。每个博物馆都必须培养类似的持续性工作模式，以推动变革。虽然终身学习能提升对人们对博物馆实践中的新理念的认知和潜在接受度，但只有采取深思熟虑、循序渐进的行动，即介入、实验和评估，才能使变革更加明确和持久。[8]

案例研究9.1　吸引观众：纽芬兰纪念大学植物园的气候变化学习

安妮·麦迪森

我们已然生活在气候变化之中。气候变化可能是地球正在面临的最大威胁之一，这已成为科学共识，而人类活动是造成这一威胁的主要原因。我们每天都能听到更多关于气候变化及其对人类影响的消息。然而，对于人类活动对气候的实际影响，公众仍存在很多疑问，而且错误信息仍然广泛流传，因为这可能并不是一个简单的或在我们日常生活中会讨论的问题。因此，我们常感到自己作为普通民众，对气候变化束手无策，也无法改变现实情况。这一问题对于任何个体或群体来说，都太宏大了。

面对这样的挑战，教育工作者需要应对诸多难题，其中最基础的问题之一是如何吸引公众参与这个话题。在以趣味性、非正式性及自愿性为特点的博物馆学习中，这一挑战尤为严峻，愿意在闲暇时间主动了解和学习气候变化相关内容的人寥寥无几。那么，博物馆的教育工作者如何才能在诸如植物园这类以休闲和欣赏自然景观为主的环境中让公众关注这些重要且困难的议题呢?

纽芬兰纪念大学植物园位于加拿大纽芬兰岛东部的圣约翰斯，自1971年成立以来，其工作人员和志愿者一直致力于向公众传达气候变化和其他环境以及社会问题的重要性。尽管在园区发展初期，涉及气候变化的展览、项目或出版物较少，且该术语本身也很少被提及，但它仍然是植物园教育理念和目标的核心内容。

纽芬兰纪念大学植物园的发展：根植于环境管理和保护

气候变化这种固有但往往没那么明确的主题可能与植物园的出现和发展有着直接关系。虽然如今很少有人会质疑博物馆在气候变化教育中的价值，但在半个世纪之前，情况并非如此。当时，大多数植物园致力于培育出美丽和“完美”的植物展品（plant displays），以供公众欣赏，化学肥料、杀虫剂和除草剂的使用非常普遍，昆虫一律被视为害虫，本土植物及其生态系统也被低估或忽视。纽芬兰纪念大学植物园的情况则与之不同。

纽芬兰纪念大学植物园原名“公牛湖植物园”，其建立主要得益于纽芬兰纪念大学的员工、教师及其家属的努力。在建立之初，馆长伯纳德·杰克逊（Bernard S. Jackson）就面临着无数的挑战。首先是植物园的地理位置并不理想。纽芬兰纪念大学位于北美东部的圣约翰斯市，此地是大西洋中拉布拉多寒流与墨西哥湾暖流交汇处，海岸线上常见冰山漂浮，冬季漫长且常刮大风，夏季短促且降水频繁。此外，纽芬兰岛还因其矿物的丰富和可耕作土壤的稀缺被形象地称为“岩石”（the Rock）。

该植物园坐落在一个多风的山丘上，周围环绕着数英亩被烧毁的森林（20世纪60年代初一次毁灭性火灾导致）、铅污染土壤、垃圾回填区和一系列破败的木质建筑。研究表明，公牛湖内没有任何生物，只有腐烂的汽车残骸和其他垃圾。在植物园成立的前七年里，人们清除了堆积如山的垃圾，用堆肥改善土壤，同时充分考虑当地条件，规划、建造和种植了新的花园和自然小径。利用各种方法，周围的森林逐渐恢复生机，并重新承担起淡水系统的过滤功能，甚至连公牛湖的生态系统也得到了修复。

在当时人手并不充裕、预算更是有限的情况下，工作人员着手构建和培育现在的纽芬兰纪念大学植物园。与辛勤工作和坚韧不拔的奉献精神相匹配的，是他们利用一切现有资源尽最大努力开展工作的决心。在处理土壤等问题时，他们展现出自给自足的创新精神。他们的增长、发展和采用的方法都遵循了可持续性原则，这不是一种选择，而是一种必然需求。

纽芬兰纪念大学植物园在长期发展过程中使用的生态无害技术（ecologically sound techniques）及其始终秉承的积极探索的意愿，构成了其环境和策略可持续发展（包括研究和教育）的基础。由于该植物园的可持续性策略切实可行并能够在本土广泛应用，因而引起了那些关注本土物种和栖息地丧失等环境退化问题的社区的兴趣。在这些可持续策略中，该植物园通过展览、出版和讲座等多种形式，探讨自然及植物园相关主题，一些基本原则逐渐成为实践的“最佳指南”，具体包括：

- 在植物园中尽量减少合成添加剂的使用，这有益于所有生物（包括地球本身）的健康；
- 采购和种植适合当地独特气候的景观植物及食用植物以减少我们的碳足迹（这也为植物园以及本地经济的发展带来了好处）；
- 保护和管理我们的本土栖息地（和资源）至关重要；
- 必须降低我们社区产生的废弃物量。

结果表明，在植物园的早期发展阶段，即使是在植物生长期如此短暂的圣约翰斯，通过堆肥也可以培育出肥沃的土壤，同时减少废物和温室气体排放。不论主题或教育项目是什么，我们都要探索合理的环境管理办法，并将其作为最佳实践方针进行推广。

第一步：通过社区联系协作学习

在发展初期，纽芬兰纪念大学植物园积极地从社区内部寻找可用资源，包括本地专家、技术和知识。回首来看，正是这种对社区的热忱邀请在很大程度上塑造了该园区及其阐释政策的可持续发展性。与当时的其他植物园相比，该植物园的愿景非常独特，它希望“促进和丰富人、植物与环境之间的可持续关系”。这一理念至今仍体现在其使命宣言中，而该植物园的教育目标也反映了它的建立初衷，即植根于环境管理、保护和减缓气候变化。

1997年，在纽芬兰纪念大学植物园整治场地、筹备开园的同时，其社区参与度也在不断提升。当时的大学与公众之间几乎没有任何交集，纽芬兰纪念大学植物园的愿景就是将这个园区建设成为一座连接社区的重要桥梁。在此过程中，热心的社区成员自发成立了一个名为“花园之友”（the Friends of the Garden）志愿者组织，它不仅加强了植物园与社区的联系，而且在当时实属罕见。随着植物园工作人员与社区成员之间的尊重和信任日益加深，有关当地的问题和挑战的对话也随之增加。该植物园主要通过协作学习来促进公众参与，由此形成了一个关键的阐释性框架并一直沿用至今。这种学习是双向进行的，因此园区工作人员与社区成员可以在许多教育和研究项目中交流信息和想法。

研究显示，积极的社区参与对于博物馆活动的有效阐释来说至关重要，这一点不仅适用于气候变化教育。在预算紧张、资源有限、展览和活动一成不变的情况下，博物馆教育工作人员能否克服这些困难并与观众建立有效联系？答案当然是能的，营造协作学习的环境是其中的关键。虽然这一挑战令人生畏，但博物馆首先需要做的第一步是与社区建立联系。

“土豆市集”（Potato Festival）是该植物园与社区开展有效协作学习的一个例子。之所以选择土豆，是因为它在纽芬兰与拉布拉多省的历史、文化和农业中具有重要意义。人们在为期一天的土豆市集上庆祝、讨论和品尝这种看似并不起眼的食物。当地的农业官员、农民、小贩和艺术家等社区合作伙伴作为专家，在市集上分享他们的专业知识和经验。土豆削皮比赛、试吃活动以及其他家庭活动，都进一步激发了社区对这一活动的参与热情。这个市集并没有以“气候变化活动”为名进行宣传，但粮食的可持续生产和消费作为隐性信息被包含其中。例如，土豆这类的本地应季农作物在生长过程中没有使用杀虫剂和合成肥料等石油基土壤添加剂，因此如果这些食物的生产和消费增加，将大幅度减少我们的碳足迹。此外，该活动还为当地的食物赈济处捐赠了食物和资金。对于生活在这片面临诸多农业挑战的小岛上的人们来说，粮食可持续是他们最为关心的问题之一，纽芬兰纪念大学植物园通过这样一个有趣的公共活动将这些专家聚集起来，分享见解和知识，这本身便是一种自然的解决办法。之所以能够做到这一点，部分原因在于纽芬兰纪念大学植物园一直以来坚持的可持续发展理念，另一部分原因则是出于实际需要——因为植物园内部缺乏相关领域的专家，与社区的知识共享与合作便显得尤为重要。

齐心协力：教育不仅仅是教育部门的工作

大多数博物馆教育部门都存在资源有限、人力不足的问题，因此想要组织一个像“土豆市集”这样的社区活动困难重重，除非博物馆充分利用自己最优质的资源——博物馆工作人员和志愿者。在纽芬兰纪念大学植物园，并不是只有教育部门的员工来承担教育工作者的角色，而是全体工作人员和合适的志愿者都参与其中。这种博物馆工作人员在各自专业领域进行教学和指导的做法，最初也是出于某种需求而产生的，如纽芬兰纪念大学植物园的第一位教育协调员由园艺师兼任。直至今日，该植物园教育部门的员工数量仍然很少，仅为一到两人。就“土豆市集”而言，“花园之友”志愿者团队和退休农业科学家肯·布罗德福特（Ken Proudfoot）都在活动初期发挥了关键作用。该活动现在以布罗德福特的名字命名，以示纪念。

将所有员工都纳入教育活动也有其他好处。比如，当整个团队为一个教育活动而齐心协力时，观众也能感受到这个活动的重要性以及博物馆对它的重视程度，从而增加观众对阐释性信息的信任和尊重。该做法也解决了另一个问题，即每一位学习者都是不同的。认识这些因生活背景、教育水平和文化观点的不同所导致的差异性对提高观众的有效参与至关重要。在气候变化教育中，这种观众的差异性体现得更为明显。我们的观点和信息可能是合理的，但它们对所有人来说都有意义和关联性吗？近年来，纽芬兰纪念大学植物园致力于将堆肥等环保实践方式推广到整个社区，而不仅仅是面向园丁、农民和环保人士等传统受众。事实上，植物园从建立之初就开始使用堆肥，这不仅成功地创造了被称为“植物黄金”的珍贵健康土壤，而且减少了有机废物、温室气体排放以及对合成肥料的需求，同时降低了运营成本。堆肥的做法虽然有效，社区也表现出采取行动的兴趣，但正如社区本身的多样性，人们对教育的需求也是多种多样的。因此，为了促进学习，教育手段也需要多样化，其中最有效的方法是团队合作。植物园教育工作人员设计了有趣的互动游戏、活动、展览和教学资源，例如用于青少年学习项目的蚯蚓堆肥箱。园艺和场地工作人员则专注于设计实践研讨会和展览陈列，范围涵盖利用回收材料建造堆肥箱到如何使用堆肥增强土壤的技能。此外，该植物园还开发了一个堆肥示范园和一系列线上出版物。每年五月，纽芬兰纪念大学植物园会将其员工设计的所有教育活动整合起来，与世界各地一同庆祝“国际堆肥宣传周”（International Compost Awareness Week），还与当地政府合作向社区成员推广堆肥，鼓励人们参与后院堆肥箱购买计划（有价格补贴），从而加强了植物园与社区的联系（见图9.1）。

图9.1 纽芬兰纪念大学植物园国际堆肥宣传周活动

为了以更加新颖的方式吸引公众参与，工作人员必须准备好走出舒适区，甚至脱离他们的常规工作范畴。最近，纽芬兰纪念大学植物园应邀接管了一档当地的周播广播节目《花园时间》。但在最初，因为缺乏相关的管理经验，而且担忧无法比拟前任主持人的水平（这个节目的前任主持人非常受欢迎），该植物园对于是否要接管这个节目有些犹豫。但纽芬兰纪念大学植物园也认识到，这是与全省听众全年接触的难得机遇。所以植物园最终接受了这个挑战，并以通过可持续及环保实践（包括气候变化调解）推动园艺和自然发展为宗旨。如今，该广播节目的活跃听众数量每周持续增长，与此同时植物园的工作人员也在社区中开展有趣的访谈活动，讨论一系列的本土问题。虽然该电台从未制作过以气候变化为主题的专题节目，但在每期节目中，工作人员都会向听众分享如何减轻人类对气候变化影响的小贴士和建议。

积极信息：创造不同/见微知著

在纽芬兰纪念大学植物园的发展初期，工作人员意识到，要成功促进气候变化教育等环境保护与管理的参与和行动，必须传递积极的信息。这并不是说环境问题可以被忽视或轻描淡写地一笔带过，而是指每次学习活动所蕴含的信息都应以积极方式呈现，并力求带来哪怕微小的改善。植物园的这种发展策略给游客留下了深刻的印象，让他们意识到，对家园和公园的改善能够创造一个健康的环境，进而有助于应对气候变化问题。同时，他们也认识到这些减缓措施还包括保护北方森林、沼泽和海洋等天然碳汇，并通过森林再生创造新的碳汇。因此，纽芬兰纪念大学植物园并不是在社区内灌输恐惧，因为恐惧实际上会抑制人们了解更多信息并采取行动的愿望，而是把重点放在强调采取积极的行动能够减轻甚至逆转人类活动对气候变化的影响。

为了更好地体现这一理念，该植物园再次聚焦于减少浪费和节约资源（包括资金）。重复使用材料是减少人类对气候变化影响的有效途径。在纽芬兰纪念大学植物园面向公众开放之初，资金不足并没有成为展览设计的障碍，反而激发出了许多创造性的方法，促进可持续发展和环境保护的实践。时至今日，展览仍然通过内部制作（produced in-house）以降低成本，并尽可能使用可循环材料。比如，昆虫标本被存放在改造过的办公桌抽屉中，玻璃温室是由废弃的鱼缸制成的，在适当的情况下，废弃的鸟巢、树桩或树瘿等实物样本也会被纳入展览。公众对此反响强烈，低廉的制作成本使得展览易于修改和更新，展品可以随着季节更迭而变换，社区居民也乐于向植物园提供反馈和意见。在所有的阐释性项目中，需要重点强调的同样是那些我们可以采取的积极行动和行为，而不是厄运或悲观的警告性信息。工作人员发现，公众更倾向于接受并响应这种积极的信息传达方式。

青年教育：社区参与和有效的环境教育

在纽芬兰纪念大学植物园，构建传递积极信息策略与明确其核心受众——青少年群体的过程密不可分。如今，我们有充分且令人信服的理由鼓励全社会，尤其是儿童，进行终身学习、体验学习和自主学习，但半个世纪以前，这样的理念并非所有博物馆的共识。早在植物园正式开放之前，工作人员就曾邀请了一批小学生来参加以学校课程为基础的教育活动。这种聚焦于青少年的教育活动是由纽芬兰纪念大学植物园的首任策展人发起的，在第二次世界大战期间，年幼的他被迫从饱受战火摧残的城市撤离到英国乡村，这段经历深刻地影响了他对体验自然之于青少年成长的看法。本质上来说，让青少年在探索自然环境（包括植物园）的过程中成长和发展，对于培养他们成为地球守护者，从而建立一个尊重、重视和保护自然世界的社会来说至关重要。

话虽如此，环境教育，尤其是气候变化教育，不应该采取说教式或内容主导的教学方式，相反，它应当鼓励学生在解决问题的过程中形成自己的观点，即以探索为基础，让学生们真正地参与其中。自然生态系统乃至整个地球的健康都取决于我们对于自己赖以生存的栖息地和物种的了解、重视和保护程度。例如，植物园中最受欢迎且成效显著的青少年教育项目之一是对北方森林、淡水系统和种植园的趣味探索，这些项目都不包含任何教学或说教的内容。学龄前儿童及其家长可以一起参加每周的户外亲子活动，以一种巧妙且轻松的方式来促进学习。这样的早期接触能为孩子们提供亲身探索和观察世界的工具，以便他们能够在成长的过程中自主地学习和理解气候变化带来的影响（见图9.2）。

如同所有博物馆机构一样，纽芬兰纪念大学植物园将继续勇往直前。当他们展望未来，为未来的项目和园区扩建制定计划时，依然会继续向社区寻求灵感、指导和支持。因为归根结底，这是纽芬兰纪念大学植物园存在的原因。

图9.2 青少年参加纽芬兰纪念大学植物园少年自然学家夏令营

博物馆中的儿童学习

博物馆正在成为更为有效的儿童学习场所。以往只有儿童博物馆、科技馆等特定类型的博物馆聚焦于儿童，但如今随着博物馆学和博物馆教育学的发展，所有类型的博物馆都在挖掘其在促进儿童发展方面的潜力。在实践中，博物馆不仅致力于提升儿童作为观众的体验，优化他们的学习成果，而且还通过培养儿童的批判性思维、语境理解、增强公民意识等“软实力”技能来充分履行重要的社会责任。

实现这一发展的根本在于更深入地理解儿童和普通观众在博物馆中的实际学习方式。本书的前几章已经指出，博物馆正在积极承担起学习场所的角色，并把学习作为其核心使命来推进自我转型，这意味着博物馆的所有功能都要为实现这一目标而重新定位。同时，博物馆学习正在变得愈加民主化，说教式的学习方法不再受到青睐，人们越来越关注如何基于博物馆学习理论和知识共享为观众提供工具，使他们成为主动的参与者和创造者，而不是被动的信息接收者，从而提高学习效果。比如，对话式学习为观众提供了探讨他们在博物馆中体验的机会。在博物馆这样的非正式学习环境中，主动学习是最为有效的学习方式，当学习者积极主动地参与其中时，学习效果往往最好。在这一趋势下，尽管博物馆专家和工作人员仍然需要构建一个参与式学习内容框架，但博物馆要想成为有效的非正式学习场所，就必须为学习者提供主动参与学习内容和与之互动的机会。因此，博物馆需要为学习者创造条件，允许学习者在专家提供的框架内以不同方式参与知识生产，并构建他们自己的意义。

博物馆之所以与其他学习场所不同，部分原因在于其藏品。对儿童而言，最重要的是在既满足藏品保护的要求，又能迎合孩子们与生俱来的好奇心和探索欲的前提下利用这些藏品资源。博物馆正在努力为观众创造更多探索、共同创造、反思、回应和参与的机会，而这一做法正好与儿童的学习风格相契合。也就是说，如果所有类型的博物馆都以这种方式开展儿童学习，它们都能够成为有效的儿童学习场所。这是一个新的机遇，也是一个重要的契机。因为除了儿童博物馆和科技馆，儿童学习一直都不是博物馆普遍关注的重点。2012 年对隶属美国史密森尼学会的 170 家博物馆进行的一项调查显示，仅有 22 家博物馆开展了以儿童为主要对象的活动[9]，其中有一半是科学中心，艺术博物馆只有 3 家，历史博物馆仅有 2 家。人们并不清楚儿童在传统的博物馆里学到了什么，甚至不确定他们是否在博物馆中学习。直到最近的五到十年里，有研究揭示了这一认知空白，博物馆界才开始着手解决这一问题。史密森尼学会的早期启蒙中心等以博物馆为基础的机构正在致力于将博物馆学习与早期儿童教育的最佳实践相结合。[10]

我们已知的适用于博物馆儿童学习的方式有以下几种：

- 调查；
- 交谈，即分享见解；
- 展示，即创造性表达；
- 回忆。

这场“儿童博物馆运动”所提倡的理念之一，是儿童可以在玩中学。话虽如此，但研究表明，在成年人的帮助下，儿童在博物馆中的学习效果会更加显著，而这种情况在以文物、标本或艺术品为主要表达内容的博物馆环境中更为常见。在这种传统的展览空间中，虽然很少有专门为儿童设计的探索中心或手工制作区，但成年人往往会与儿童更直接地互动，并提供更多的指导。在某些情况下，成年人甚至可以成为儿童的学习同伴。因此，看似沉重的历史博物馆或艺术博物馆实际上也可以像科技馆甚至儿童博物馆一样，成为有效的儿童学习场所，只是后两者通常不侧重于藏品展示，而且少有成年人干预。

当实物成为主要的阐释媒介，儿童通过触摸实物并与之互动，并且对此进行讨论，就能够达到良好的学习效果。尽管出于藏品保护的要求，博物馆中的许多实物不能被公众触摸，但观众在观看这些藏品时，仍然可以将自己已有的知识与此刻的视觉体验联系起来，从而与藏品建立起个人联系并从中受益。如果博物馆能提供一些可以无障碍接触的物品，比如某些艺术品、旧玩具或恐龙模型，学习效果会更加出色。此外，博物馆可以让孩子们通过绘画等方式展示自己的所见所闻，满足他们的表达需求，而在参观结束后，老师或父母可以引导孩子们通过锻炼回忆能力来巩固学习成果。

我们以艺术博物馆为例，分析这种儿童学习方法如何能够被应用于以成年人为主要受众的博物馆中，尽管这类博物馆在过去并不被认为是适合儿童学习的场所。人们发现，如果这件艺术品是不能触摸的，那么即使博物馆工作人员在艺术品前对孩子们讲授知识，儿童的学习效果也并不明显。因此，博物馆现在都在为儿童提供可触碰的艺术复制品并开展互动式学习（如分类游戏），从而使他们能够探究一幅绘画或者一件雕塑中的视觉信息。[11] 与博物馆工作人员（尤其是艺术史学家和相关专业人员）的直接互动也会增强儿童的学习效果，在与这些专业人士的对话中，儿童仿佛成了"小同行"，开始对艺术产生自己的探究。在艺术博物馆中进行表达对儿童来说是最容易不过的事，因为他们是天生的艺术家，让他们对经典艺术作品做出自己的阐释，可以作为进一步讨论艺术家的能力、动机和技法的窗口，进而深入探讨作品的内涵。

那么，儿童在博物馆中都能学到哪些技能？对于儿童来说，最重要的并不是"什么是类人猿"或"《星夜》是不是梵高的作品"这类"是什么"的问题，而是"怎样做"的问题。在这方面，博物馆能够向儿童传授所谓的"软实力"技能。"软实力"是政治学家约瑟夫·奈（Joseph Nye）在 1990 年左右提出的一个概念，用来形容政治影响力。在《城市、博物馆与软实力》一书中，作者奈尔·布兰肯伯格和盖尔·洛德则认为，软实力更广义上指的是通过说服、吸引或议程设置来影响行为的能力。众所周知，"硬实力"指的是由武力或资金影响的有形资源，与之对应的软实力资源则是无形的，它们源自思想、智识、价值观和文化，涵盖了批判性思考、情境智慧以及公民参与等方面。[12] 因此，博物馆作为学习机构，正在与其作为公民社会机构的新兴角色相交叉，承担着传授这些软实力技能的社会责任。对于儿童来说，博物馆学习的软实力技能与学校的课程学习同样重要。

阿肯色大学的研究团队在水晶桥美国艺术博物馆实地考察时进行的一项研究，充分展示了博物馆在软实力学习方面的有效性。这项研究从艺术知识、批判性思维、历史同理心、学生的宽容度以及人们对文化消费的渴望多个角度出发，评估了博物馆学习项目之于参与学校研学活动的学生的影响。研究结果显示，这种影响在乡村地区、贫困水平较高以及少数族裔学生中尤为显著。这也再次印证了博物馆学习在解决社会排斥问题方面的潜力。[13]

这些技能对于儿童正式学习的重要性不容忽视，它们能够为正式学习提供必要的准备。案例 9.2 介绍了纽约的酷文化组织（Cool Culture），该组织致力于帮助那些教育资源匮乏的儿童。[14] 这类儿童在入学前所掌握的技能相对较少，与中产阶层家庭的孩子相比存在明显的差距。但我们如今也意识到，博物馆拥有独特的优势，能够成为这些家庭的教育合作伙伴，帮助他们弥补因贫富差异造成的教育不足，确保所有学龄前儿童都能做好入学准备，这也正是酷文化的使命所在。酷文化组织及其博物馆合作伙伴所做的工作，实际上是在给孩子们传授各种基本技能和经验，这不仅有助于他们为上学做好准备，还能培养他们成为积极的社会公民，从而减轻疏离和社会排斥造成的影响。

所有类型的博物馆，不仅仅是那些专门为儿童设立的“儿童博物馆”，在适当的指导和促进下都有助于提高儿童的社交、认知能力，发展他们的情感。博物馆正顺应儿童教育发展的总体趋势，全面采用与儿童学习风格相匹配的教学法，从而以崭新的、更全面的视角扩大其促进儿童学习的潜力。同时，正式学习与非正式学习领域教学法的融合，以及博物馆、学校和其他社会组织之间的合作，都有望变得更加紧密和深入。这种趋势对于改善观众的学习体验具有重要意义，特别是对儿童来说，他们可以从博物馆擅长的技能教学中受益。

这种趋势尚未在整个博物馆界形成气候，但其重要性不言而喻。如今的博物馆正在采取一种更为民主的“共享权威”的模式，比以往任何时候都更加注重教育公平和全民参与。随着这些变化的发生，如今所有类型的博物馆都有可能成为更有效的儿童学习场所，包括那些一贯以成年观众为主的博物馆，比如艺术博物馆。更为重要的是，作为学习机构和担负社会责任的公民社会机构，博物馆有责任和义务培养儿童创造性和批判性思考的能力，使他们能够与他人进行高效的沟通和对话，并为将来成为负责任的公民打下基础。通过传授这些技能，博物馆不仅可以改善社会排斥和疏离等问题，同时还可以帮助所有儿童了解他们自身与社会之间的联结。

案例研究9.2　酷文化

坎蒂丝·安德森

酷文化的创始人盖尔·维莱斯（Gail Velez）和埃德温娜·梅耶斯（Edwina Meyers）是两位有着坚定理想和远见的教育家，她们共同组织了一个特别工作小组，成员包括艺术教育工作者、博物馆工作人员、学前教育机构经理和家长代表，致力于提高文化机构对于纽约低收入人群的可及性。她们通过一系列讨论、会议和焦点小组访谈，启动了一个夏季试点项目，为在指定的儿童早教项目"先发优势"（Head Start）和儿童保育中心注册的家庭提供博物馆和文化中心的免费入场权及其他相关信息。1999年，基于"夏季冒险通行证"（Passport to Summer Adventure）计划的成功，她们正式推出了全年酷文化项目，这个项目涵盖了75个"先发优势"儿童早教项目和儿童保育中心，以及12个文化机构。酷文化由此诞生。

面临挑战

来自贫困家庭的儿童在入学准备方面远远低于中产家庭的儿童。[15]研究表明，中产家庭的儿童在4岁时，他们的听力词汇累计多达4800万个单词，而贫困家庭的儿童则仅接触到约1300万个，这种差异使得后者在学校中的表现更可能欠佳。[16]因此，将家庭视为孩子教育过程中的重要合作伙伴，对于提升儿童的学习成果至关重要。

文化机构和博物馆教育工作者可以利用丰富的馆藏资源和感官环境，鼓励父母与孩子进行互动，以此促进儿童早期在自我表达、语言能力、好奇心、观察力和自信心等方面的成长与发展。遗憾的是，与中产家庭相比，美国贫困和低收入家庭的儿童参观博物馆的机会要少得多。[17]在全国范围内，少数族裔在博物馆参观人数的占比不到10%[18]，而艺术教育经费的削减对低收入有色人种儿童的影响尤为严重，这已将艺术教育问题推至公民权利平等的争议前沿。[19]然而预计到2034年，有色人种的数量可能接近美国总人口的半数，这意味着大约15年后大多数美国儿童都将是少数族裔的后代。[20]因此，博物馆若想要教育公众、培养积极参与的公民，并在日益多元和包容的社会中保持相关性，必须提升其吸引新的观众（尤其是儿童）的能力。

为了弥合机会差距，加强社区与家庭之间的联系，并培养潜在观众，酷文化与许多家庭、纽约早期教育系统和世界知名的文化机构进行了合作。

项目开发

在酷文化成立之初，该组织旨在"解决低收入家庭与孩子在参观文化机构时所面临的种种经济、信息和感知障碍"。酷文化与"先发优势"儿童早教项目和儿童保育中心建立合作关系，为贫困家庭及其儿童提供服务。

如今，通过城市文化普及计划（Citywide Cultural Access Program），酷文化已与纽约市60%的受补贴儿童保育项目及“先发优势”儿童早教项目建立了紧密联系，同时也与几乎所有的学前教育项目和Title * 学校展开了合作。酷文化每年为5万个家庭提供免费且无限制地参观90家博物馆、植物园、历史协会和动物园的机会，其中包含大都会艺术博物馆、古根海姆博物馆、布鲁克林植物园、哈莱姆画室博物馆和皇后区艺术博物馆。

酷文化所服务的家庭背景多元，其中52%为拉丁裔，30%为黑人，9%为白人，6%为亚裔，1%为美洲原住民，1%为中东裔。这些家庭大多收入水平低于联邦贫困线（一个四口之家的家庭年收入为23 850美元）。在过去的一年里，这些家庭中的父母和孩子通过酷文化累计访问博物馆的次数已超过18.5万次。

如何运转

酷文化是一个学习型组织，致力于通过迭代研究、数据收集和实验过程对文化参与和家庭成果产生深远影响。该组织使用的方法包括：

· 共享成果框架和影响调查。酷文化携手利益相关者，致力于达成一项雄心勃勃的目标：在加入酷文化家庭计划的前三个月内，确保75%的家庭至少体验一次文化机构的教育活动，而在参与计划七个月后，有50%的家庭进行多次参观。[21]酷文化与儿童早期教育合作伙伴共同对计划进行评估，并追踪调查家长的参与情况。此外，有20家合作博物馆正在参与试点评估项目，专责记录通过酷文化计划前来参观的家庭的到访情况。这些数据为酷文化提供了评估计划成效所需的信息。

· 90家可免费、无限制参观的文化合作伙伴。“酷文化家庭通行证”（Cool Culture Family Pass）上印有每个家庭的名字，可为5万个家庭提供一年内最多5名家庭成员免费、无限制地参观90家合作艺术博物馆、植物园和动物园的机会。

· 强大的教育合作伙伴网络。在过去的15年里，酷文化已招募了400名幼儿教育工作者和社会服务人员作为“文化联络员”，为参加项目的家庭提供社区服务。这些早期教育工作者在他们所在的社区中具有深厚的根基，其中35%是拉丁裔，29%是黑人或非裔美国人，11%是亚洲人或太平洋岛民，23%是白人，2%是美洲原住民或阿拉斯加人。他们中许多人在自己服务的社区中生活，说着本土语言，这些都是我们项目框架的重要组

---

* 美国联邦拨款至学校的资金，用于补充州政府给学校分配的预算，从Title I-VII共七类。其中Title I代表“帮助缩小学业成绩差距，确保经济困难家庭的儿童能够接受公平、公正和高质量的教育”。——译注

成部分。每个早期学习中心指定至少两名工作人员（包括一名主管和一名教育工作者）来执行该计划，有时还会有更多教育工作者和家长加入。

· 传递跨文化多样性（文化机构的市场营销材料）。在许多情况下，文化机构的教育和家庭项目都是根据富裕阶层受众的情感需求而精心设计的，而酷文化以同样的细致关注度与文化机构合作，共同创造能够引起多元化家庭观众共鸣的材料和项目。酷文化提供英文、西班牙语和中文版本的课堂教案、亲子活动、信息资料和家长研讨会资源，这些资源与每个博物馆的馆藏资源相辅相成，并直接向家庭和教育伙伴发放。此外，该组织的网站和社交媒体向公众提供哪里有精彩活动最新资讯。自2015年起，家长在酷文化App上可以根据儿童的兴趣或地理位置搜索最适合的活动、特展和家庭项目。酷文化还与博物馆专家共同策划了面向早期教育学习专业人士的专业发展研讨会。该研讨会旨在满足纽约市、州和联邦的早期教育学习标准，并在文化上有所回应。每期研讨会都在文化机构内举行，这不仅为博物馆工作人员提供了与社区代表交流的机会，同时也让教育专业人士熟悉博物馆的藏品和面向家庭的项目。

· 为博物馆及其社区策划文化活动。“酷文化家庭活动”自2010年启动，与合作博物馆共同开发，每半年举办一次。此活动旨在吸引那些尚未踏足博物馆的家庭，并鼓励我们的教育合作伙伴在活动的各个阶段激发家庭对博物馆的热情。酷文化与承办的文化机构密切合作，设计了一系列适合儿童参与的美术馆探索和艺术活动，同时确保活动现场有能够流利讲西班牙语、普通话、粤语、乌尔都语和印地语的志愿者，以保证来自不同背景的家庭能够在最自在的语言环境中获取资源和提出问题。自2011年起，酷文化还增加了“拜访活动”（Drop-in Events），这一举措充分利用酷文化这一值得信赖的品牌形象和社区关系，鼓励观众在特定的日期与家人一同参观博物馆。该活动与博物馆正在进行的家庭活动相匹配。这些活动为教育工作者设定了一个切实的年中目标，以激励他们实现家庭参观量的目标。当家庭观众到达博物馆

图9.3　积极参与酷文化项目的家庭（图片来源：酷文化）

时，酷文化的工作人员和博物馆工作人员将会一同迎接他们，确保他们拥有愉快且富有成效的初体验。在酷文化与博物馆的共同努力下，这些活动为家庭观众提供了如节庆和集市等纽约标志性的文化体验，并引导他们开始更为个性化和自助式的博物馆参观体验。这些体验在过去曾是专属于精英阶层的休闲活动。

· 持续评估：家庭观众追踪项目。该项目于2010年启动，部分资金来自洛克菲勒兄弟文化创新基金（Rockefeller Brothers' Cultural Innovation Fund）和马蒂斯基金会（Matisse Foundation）。家庭观众追踪项目考察了21家酷文化合作博物馆的家庭观众参观情况。各博物馆都记录了每张家庭通行证的唯一ID号，该编号与酷文化收集的家庭人口统计信息相对应。基于第一年收集的数据，酷文化得以分析参观模式，并与文化机构共同设定目标参观人数，然后试点、评估和完善创新且独具特色的活动，以迎合非传统观众的兴趣和偏好。家庭观众追踪项目为了解这些新观众的细微差别提供了独特的机会。例如，在博物馆这样的环境中，是否存在某个"转变的瞬间"，能让一个家庭的感受从不适转变为舒适或拥有归属感？另一方面，酷文化的研究结果也可以用于完善该项目，为该领域提供信息，并助力塑造新兴的最佳实践。

图9.4 积极参与酷文化项目的家庭（图片来源：酷文化）

通过深入分析相关数据，酷文化了解到仍有许多努力空间。最近，酷文化着重于创建一种儿童艺术早期教育模式，以期产生系统性影响。该模式旨在提升那些数据所示、亟需额外支持的高需求社区的文化参与度。以东哈莱姆社区（East Harlem，纽约最大的拉丁族裔社区之一）为例，酷文化促成了博物馆与学前教育机构的合作，支持合作伙伴共同制定了一项紧密的家长参与计划，并举办了一系列规划会议，邀请博物馆专业人士和幼儿园教职员工参与，确保该计划满足社区的需求。数据显示，参与项目的儿童中，约有80%在词汇量和批判性思维方面有所提升，超过50%的家长也反馈博物馆的环境让他们感到舒适，并加深了他们对于艺术在孩子学习过程中作用的理解。酷文化成功地促成了唐人街的博物馆和幼儿园之间的合作，这一举措使家长们对博物馆环境更加满意，并激发了他们与孩子一同参观文化机构的热情。

博物馆教育的可及性：博物馆通用设计、流程和解决方案

博物馆专业人员对探索关联性与教育的领域并不陌生。每一位走进博物馆的观众，都带着个人的文化背景，将本土内容与更宽广的区域性、全国性甚至国际性主题相衔接。因此，当博物馆规划者和教育工作者展望以学习为核心目标和主题的未来时，他们必须努力把所有观众都纳入考虑范围。此外，残疾人往往是博物馆潜在观众中容易被忽视但数量庞大的一个群体，博物馆规划者在将博物馆打造为学习机构时，应全方位地考虑其可及性。

博物馆一直以来都是教育的中心，但在过去，它们服务的对象仅限于受过教育的精英人士。[22] 在美国，纽约大都会艺术博物馆的首任馆长路易吉·帕尔马·迪·切斯诺拉（Luigi Palma di Cesnola）和新泽西纽瓦克博物馆的约翰·科顿·达纳（John Cotton Dana）等博物馆学习的先驱者，在18—19世纪都在不断追求使博物馆成为更具包容性的学习中心。如今，大多数博物馆专业人士依然认同，学习是博物馆的核心使命宗旨。在拓展观众群体，尤其是通过提升无障碍环境来接纳残疾人的过程中，博物馆面临着将自身转变为一个充满包容与欢迎的教育场所的重大挑战。博物馆专家在规划博物馆各项事务时，都必须考虑到可及性和障碍问题，博物馆学习也并不例外。博物馆可及性涵盖了从实体空间的可达性，到展品说明的字体和大小，再到项目内针对学习差异的考量等方方面面。为了让所有观众都能享受博物馆提供的活动和无障碍服务，博物馆工作

人员必须深入了解其受众的需求，比如馆内的硬件设施是否便于轮椅、拐杖或其他移动辅助设备的使用，是否会对视听障碍者、上下楼梯有困难或带着婴儿车及小孩的观众构成阻碍。

智力障碍（intellectual impairments）的定义较为复杂。教育家塞缪尔·柯克（Samuel Kirk）提出了“学习障碍”（learning disabilities）一词，有助于厘清那些之前未被视为残疾的群体。柯克认为，该术语是指“由潜在的大脑功能障碍和（或）行为障碍造成的心理障碍，导致交谈、语言、阅读、写作、算数或其他学校科目在一个或多个过程中出现迟滞、失调或发育延迟”[23]。根据2010年奥巴马签署的《罗莎法》（公共法案111—256）的要求，本研究使用智力障碍一词来指代智力低下或认知延迟等智力迟钝的情况。[24]

根据调查和研究表明，残疾人在参观博物馆或历史遗址时，期望能够获得与普通观众同等的对待。这里首先需要厘清一个概念，即残疾（disability）是指一个人的行走、交谈、视力、听力或思考能力存在限制，而残障（handicap）则是指一种外界强加的、具有限制性的障碍。残疾人因社会对残疾的误解而遭受歧视。[25]因此，博物馆在开展可及性工作时，需明确有些残疾是显而易见的，比如使用拐杖或轮椅等行动辅助设备的情况，同时也需注意那些不易察觉的残疾，比如听力或视力障碍、学习或认知障碍。

自1973年起，美国联邦政府逐步推进残疾平等的相关立法。当年，美国国会通过了《康复法》（Rehabilitation Act）第504条，该条法规规定，在享受联邦财政援助或由联邦机构开展的项目和活动中，不得对符合参与活动条件的个人进行基于残疾的歧视。随后1990年发布的《美国残疾人法案》（Americans with Disabilities Act）进一步规定，美国的博物馆必须为所有残疾人提供平等的服务。该法案在法律层面赋予了残疾人一系列权利，保护他们在就业、公共服务、住宿和经营服务中免受基于残疾的歧视。[26]

为了确保博物馆的可及性，博物馆专家首先需要明确什么是可及性。根据维基·伍拉德（Vicky Woollard）的定义，博物馆可及性是指：

> 为观众提供使用设施与服务、观看展品、参加讲座、研究及学习藏品，以及与工作人员会面的机会。这不仅意味着距离上的接近，还包括了在不受社会和文化偏见影响的前提下，适度的智力层面的接触。[27]

自《美国残疾人法案》颁布以来，如何扩大博物馆的可及性一直被视为一项重大挑战。考虑到博物馆往往已经在为资金短缺、人手不足等其他问题而苦苦挣扎，扩大可及性似乎成了一个难以逾越的障碍。即便如此，我们更应认识到可及性是博物馆教育使命的核心。

根据可及性和通用设计的要求，博物馆必须为所有人提供服务。但在真正的实践中，博物馆往往难以满足所有观众的需求和期望。因此，博物馆管理者、规划人员和教育工作人员需共同努力，扫除物理和教育上的障碍，创造更加包容的空间，惠及更多人群。直接经验、动手实践和参与式教育不仅能够为残疾人，也能为所有观众创造一个更具包容性的环境。

通用设计和无障碍设计的重要性从美国残疾人的数量上就可见一斑。美国残疾人协会（American Association of People with Disabilities）的一项研究显示，目前美国共有约 3 亿人口，其中有 3600 万人存在不同程度的残疾[28]，这一群体中的很多人已经退休，是博物馆观众的主要群体之一。

除了在法律和道德上有义务为所有人创造无障碍环境，博物馆通过提供无障碍展览和项目也能吸引更多的观众。对于美国的博物馆和历史遗址的教育工作者来说，服务这 3600 万残疾人既是一项挑战，也是一个可以利用的机遇。随着人口老龄化的加剧，这一数字每年以高达 2% 的速度增长，人们对于无障碍环境的需求也变得更为迫切。扩大博物馆的可及性，设计无障碍教育项目，能够让参观者感受到一个互相联系、包容多样的世界，在这里，每个人都能被接纳，自由地互动和探索博物馆的奥秘。

美国司法部为博物馆创建符合规定的项目和展览提供了许多指导方针。该部门网站上的信息涵盖了导览和线下参观，但大多数建议都只适用于身体残疾的人群。[29] 因此，为了满足智力障碍的观众的需求，博物馆专家必须提出既具创意又具系统性的方法。

通用设计这一理念起源于建筑学，在博物馆中，通用设计包括标识、文本、照明、门宽等方面。博物馆若要应用通用设计，必须营造一个无障碍的环境。通用设计旨在惠及所有观众，而不仅仅是残疾人，其首要任务之一是简化所有元素，以最大程度地为观众提供无障碍的空间和体验。[30]无论观众的能力、年龄、障碍或知识水平如何，通用设计都致力于为所有人提供最大限度的可及性。

史密森尼学会的无障碍计划和珍妮丝·玛查斯基（Janice Majewski）提出的指导方针均强调，通用设计并不是一时风尚。[31]玛查斯基认为："残疾人是博物馆多样化受众的一部分，所以通用设计必须成为博物馆展览设计理念中的一环。"[32]尽管可能并不是所有博物馆都能达到史密森尼学会的标准，但这些指导方针为展览、内容、标签、照明等提供了明确的示例和灵感。

通用设计理念在博物馆中的应用虽然仅带来细微变化，但这些改变极大地提升观众的体验。例如，在战略规划会议中，博物馆可以采取措施确保足够的供轮椅或婴儿车通行的空间，或在介绍材料上添加视频字幕和盲文。这些变化有助于吸引以前可能无法获得博物馆教育机会的全新受众群体。通用设计顾问公司强调了通用设计的重要性："通过为人类多样性设计，我们可以创造出让所有人更容易使用的事物。"[33]

与学习有关的通用设计是设计和教育相结合的另一个重要方面，在其他可用资源中已有更全面的阐述。特殊儿童委员会（Council for Exceptional Children）在其著作《通用设计学习：教师和教育专业人士指南》（*Universal Design for Learning: A Guide for Teachers and Education Professionals*）解释道："通用设计的核心在于提供平等的学习机会，而非仅仅是平等的信息获取途径……（它）使学生能够自主选择获取信息的方式，而老师监控学习过程……通用设计提升了教学的有效性。"[34]

对于许多博物馆而言，这是一个令人欣慰的消息，因为它们已经允许观众在教师或工作人员的引导下开展自主学习。根据特殊儿童委员会的观点，学习应该是主动的，而不是被动的，因此，教学手段应该对所有学习者都具有吸引力。[35]通过积极参与学习，观众将获得难忘的体验。吸引人的项目或展览往往与观众个人息息相关。在以学习为重心的博物馆中，平等地获取信息可以确保观众获得个性化的博物馆体验。

博物馆与其为残疾人群体提供特殊项目，不如努力创造一个包容性的环境，尽可能让所有观众享有同等程度的体验。然而，通过举办活动来吸引特定观众是一种确保观众获得愉快的教育体验的可靠方法。学校团体和传统的教育项目就是最好的例子。考虑到预算、建筑特征和人员数量等因素，对许多博物馆和遗址来说，实现完全的通用设计是不切实际的目标，但精心设计的项目可以帮助博物馆变得更加开放，触及更广泛的公众。

通用设计以外实现学习可及性的最佳实践[36]

与社区及特殊教育和残疾领域的教育者合作，开发无障碍课程和活动是通用设计最重要的举措之一。所有博物馆都应建立合作伙伴关系，并成立咨询小组，将社区中的残疾人群体包括在内。博物馆专家可以与当地政府、致力于服务各类残疾人的组织，以及社区成员建立联系，共同组建这些有价值的团体。沟通是促进无障碍教育成功的关键因素之一。通过与特定的社区和焦点小组合作，博物馆可以成功地规划项目、展览和活动，以满足特定残障群体的需求。

博物馆的所有员工，包括前台工作人员、保安和门卫，都需要接受敏感度和认知能力的培训，以了解如何与不同的观众互动，如何与残疾人相处并为其提供帮助的基本知识，从而为所有观众营造一个安全、温馨的环境。前台工作人员影响着观众对博物馆的第一印象，他们的接待质量决定了参观的氛围。因此，从博物馆的服务人员、教育工作者到行政人员，每个人都需要了解可及性和残疾的相关知识。

对于博物馆来说，有效规划是确保所有的教育活动无障碍进行的前提。利用网站、传单和广告单等方式在参观前后与观众进行沟通，是必不可少的。如果工作人员能够提前知晓观众的特殊需求或便利条件，他们就可以适当地准备最有效的应对方案，减少意外的发生。在参观活动结束后收集评估数据虽然是一项具有挑战性的任务，但为了规划未来的活动，需要尽可能多地收集评估数据。这些调查结果可以为未来的项目提供宝贵的信息，也可作为员工和志愿者的教学和培训工具。

对于任何博物馆项目而言，参观后的回访是确保访客能够就参观体验提出意见或建议的重要环节。通过问卷调查或访谈，博物馆可以了解访客的学习心得、乐趣所在或遇到的挑战。这些调查结果不仅可以为未来的观众提供经验，还可作为博物馆工作人员的培训工具。在博物馆开展活动的前、中、后三个阶段分别进行评估，是博物馆教育发展中最为重要的方式。通过一系列开放性问题，比如“对您来说，博物馆是不是无障碍的？您对我们哪些做得好或不好有什么具体的反馈？”，观众得以有机会与博物馆有效沟通。观众应该意识到，博物馆工作人员正在努力地提高博物馆的可及性，并热切地期待观众提出意见和建议。

正如本章所讨论的，参与式学习策略对于任何人群来说都非常重要，包括残疾人在内。在博物馆中，与向导、讲解员和其他观众的互动，不仅让参观体验更加难忘，也使得所有观众都能感受到包容性。大多数人都更喜欢按照自己的节奏学习，而探究式学习正是提供了一种个性化的学习体验，学习者可以根据自己的需求和喜好进行调整。

以实物为中心的教学是观众学习和教育体验的另一个重要方面，对于残疾人来说也并不例外，虽然这可能会带来一些挑战。但博物馆专家应将此视为一种机遇。博物馆教育工作者可以从残疾人，特别是那些有视力障碍的人开始，探索如何利用这些藏品向他们传授历史、艺术、科学及其他博物馆所阐释的主题。理想的博物馆教育项目应是实验性质强、包含动手操作环节并激发创造力的，这也凸显了博物馆对所有年龄段的有智力障碍或其他认知和发育障碍的观众的教育潜力。

与一般的讲座、参观或演示相比，通过实物与观众建立联系更能吸引他们。原始的历史资料、照片、手工艺品和空间可以帮助博物馆讲述其故事，这种学习形式为观众提供了一种无法通过文字或基本阐释性信息获得的体验。博物馆工作人员在开展任何教育项目或活动时最重要的素质，莫过于能够灵活地适应观众的不同需求。全体博物馆工作人员应接受相应培训，以便适应不同观众的兴趣和能力水平，并将可及性的重要性放在首位。

博物馆工作人员可以调整现有的项目和导览活动，融入更多的探究和参与元素，而不是为残疾人群体创设全新的课程或项目。同时，工作人员应对项目的成功和失败进行观察和评估，辨识在各个机构中，哪些工作是有效的，哪些则是不可行的。正如通用设计的倡导者们所强调的那样，博物馆工作人员应该利用这些最佳实践方式与所有的观众建立联系。不论观众的年龄、能力和学习水平如何，他们都能从参与和实践学习中获得更多知识。更重要的是，这种学习方式比起传统课堂或活动的说教形式更受欢迎。

博物馆工作人员，尤其是教育工作者在融合通用设计、以实物为中心的学习和探究式学习来设计学习项目时，常常能够实现让所有观众都参与进来的效果。尽管许多人认为通用设计是最理想的选择，但博物馆工作人员仍然可以针对不同年龄层和能力层次的人设计特定的项目，以提升特定群体的现场体验质量。博物馆内在的发现和思考特质使学习过程更具互动性，也更容易为所有年龄和背景的人所接受。通过使用交互式和基于实物的学习方式，观众能够更加积极参与并融入博物馆的故事中。这是博物馆构建面向全体观众项目过程中不可或缺的一环，适度的调整将确保每一位观众都能够享受到有效的教育项目体验。

注释：

1 Gabrielle Wyrick, "All Together Now: Teens and Museums," *Journal of Museum Education* 39, no. 3 (October 2014): 231.

2 See for example, John Falk and Lynn Dierking, *Learning from Museums: Visitor Experiences and the Making of Meaning* (Lanham, MD: Alta Mira Press, 2000); George E. Hein, *Learning in the Museum* (New York: Routledge, 2005); Beverly Serrell, ed., *What Research Says About Learning in Science Museums* (Washington, DC: Association of Science-Technology Centers, 1990).

3 Charles Duhigg, *The Power of Habit* (New York: Random House, 2012).

4 L. A. Green and C. M. Seifert, "Translation of Research into Practice: Why We Can't 'Just Do It,'" *Journal of the American Board of Family Practice* 18, no. 6 (2005): 541–45.

5 Zoë Slote Morris, Steven Wooding, and Jonathan Grant, "The Answer Is 17 years, What Is the Question?: Understanding Time Lags in Translational Research," *Journal of the Royal Society of Medicine* 104, no. 12 (2011): 510–20.

6 Falk and Dierking, *Learning from Museums;* Hein, *Learning in the Museum*.

7 Jeffrey Pfeffer and Robert I. Sutton, *The Knowing-Doing Gap: How Smart Companies Turn Knowledge into Action* (Cambridge: Harvard Business School Press, 2000).

8 Duhigg, *The Power of Habit*.

9 See Mary Ellen Munley, "Early Learning in Museums: A Review of Literature," http://www.si.edu/Content/SEEC/docs/mem%20literature%20review%20early%20learning%20in%20museums%20final%204%2012%202012.pdf.

10 Munley, "Early Learning in Museums," 4.

11 See Katherina Danko McGhee and Sharon Shaffer, "Looking at Art with Toddlers," http://www.si.edu/content/seec/docs/article-artwithtoddlers.pdf.

12 Gail Lord and Ngaire Blankenberg, *Cities, Museums and Soft Power* (Washington, DC: AAM Press, 2015).

13 See Jay P. Greene, Brian Kisida, and Daniel H. Bowen, "The Educational Value of Field Trips," *Education Next* 14, no. 1 (Winter 2014), http://educationnext.org/the-educational-value-of-field-trips/.

14 K. Moore *et al*., Child Trends Research Brief #2009-11, April 2009, http://www.childtrends.org/wp-content/uploads/2013/11/2009-11ChildreninPoverty.pdf.

15 Moore *et al*., Child Trends Research Brief #2009-11.

16 Betty Hart and Todd Risley, "The Early Catastrophe," *American Educator* (Spring 2003); and Betty Hart and Todd Risley, *Meaningful Differences in the Everyday Experience of Young American Children* (Baltimore: Brooks Publishing, 1995).

17 Institute for Innovation and Social Policy, *Arts, Culture and the Social Health of the Nation*, 2005.

18 Center for the Future of Museums, *Museums & Society 2034: Trends and Potential Futures*, 2008. American Association of Museums.

19 *Dewey21C* blog, "National Endowment for the Arts Survey of Public Participation in the Arts," https//www.arts.gov/publication.

20 Center for the Future of Museums, *Museums & Society 2034*.

21 Just 43 percent of New Yorkers reported going to museums in 2000. Marque-Luisa Miringoff, Sandra Opdycke, and Marc Miringoff, *Profile of Participation in Arts and Culture*, Fordham Institute for Innovation in Social Policy, 2001.

22 Geoffrey Lewis, "The Role of Museums and the Professional Code of Ethics," in *Running a Museum: A Practical Handbook,* ed. International Council of Museums (Paris: ICOM, 2010), 3.

23 Samuel Kirk, *Educating Exceptional Children* (Boston: Houghton Mifflin, 1962), 263.

24 Rosa's Law, Public Law 111-256, 111th Cong., 2d sess. (October 5, 2010).

25 Disability Resource Agency for Independent Living, "Disability Awareness Sensitivity Training Presentation," www.cfilc.org/.../Disability%20Awareness%20Sensitivity%20.

26 Americans with Disabilities Act of 1990, Public Law 101-336, 101st Cong., 2d sess. (July 26, 1990), 104 Stat. 327.

27 Vicky Woollard, "Caring for the Visitor," in *Running a Museum: A Practical Handbook*, ed. Patrick Boylan (Paris: International Council of Museums, 2010), 105.

28 American Association of People with Disabilities and the Employment Practices and Measurement Rehabilitation Research Training Center at the University of New Hampshire, *2011 Annual Disability Statistics Compendium* (Durham: University of New Hampshire Institute on Disability, 2011).

29 Department of Justice, Disability Rights Section, "Maintaining Accessibility in Museums," http://www.ada.gov/business/museum_access.htm.

30 The Center for Universal Design, "About Universal Design," http://www.ncsu.edu/ncsu/design/cud/about_ud/about_ud.htm.

31 Janice Majewski, "Smithsonian Guidelines for Accessible Exhibition Design," Washington,

DC, Smithsonian Accessibility Program, http://accessible.si.edu/pdf/Smithsonian%20 Guidelines%20for%20accessible%20design.pdf.

32 Majewski, "Smithsonian Guidelines for Accessible Exhibition Design."

33 Universal Design Consultants, Inc., "What Is Universal Design?" http://www.universaldesign.com/about-universal-design.html.

34 Council for Exceptional Children, *Universal Design for Learning: A Guide for Teachers and Education Professionals* (Arlington, VA: Council for Exceptional Children, 2007), 3.

35 Council for Exceptional Children, *Universal Design for Learning*, 32.

36 Much of this information is adapted from the author's book *Programming for People with Special Needs: A Guide for Museums and Historic Sites* (Lanham, MD: Rowman & Littlefield, 2014).

第十章 学习项目的规划

本章将主要围绕三个问题讨论学习项目：如何将学习项目纳入观众体验，如何在学习项目中使用现有和新兴的工具和技术，以及如何在博物馆学习的总体框架下开发学习项目。第一节以藏品的基本问题作为切入点，萨沙·普里维博士重新探索了如何在博物馆学习的教学方向下，将藏品用于新的学习项目。

在本章的第二节，安德烈·萨克森讲述了自己在剑桥“实验室”科学博物馆的工作经历，这一项目也是巴黎非常成功的“实验室”项目的分支之一。这场体验式实验性学习项目“文化展览”被描述为一个不断变化的过程，永远处于“未完成”状态，而在这一过程中，观众能够体验、回应并最终影响展览。凯瑟琳·莫里诺在第三节中通过分析阐释性规划（interpretive planning），扩展了关于在展览中学习的讨论。她的观点在北达科他州遗产中心吉尼娜·赫瑟的案例研究中得到了积极印证，该中心最近成功地开发了一个全新的展览项目。

对于任何一本探讨博物馆学习的著作来说，若未提及与增强观众体验相关的工具和技术，那么其内容的完整性将大打折扣。在本章的最后，来自荷兰 Pier K 文化中心的夏伊洛·菲利普斯详细介绍了这些工具和技术，并探讨了如何创造性地利用它们，以便更有效地服务于博物馆学习。菲利普斯强调，使用工具和技术并非目的本身，而是提升博物馆学习中观众体验的促进剂。作为本书正文部分的收尾，她为博物馆专业人员提供了一些实用建议，帮助他们根据具体情况选择合适的工具和技术。此外，她还展望了博物馆未来几年学习工具和技术的发展趋势，同时再次强调，技术仅仅是实现目的的手段，采用任何技术的最终目的都是为了提升观众的体验和深化学习过程。这一理念是规划博物馆学习时必须遵循的最重要原则。

博物馆学习中的藏品使用

与其他学习场所相比，博物馆的独特之处在于它为观众提供了与“实物”接触的机会。藏品的教育力量是 19 世纪公共博物馆兴起的主要原因之一。[1] 在观众与藏品接触的过程中，无论是在展览、保存还是阐释的阶段，藏品都被赋予了至高无上的地位。然而，这种接触不应被贬低为一种简单的、盲目的崇拜行为，而应该将不同类型的观众以及他们的学习需求和要求都考虑在内。博物馆创造了一种以藏品为媒介的参与方式，而博物馆的任务正是在藏品与观众之间建立交集。这样的交集在正式和非正式学习环境中都有可能发生（详见本书第六章）。

本节讨论了不同类型的藏品可能带来的不同程度的参与方式，并对展览中的藏品（包括借展中的展品）、库房保管中的藏品以及和在线可访问的藏品进行了区分。首先，我们将对藏品进行概述，并评估观众规模对参与方式的影响，包括展览中的藏品数量和观众在藏品面前停留的时间。在评估过程中，藏品的状态（即在展中、保管中或在线可访问）将作为重要的参考因素。

什么是藏品?

《国际博物馆协会博物馆职业道德准则》对藏品的定义极为广泛，它将“物质及非物质自然、历史和文化遗产”的管理纳入博物馆的职责范畴。[2] 其中，文化遗产被定义为“任何被认为具有审美、历史、科学或精神意义的事物或概念”，自然遗产被定义为“任何被认为具有科学意义或作为精神表现的自然事物、现象或概念”。根据以上定义，藏品可以涵盖各式各样的对象，包括动物等活体藏品（living collections）、动态藏品（working collections，国际博协将其定义为“强调保存文化、科学、技术过程而非实物，或因教学及触碰等目的需要被组装的实物或标本”）、原生数字藏品（born-digital objects），以及诸如音乐、文学、舞蹈等非物质藏品。博物馆学习需要根据藏品特点采用专门的方法，因此了解这些藏品类型之间的差异非常重要。但也有一些普适性的概念能适用于所有藏品，下文将对此进行讨论。

盖尔·洛德和巴瑞·洛德提出了更加以目的为导向的藏品分类[3]：

■ 展示藏品；

■ 研究藏品：其中的一些藏品也可能会被展示，但大多数都保管在库房中，主要用于比较或分析研究；

■ 储备藏品：包括待修复后分配给前两类的藏品、等待入藏或退藏的藏品以及计划调拨或交换的藏品；

■ 演示藏品：包括用于实际操作、演示、科学实验的物品，它们可以在日常使用中发生自然损耗，不需要遵循与其他类型藏品相同的保护原则；

■ 图书和档案藏品。

尽管这些类别之间可能存在重叠，但它们反映了博物馆可以根据特定的学习目标来组织藏品。不同的藏品类别也指示了不同的获取方式，这要求博物馆管理层做出战略决策，对现有藏品进行分类或征集新藏品。

实施此类决策需要投入资源。因此，为了最大限度地发挥藏品的潜在学习价值，博物馆需要做出制度性的承诺。这可以通过制定与学习活动相关的收藏策略来实现。

观众的规模是决定参观程度和与藏品接触深度的另一个因素。藏品的使用方式取决于学习者的需求和学习活动的目的，这也将影响藏品陈列的数量和观众与之接触的时长。[4]

如图 10.1 所示，普通公众是参观人数最多的群体。他们可能会与大量陈列展示或可视化库房中的藏品相遇，但在每件藏品面前的停留时间很短，并且可能很少或者甚至根本没有机会触碰它们。为了促进这类观众的参与度，需要进行有效的阐释性规划、精心的策展、创意设计和丰富的活动编排，营造一个鼓励学习的环境。

第二层级的参与则涉及规模较小的团体，这类团体往往是基于特定兴趣而形成的。他们可能会在每件藏品前花费更长的时间，但与之相对的，他们很有可能会比普通公众看到的藏品数量要少。这类体验一般通过商店参观、讲座、专题课堂（gallery talks）、触摸式活动（handing sessions）以及其他类型活动进行。在这些互动体验中，参与者将有机会与讲解员或

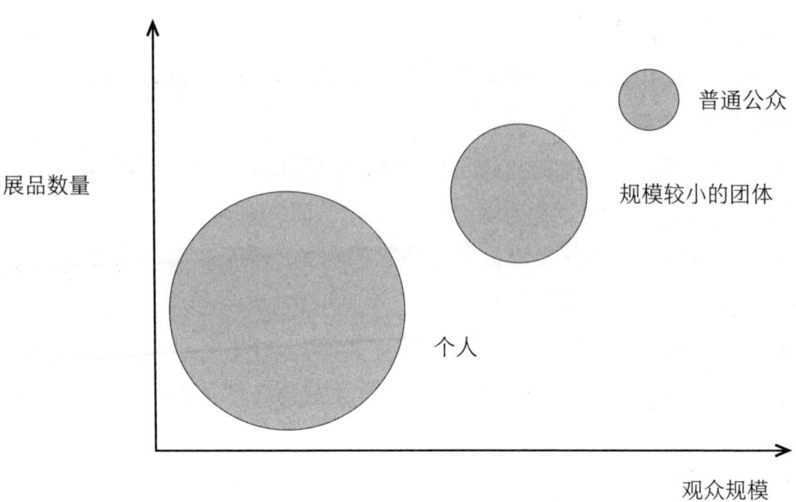

图10.1 受众群体规模和参观时长
圆的大小反映了观众在每个藏品面前停留的时间。图片来源：苏珊娜·基恩（Suzanne Keene）、艾莉丝·史蒂文森（Alice Stevenson）和弗朗西斯卡·蒙蒂（Francesca Monti）等编著，《为人民而收藏：作为公共资源的博物馆藏品》（*Collections for People: Museum's Stored Collections as a Public Resource*），伦敦：伦敦大学学院考古学院，2008年，65页

策展人等专家直接对话。

单个研究者在个体层面的互动，构成了第三层级的参与，即个人参与。在这种参与中，研究者、艺术家、志愿者或对收藏感兴趣的普通观众不仅有机会与少量藏品进行一对一互动，在每件藏品面前长时间停留，还能够亲手触碰，并与策展人进行比常规会话更为深入的交流。对于策展人来说，这样的参与形式是进行知识共享、建立知识网络的好机会；但对于博物馆来说，这意味着较大的资源投入，包括提供专门的学习室、安排展品搬运以及配备专业人员现场指导观众触碰展品等。

无论参与形式如何，博物馆都必须提供满足各种观众学习需求和要求的藏品。鉴于观众背景和规模的多样性，展览的设计和实施往往更具挑战性也更复杂。对于研究者个人或较小规模的团体，他们的学习需求可以通过对话进行探讨并得到直接满足。然而，关键在于如何在个人或团体层面（例如家庭观众）创造更多的互动机会，从而为观众提供最有益的藏品使用体验。

陈列、保管和在线的藏品

陈列、展览和博物馆

根据格雷厄姆·布莱克（Graham Black）的理论，展览及其相关活动的主要作用是“使观众直接参与和收藏相关的活动，通过这种方式，吸引他们的注意力，维持其关注度，并促进深入的思考、交流以及对意义的探索”[5]。需要注意的是，在展示空间内的大部分互动往往受到博物馆对展品预先筛选和解读的影响。博物馆的工作人员在此过程中充当了把关者的角色。然而，这种影响可以通过更加以观众为中心、顺应 21 世纪学习理念的友好方式来减少（详见本书第五章）。[6]

这些考虑从阐释性规划出发，为藏品选择和观众参与提供了基础（详见本书第九章）。在规划阶段需要解决的一个重要问题是，展览如何与博物馆的目标观众产生共鸣。一个展览与博物馆观众有何相关性？为什么一个古代文明考古主题的展览对今天的观众来说是有意义的？如果博物馆能为观众提供创造个人相关性的机会，他们就更有可能在展览中进行更深层次的参与。

藏品参与的设计选择

陈列设计建立在阐释性规划之上。设计选择对有效学习的重要性不容忽视。[7]设计不应只交给设计师负责，而是需要整个展览团队的共同努力，最理想的做法是通过形成性评估（formative evaluation）对观众进行测试。陈列的密度不同，设计选择也应有所区别。以可视化库房为例，藏品通常被密集地陈列在库房里，很少附有阐释性内容，有些甚至被隐匿在抽屉里。这种陈列的目的是让观众看到尽可能多的藏品，但博物馆还需要考虑如何为藏品提供更多的信息，以确保这些藏品在智识上易于被理解。在博物馆及各类展览中，影响观众参与度的设计选择可能包括以下内容：

■ 藏品位置：指一件藏品在展览中的位置以及摆放方式，是单一展示还是群组式展示，这些都表现了它在这个展览中的重要程度。

■ 前景：当观众在博物馆中走动时，前景可以引导和吸引观众的视线。

■ 群组式展示：与藏品的单一展示方式相比，根据主题或类型将多件藏品以群组的方式进行展示，可以为藏品增添展示情境，提供总体性的定义。

■ 创造情境：为展示的藏品设定一个情景或主题（如在展厅中搭建一个墓穴的场景），使用背景图片、声音景观和其他辅助工具，可以为藏品创造情境，成为吸引观众的有力手段。

■ 减少干扰：在观看藏品时，观众是否会受其周遭环境设计的影响？

■ 社交互动区：很多时候观众会围绕藏品展开对话，这种对话也是一种博物馆学习的体现。藏品附近的空间是促进还是限制了这种群体性的讨论活动？

■ 多元化观点：展览作为观众与藏品相遇的媒介，其陈列方式是否有效地激发观众表达自己的观点？随附的文字说明是否启发了观众的思考？博物馆是否提供了观众反馈的途径？

■ 活动区：除了社交互动区外，博物馆中是否有可以开展学习活动的区域？

■ 舒适度：可以考虑在博物馆中放置可供观众稍作休息的椅子或长凳。

■ 藏品说明牌：博物馆必须将说明牌置于相关藏品附近，这些说明信息应以清晰易懂的文字表达，字号应足够大，并符合通用设计原则。

除了这些设计选择，博物馆还可以通过以下工具增强观众与藏品在展览中的互动体验：

多感官参与：自 19 世纪以来，博物馆在减少触觉等感官参与的同时，愈发强调视觉体验，这一现象引发了诸多讨论。[8] 近年来，博物馆试图通过触摸等方式为观众创造参与机会，同时得益于为视障人士提供无障碍服务的法律规定，这一进程得以加快。[9] 然而，体验是多模态的，大脑积极寻求认可或反驳现实的内部表征方式本质上是多感官的。[10] 尽管博物馆内的多感官学习体验并不像人们所期望的那么多，但科学中心和科学博物馆长久以来在互动展览方面的经验不容忽视。至少在学习数学、语言和阅读方面而言，多感官学习的优势明显：它可以提升学生的参与度，改善阅读测试表现，提高数学能力，增强多任务处理能力，增进母语和外语水平，以及增强记忆能力。[11] 因此，博物馆及其观众都能够从多感官互动设计中获益，并重塑所谓的“博物馆感官层次”（museum’s sensory hierarchy）。[12]

基于实物的学习（object-based learning）：与多感官参与相比，人们对触摸（touch）和基于实物学习的研究更为深入。19 世纪，博物馆向公众开放程度提升，代价却是禁止观众触摸藏品。如今博物馆开始重新重视这种“触摸”的作用。研究表明，触摸藏品可以带来更积极、更有效的学习体验，并对记忆产生更持久的影响。基于实物的学习能提升沟通、组织、时间管理和独立思考等技能，这些都是在 21 世纪学习倡议中提倡的核心技能。博物馆中的实物（藏品）为人们提供了连接过去与未来的有形纽带，可以丰富学科知识，特别是那些以实物为基础的学科。此外，基于实物学习的优势不仅体现在高等教育中，也延伸至基础教育乃至终身学习。基于实物的学习是通过观看和直接观察实物而进行的思想与实践的双重参与，因此对那些从其他渠道（比如书面方式）获取信息有困难的人来说尤为有益，正如《通过文化学习》（*Learning through Culture*）一书所指出的，实物具有多种功能，可以：

- 激发创造性工作；
- 增强视觉感受；
- 帮助发展技能；
- 通过直接接触增进知识和理解；
- 提供不同的工作方式；
- 提供个人关联性；
- 激励学习，包括对传统的学习方法不感兴趣的儿童；
- 提高参与和互动的程度。[13]

大英博物馆的“动手柜台”（Hands On desks）就是基于实物学习的一个极佳的实践案例。这些柜台由志愿者负责，为观众提供了直接触摸藏品这一难得的机会。尽管在 2014 年参观总人数高达 6800 万的背景下，只有 235 366 人（其中成年人 176 031 人，儿童 59 335 人）实际触摸了柜台上的藏品，但研究表明，触摸藏品后的观众在展厅中的停留时间明显增加，他们在展柜前的平均停留时间达到了 5 分钟或更长，而在普通的展览中，这一数字通常不超过 3 分钟。对于大多数观众而言，“动手柜台”给他们提供了首次与博物馆藏品亲密接触的机会。[14] 这种亲身接触的方式也向观众传递了博物馆对他们的信任，进一步强化了博物馆与观众之间的良好关系。

位于伦敦的霍尼曼博物馆在五十多年前就建立了藏品体验展柜，并于十多年前设立了一个实物学习展厅，名为“动手基地”（the Hands On Base）。这个展厅拥有约 3700 件藏品，涵盖了该博物馆的所有藏品类别。在志愿者的协助下，每年有超过 6 万名观众通过触摸、嗅闻、聆听以及观赏的方式与藏品接触。基于实物的学习是一种自主学习方式，但也可以融入预定的课程中。霍尼曼博物馆“动手基地”的特别之处在于，它打破了人类学乐器藏品和自然历史藏品之间的学科界限，为观众提供了一种独特的跨学科体验。

展览活动和正式学习：常设展览在开幕若干年后可能会变得陈旧，定期举办活动则能为其注入新的活力，同时也能充当实验各种策划理念的试验场。在展厅中举办讲座、提供触摸藏品的机会以及开展创意活动都有助于实现这一目标。维持新鲜感对于吸引观众至关重要。展厅及其他展示空间亦可成为学校和高等教育机构开展正式学习活动的场所。

博物馆活化者（gallery enablers）：博物馆藏品的活力不仅来自观众之间的互动，还体现在观众与博物馆工作人员之间的交流。因此，观众可以通过与讲解员、志愿者、策展人、保管员和保安人员的直接对话，以及实景演绎历史名人、博物馆小剧场等方式，增强与馆藏品的互动。为确保博物馆藏品能够得到充分利用，提升学习活动的质量，博物馆必须重视员工的培训需求，确保能从展览的各个方面最大限度地为学习活动提供支持。

手持设备：尽管传统的语音导览设备尚未完全退出舞台，但它们已经被多媒体导览和其他手持设备所取代，尤其是个人移动设备。这些设备能够鼓励观众与藏品进行多层次的互动，这也正符合观众们的期望。

藏品保管：与使用展示藏品相比，接触和学习那些被保管在库房中的藏品更为不易。博物馆建立了严格的库房管理制度以确保藏品安全，即便是博物馆工作人员也不是人人都能接触它们。可视化库房能够扩大藏品的可及性，但正如上文所述，它本质上仍需遵循与其他展厅和展览相同的基本原则，即尽管参观藏品库房具有可行性，但这通常更适合小规模团体或个人参观。藏品在线资源库正在日益成为研究藏品的有效资源。

在博物馆的实践中，除了常规的展示，还存在着将藏品用于研究目的而进行特别处理的机会。这些藏品通常已经完成登录手续，其处理和使用需要兼顾藏品的长期保管和其他保护需求。尽管存在诸多要求，但接触藏品与基于实物的学习相比，具有同样的好处。例如，艺术史专业的学生在接触藏品时，会从常规的 3D 近距离视角进行观察，感受材料的质地和藏品的重量，并有机会观察到难以在图像中辨认的细节，这可以弥补以图像和理论为重点的学校课程的不足。诚然数字技术有其优势所在，但它是否有可能超越视觉图像，提供分析性参与以及实物学习所能提供的多感官体验，这一点目前尚未明确。不论所需资源的投入程度如何，所有博物馆，而不仅仅是高校博物馆，都应该努力将这些体验以更系统的方式融入其服务中。

在线参与：随着数字化进程的加速，藏品数字化已成为博物馆发展的基础。数字化学习和在线学习是一个不断发展的领域，藏品也可能成为其中重要的一部分。尽管藏品数字化一直是一个热门话题，但如何利用数字化藏品进行实物学习仍不够明确。对于研究人员而言，在线馆藏目录是一种优质资源，但如何最大化其利用率仍需进一步探索。一旦博物馆的藏品实现数字化并公开上线，这些藏品便能以不断扩展的新方式更便捷地被共享、比较、查询和交叉引用。某些类型的藏品，如声音、口述历史、电影等非物质藏品和原生数字藏品，相对容易进行数字化处理。目前，人们仍然认为直接的实物体验比数字互动更为重要和有效。但随着科技的发展，这一观念也可能会发生变化。

结论

本节强调了在学习活动中与藏品直接接触的重要性。这些活动主要在展厅及其他展示空间中进行，但也可以延伸至藏品库房中。博物馆已为观众提供了丰富多样的参与性活动，此处所列举的实例仅为九牛一毛。同时，数字领域也应被视为博物馆学习中使用藏品的一个重要空间。

博物馆无论开展何种活动，都必须对其进行评估，以确定观众的要求和需要是否真正得到满足。这与快节奏的生活方式、不断变化的学习环境，以及尝试新的活动以不断改进博物馆以实物为基础的学习愿景不谋而合。

文化展览：支持“创作中”文化的博物馆模式

在本节中，我将从自身角度出发，探讨博物馆如何采用一种“创作中”的思维方式构建新的学习规范。这些思考基于我在剑桥“实验室”科学博物馆的工作经历。这是一个位于马萨诸塞州剑桥市的文化中心，旨在促进跨学科对话和广泛的公众参与创作过程。首先，我将重点介绍我们的展览方式，“实验室”科学博物馆的创始人大卫·爱德华兹将这一概念称为“文化展览”（cultural exhibition）[15]。

引言：未完待续……

艺术家在自己的工作室中不断地进行假设、试验、协同工作、材料探索，并持续起草和修改。在艺术家的“实验”完成之前，这些努力的结果都是未知的。在科学实验室里，我们也能看到许多与之类似的工作。虽然社会在诸多方面人为地划分了不同学科之间的界限，但如今的文化机构越来越多地回归文艺复兴或包豪斯学派的思想[16]，即实验、创造性探究、合作这些普遍过程，比材料、技术或学科之间的细微差别，更受关注和重视。然而，当涉及当代博物馆时，作为面向公众传播文化产品的主要载体之一，其工作内容往往在不同的学科框架下存在着巨大的分歧。比如说，“艺术博物馆”这个词往往让人们联想到摆放在基座上的艺术品，旁边还会醒目地放着一块“请勿触摸”的警示牌；而科学博物馆通常被视为实践版的学校，人们可以通过实际操作来学习和内化概念；儿童博物馆和动物园提供了一种基于探索的学习方式，这种轻松且简单的体验，即使是年幼的观众也能够参与其中。虽然这种分歧可以被视为不同学科之间交流和呈现方式的差异，但我们也可以将其中的一些文化机构视为展示“已经完成的作品（比如文物）”以供公众观赏和解读的平台，而另一些则将其展览作为“创作中的作品”，邀请公众参与、重新混合和继续创造。这就好比在一段陈述的末尾写下句号或省略号，前者意味着结束，而后者则激发了好奇心、疑问，并发出进一步探索的邀请。

这种“创作中”的模式已经在许多博物馆和文化中心中以各种方式、不同程度地得到了应用。例如，旧金山科学探索馆和都柏林科学美术馆等机构积极吸纳了科技馆所特有的互动性和参与感，为观众提供了类似儿童博物馆中常见的进行好奇探索的机会，并融合了艺术博物馆的藏品、陈列和技术。尽管这些机构将不同学科的藏品都纳入其中，但它们几乎在所有事务中都保持着一种“创作中”的心态，鼓励公众与其藏品互动，发掘正在展出作品的新用途,并邀请公众参与藏品与全球更广泛领域的持续对话。

自 2008 年以来，这种“创作中”的心态在法国巴黎的“实验室”科学博物馆得到了进一步发展。该中心由哈佛大学教授、作家和发明家大卫・爱德华兹创立，以“艺术科学”的概念为框架，强调美学和分析性思维的结合是跨学科创新工作的核心要素。[17]2014 年，“实验室”科学博物馆的国际中心迁至美国马萨诸塞州剑桥市。我们致力于将剑桥“实验室”科学博物馆打造成一个“创意孵化器”，鼓励积极的创新者和公众将他们的优秀创意转化为“创作中”的设计。剑桥“实验室”科学博物馆的明确使命是开展跨学科工作，吸引不同年龄层的公众参与到学习活动和创意活动中来。观众可以选择在夜间参观展览，也可以参加季度公共讲座和年度教育活动。“实验室”科学博物馆里甚至设有餐厅和酒吧，观众可以在这里体验烹饪艺术的创意和创新。

该中心之所以被称为“实验室”，是为了表明它是一个探究和持续实验的空间。该中心的展厅部分不仅是用于观看和观察的环境，更是一个生产和参与的场所。秉承“实验室”这一主题，工作人员将与跨学科创新者的合作以及由此产生的展览称之为“实验”。这里本质上是一个学习空间，文化产品和体验在此不断地生发。这种将“创作中”的工作呈现出来并允许观众成为催化剂的模式，将为博物馆学习带来新的范式。

怀疑论者的天堂：文化展览中的公众参与

21 世纪初期和中期博物馆被视为“最值得信赖的客观信息来源之

一”[18]，与此概念不同，“实验室”科学博物馆通过一系列公共活动、互动工作坊和教育体验，邀请公众秉持着好奇的心态对展出概念和阐释内容提出质疑。该中心的活动不仅展示了来自不同学科的思想家们共同探讨的观点和问题，还涵盖了与“新手”创新者（包括从初中生到硕士生）的互动。这些展览常常以如下框架问题作为开端：恐惧会遗传吗？声音和健康之间有什么联系？感官体验有哪些新的发展方向？通过展示这些问题引导下的长期协作成果——“思考中的想法”，我们为公众提供了参与的机会。从另一方面来看，普通公众也可以为这些呈现出来的想法的未来迭代做出贡献。爱德华兹将这一方法称之为思想（ideas）与文化产品（cultural artifacts）的文化展览[19]，他解释道：

> “实验室”科学博物馆是在科学实验室的总体框架下发展起来的，但与传统实验室不同的是，这个新的实验室是为了测试和发展视觉艺术、表演艺术和设计方面的想法。它将通过一种同行评审的过程来展示这些创作中的作品，并尽一切所能将这些创意进一步地转化为文化、商业、教育和人道主义的实际效益。[20]
>
> 正如《科学进步》（*Scientific Advances*）的创刊号所分享的创造性过程只能被少数专业人士轻松理解那样，艺术科学实验室的文化展览首先在较为私密的环境中向公众展示创意，而后随着创意的发展，逐渐扩大空间的可及性。[21]

近日，哈佛大学的两名本科生瑞秋·菲尔德（Rachel Field）和艾米·尹（Amy Yin）对感官参与的新方向进行了探索。他们是爱德华兹在哈佛大学开设的名为“如何创造出有意义的事物”（How to Create Things and Have Them Matter）课程的学生。在这个项目中，他们与爱德华兹、实验室调香大师奥利弗·佩斯肖（Oliver Pescheux）以及咖啡大师瑞安·斯皮诺格里奥（Ryan Spinoglio）合作，设计了一款名为 oPhone 的产品。这款产品能让用户像发送短信或电子邮件一样，在不同地点间传递气味。[22]早在这款产品还处于原型阶段时，“实验室”科学博物馆就利用这项技术发起了“嗅觉计划”（the Olfactive Project），这个计划提出了一个设想：

如果我们能够通过气味组成的文字进行交流，是否可以更好地传递某些情感和体验，并跨越语言、文化甚至物种的传统障碍进行分享？这一想法吸引了艺术家、设计师、科学家和调香师的兴趣，他们共同探索这一新技术的可能性，并创造了一种“虚拟咖啡”的体验。用户可将他们最喜欢的咖啡的味道，比如榛子咖啡、巧克力咖啡等，录入到手机应用程序中，然后将这种味道的“气味信息”发送给远在数千英里之外使用该程序的另一位用户。由于该项目在开发初期就已经面向公众展示，所以外部的观众能够分享他们的体验，为产品的不同应用提出建议，甚至贡献新的口味和气味创意。“嗅觉计划”的文化展览过程并非单向地向观众提供权威的信息，而是邀请他们参与到项目的持续发展中来（见图 10.2）。

后续的头脑风暴和众包化建议为新产品的应用汲取了丰富的灵感，包括气味集成的服装、书本和音乐。公众意见也在最新的展览中发挥了重要的作用。该展览名为“记忆：无法想象的见证”（*Memory: Witness of the Unimaginable*），它成功运用了 oMedia 平台（oPhone 的升级版），将气味交响乐与协调的音乐作品相结合，探索声音、气味和记忆的相互作用（见图 10.3）。该展览于 2015 年春季开幕，“实验室”科学博物馆再次邀请

图10.2　巴黎“实验室”科学博物馆的“嗅觉计划”（©Raphael Cei）

图10.3 “记忆”展览中的观众通过oPhone设备嗅闻调香师克里斯托弗·劳达米尔调制的香气（©Joel Veak）

观众参与公共活动，旨在鼓励对话，展示机构之外开发的气味项目，并提倡 K-12 年龄段的年轻人就感官体验如何影响记忆提出自己的看法。“实验室”科学博物馆也希望通过这类跨学科展览，为观众提供参与式的体验。

当然，这一项目并没有随着展览的开幕而告一段落。在展览过程中，对最初方案的修补、重组和不断迭代是必不可少的。我们需要并期待进一步的探究和假设，因此必须为持续发展留有余地。基于这些理论，“实验室”科学博物馆将“创作中”的心态逐步延伸至展览导览、学校参观、教育研讨会以及展览的其他公共项目中。

在“实验室”学习：通过观众参与以重塑文化体验

在推进展览项目的同时，我们开始构建一个遵循以下原则的国际教育网络[23]：提高效率和参与度，建立一种探究的文化，帮助年轻人发掘兴趣和培养设计技能，并倡导跨学科的工作方式。这项工作植根于创客运动（Maker Movement）、设计思维、艺术教育和基于问题的学习。2014 年，在剑桥“实验室”科学博物馆创立伊始，我们发现了将文化展览模式与以下原则相结合的契机。

参与：每位观众都是参与者

在《参与式博物馆》(*The Participatory Museum*)一书中，作者尼娜·西蒙写道，文化机构可以通过“邀请观众成为主动参与者而不是被动消费者”，并满足观众能够围绕其内容进行“讨论、分享和重构自己的认知”的期望，来展示其与当代文化的相关性。[24] 虽然这种方式在正式学习环境中有着悠久的历史，但像创客运动这样新兴的教育行动更能明确指出创造参与性环境所需的语言和核心策略。

创客运动兴起于 2005 年，由美国杂志《爱上制作》（*Make*）首次提出这一概念。随着时间的推移，创客运动定义的具体范围和原则根据资料来源不同而有所差异。普遍认为，这是一个由不同年龄、职业和经验程度的创新者组成的草根社区，他们渴望自己动手制作、修理和设计。一些创客还将分享、玩乐和给予等行为视为创客文化的主要原则。[25] 虽然许多创客技能已经被技术创新和当前公共教育的价值观所遮蔽，但在过去十多年中，“自己动手”的理念重新受到重视，已经获得了从媒体、资源乃至研究领域的广泛支持。哈佛大学“零点计划”（Project Zero）围绕创客文化的“坚持、实践和教学”[26] 进行了研究，发现创客运动在培养自我效能感和归属感等能力方面大有裨益。该报告还提出，“借助高质量的创客式学习体验，（接受创客教育的学生）或许能获得一种创客赋权感……一种对物体和系统在设计维度方面的敏感性，以及通过建造、修补、改造或搬运行为来塑造个人世界的倾向和能力”。[27] 在“实验室”科学博物馆的教育工作中，我们秉承着“每个孩子都是创客”的理念（这也是创客教育计划的口号[28]），不断探索各种方法，实现“每位观众都是参与者”的目标。

尽管许多图书馆和博物馆（尤其是科学博物馆）已经为观众提供了创客空间，但在“实验室”科学博物馆，我们努力将创客思维融入我们所做的每一项工作。我们相信“新手光环”，认为初学者能够从细微的差别中发现问题，找到那些可能被专业人士忽略的解决问题的新途径。因为这些颇有建树的专家往往会对自己的工作领域有着先入为主的观念，笃定什么是可能的，什么是不可能的。这种理念不仅体现在展品的陈列方式上，也体现在我们的学习活动中。一些博物馆参与式项目为观众提供了对已完成的作品进行反馈的机会，而“实验室”科学博物馆则是邀请观众参与作品不断演变的过程。这也与西蒙的参与式博物馆理念相契合，她将参与式项目描述为“支持多向内容体验”的项目，而机构则在其中“充当一个‘平台’，将内容创作者、传播者、消费者、评论者和合作者等多重身份的用户连接起来”[29]。这种类型的参与有助于所有年龄层的观众培养批判性思维、创造力等 21 世纪技能[30]，博物馆和图书馆等机构将其称之为“博物馆和图书馆的关键作用”。[31] 此外，博物馆和其他文化空间的参与式体验项目可以帮助观众建立起“创意自信”（creative confidence），正如 IDEO 设计公司汤姆·凯利（Tom Kelly）和大卫·凯利（David Kelley）所提出的，这种自信使人们“做出更好的选择，更容易朝着新的方向前进，以及……为看似棘手的问题找到解决方案”[32] 的能力。虽然培养创客能力、创意自信和其他 21 世纪技能似乎并不是博物馆学习活动的传统目标，但我们认为，将创客的创意思维方式引入博物馆学习，能够让博物馆观众（无论年龄大小）参与真实的创意体验，有助于他们找到自身与在他们面前的文化产品的相关性。

探究：对范式发起质疑

基于约翰·杜威的哲学思想，博物馆和其他学习机构多年来一直积极推动互动学习模式转向探究式学习模式。约翰·R. 萨弗里（John R. Savery）认为：“探究式学习始于发现问题，然后寻找解决方案，在收集和理解信息的过程中产生新的知识，接着讨论自己的发现和体验，并对新的知识进行反思。”[33] 例如，美国视觉思维策略公司会通过抛出一系列问题来引导观众理解艺术、讨论艺术，包括“这张画里面发生了什么？”“你看到了什么？是什么让你产生这样的联想？”“你还能在这张画中找到什么？”。[34] 随着这一理念受到了来自世界各地的博物馆、美术馆和社区教育工作者的广泛认可，探究式学习模式的前景和益处已经得到了充分的肯定。

除赋予观众（而不仅仅是策展人）构建意义的权利，并为初次接触博物馆藏的新观众提供切入点之外，探究式学习还有助于提高智力水平，培养社交能力。纽约现代艺术博物馆学校与教育项目助理总监丽莎·马佐拉（Lisa Mazzola）指出，探究不仅能让艺术品欣赏者获得知识，还能帮助他们培养观察、分析、社区协作与沟通的能力。[35] 作家兼教育家劳雷尔·施密特（Laurel Schmidt）解释说，在探究式学习环境中，老师向学生提出追问，实际上在扮演“拥有批判性思维的人在思考问题时，内心会呈现一种理性的声音”的角色，这种持续的探究性提问能教会孩子们以好奇心和健康的怀疑态度面对生活。

在剑桥“实验室”科学博物馆，我们将这一方法融入我们的博物馆教育活动中。我们不是直接询问观众对展览作品的看法，而是从开放式问题着手，比如“你注意到你面前的物品有什么特点？”“互相发送气味信息可能会有哪些好处？”。这些问题隐含了我们展览的核心思想，并引导我们在做任何事情时自然而然地进入“探究模式”。[36]

设计：设计文化

正如我在本节中所提到的，博物馆和其他文化机构不仅可以吸引观众协同设计他们的文化体验，还能让他们成为以设计思维原则和框架为主要内容的设计文化的一部分。在过去几十年里，这些原则和框架在教育领域广受欢迎。从参与式设计和以用户为中心的设计等方法的历史发展来看，设计思维不再专属于平面设计或产品设计等特定设计类型，转而着重于设计师在观察、互动和影响周围世界时使用的工具和视角。[37]IDEO 设计公司的总裁兼首席执行官蒂姆·布朗（Tim Brown）是这一观念普及的主要推动者，他认为设计思维是“一种以人为中心的创新方法，它从设计师的工具包中汲取灵感，将人的需求、技术的可能性和商业成功的要求整合在一起”[38]。借鉴创客运动的开源理念和策略，IDEO 设计公司开源共享了自己的创意和策略，包括其使用的聆听（hear）、创造（create）、交付（deliver）设计思维模型[39]，以及头脑风暴、观察和访谈等技能型方法。在 IDEO 的设计过程中，这些方法能够帮助多学科设计团队理解人们普遍存在的问题和需求，构想和起草这些问题的潜在解决方案，并最终推进解决方案的采用和实施。[40] 许多其他设计流程也借鉴了类似的原则和方法，比如英国设计委员会探索出的 4D 模型——发现（Discover）、定义（Define）、开发（Develop）、交付（Deliver），它在设计初期更加强调问题定义的重要性。[41]

设计思维已经在企业和社会服务行业中得到普及，如今也逐渐成为教育活动的重要内容。例如，美国的最新全国科学课程标准将工程设计能力和理论纳入其核心框架[42]，而像罗德岛设计学院发起的“STEM to STEAM”等倡议，正致力于将艺术和设计越来越多地融入国家现有的科学、科技、工程和数学教育计划中。[43]随着设计在教育和社会行业的重要性日益凸显，我们有必要思考如何将观众纳入设计过程，以提升博物馆的影响力。将观众与设计联系起来（如思考展品的陈列方式），探索博物馆工作对人类的影响，以及考虑展览设计的流程，可以拓宽文化体验的相关性和联系性。

跨学科：透过多棱镜看世界[44]

在“实验室”科学博物馆的大部分工作中，我们致力于为各专业领域的专业人士建立沟通和协作的平台。在此过程中，我们的首要任务是协助创作者提出强有力的质疑，发现彼此的联系，并在不同语言、科技以及世界观间架起桥梁。众多创新案例表明，全新的视角能够帮助我们找到之前未曾考虑过的解决办法。这种实践本身具有显著的优势，不仅促进了学科内部的协作，也强化了跨学科之间的合作，因此它正在被推广到更广泛的教育领域。

正如探险式学习（expeditionary learning）所提倡的，我们应该培养学生的好奇心，将学科研究与解决问题相结合，为学生提供富有挑战性和意外性的学习情境，让他们在亲身实践中认识到跨学科的价值。[45]像圣地亚哥高科技高中和IB课程这样的学习模式，因其卓越的跨学科教育工作而备受关注。[46]哈佛大学“零点计划”跨学科研究项目的专家们认为：“跨学科性犹如一面多棱镜，透过它，学生能够解读自己所生活的自然、社会及文化世界。”[47]

将这些概念置于博物馆环境中，一些学者认为，在众多学科孤岛般的大学博物馆中，开展跨学科工作不仅至关重要，也颇具挑战性。[48、49]也有部分学者意识到了跨学科研究有助于推动博物馆与社会的紧密合作。[50]就像我们正在重新构想的跨学科文化空间，我们也必须重思如何才能使这些不同文化空间的学习互相关联。

热爱：内在动机

长期以来，观众的参观动机以及如何吸引他们参与有意义的学习体验一直是博物馆领域的从业者和研究者关注的焦点。二十多年前，心理学家米哈里·契克森米哈赖（Mihaly Csikszentmihalyi）和作家金·赫曼森（Kim Hermanson）就曾告诫我们："如果博物馆没有外部手段来吸引观众的注意力，那么它就几乎只能依赖于内部激励（intrinsic rewards）。"[51] 他们还指出，能够激发内在动机（intrinsic motivation）的博物馆体验"会启发观众寻找他们自身关注点与展览之间的联系，并可能激发他们在离开博物馆后去创作艺术、探索科学"[52]。瑞卡·伯纳姆（Rika Burnham）和埃利奥特·凯基（Elliott Kai-Kee）在《在艺术博物馆教学：作为经验的演绎》（*Teaching in the Art Museum: Interpretation as Experience*）一书中指出，在艺术博物馆中，教育工作者的任务不仅是帮助观众理解他们面前的作品，还要促使观众"与之建立个人联系"。正如他们所言："我们知道，与艺术品的邂逅既是心灵的碰撞，也是思想的头脑激荡，而艺术品的学习也是如此。"[53]

"实验室"科学博物馆秉持着其创始人大卫·爱德华兹提出的"启发性设计"（aspirational design）理念，致力于构建一个由创作者的内在动力和个人热爱驱动，而非受限于客户或公司的外部愿望和需求的环境。[54] 这一理念从设计领域到教育领域的推广，有助于观众和学习者发掘个人兴趣。除了邀请观众以公开对话的形式分享他们对"实验室"科学博物馆中展示的主题的感受和共鸣，我们还通过一系列展览活动，引导观众构建自我意义，并尝试将展览创作者在协作过程中运用的技巧和思维过程融入他们的日常生活中。此外，我们还会鼓励观众从商业、教育或社交互动等角度，探索我们在展览中所提出的问题。

实践原理："实验室"科学博物馆的艺术教育

这一切在实践中是如何运作的呢？我们将"创作中"的思维方式纳入教育工作，并实施了上述策略——将个人热情和跨学科工作置于核心位置，将设计原则与探究式学习结合起来，并忠于我们对观众真实参与的追求。

以下是对在剑桥“实验室”科学博物馆举办的头两次展览中，我们所开展的学习活动的案例分享。

与声音亲密接触

“声乐振动”[55]是“实验室”科学博物馆的第十八个实验，由巴黎“实验室”科学博物馆创作，并于 2014 年 10 月移至其剑桥空间开幕展览中展出。这个沉浸式多感官装置邀请公众探索声带振动对人类健康与福祉的影响。这个项目始于一个框架性问题：我们知道健康状况会影响声音，但声音是否也会影响健康呢？[56]在展览中，观众将进入一个被称为“小礼拜堂”的昏暗房间，仔细聆听作曲家托德·马乔弗（Tod Machover）的声乐作品，进行一场听觉与心灵的冥想。然后，他们被邀请坐在双子座沙发椅（由设计师内里·奥克斯曼设计）的罩子下倾听自己声音的回响。这把座椅使用了超过 40 种材料，模拟女性子宫的声学特征，既能吸收声音，又能产生回响。最后，观众通过麻省理工学院媒体实验室未来歌剧研究小组开发的新技术 oRb，感受将自己的声音留在手中的感觉。该技术是一个嵌入电子元件的圆形白色陶瓷容器。当用户将它握在手中，它会随着用户的声调和音高而振动。

阴暗的小礼拜堂和装置中不时传出令人毛骨悚然的声音，如低语、嘶吼和其他难以辨识的杂音，这些对于成年观众来说极具吸引力，但对于青少年观众来说则未必如此。因此，我们必须设计其他形式的教育活动吸引青少年观众充分参与到“声乐振动”项目中。我们为 4—7 岁的儿童及其家长制作了一本紧扣展览主题的互动书，名为《嗡嗡作响》（*Things That Go BUZZ!*）。这本书引导小观众们回忆他们在日常生活中遇到的振动物体，使用他们的声音和书中内置的橡皮筋吉他进行创造性的表达，并尝试将他们喜欢的一些声音可视化（见图 10.4）。在创作这本书的过程中，我们并没有为小学阶段的观众“简化”这个展览的内容，而是希望他们能够挑战自己，参与到展览的核心概念中。

我们认为这本互动书在多个方面都体现了上文提到的一些主要教育手段（参与、探究、设计、跨学科和热爱）。这本书的主要目的是让儿童及其家人参与到唱歌和制造声音的活动中，帮助他们参与“混合”展览中所

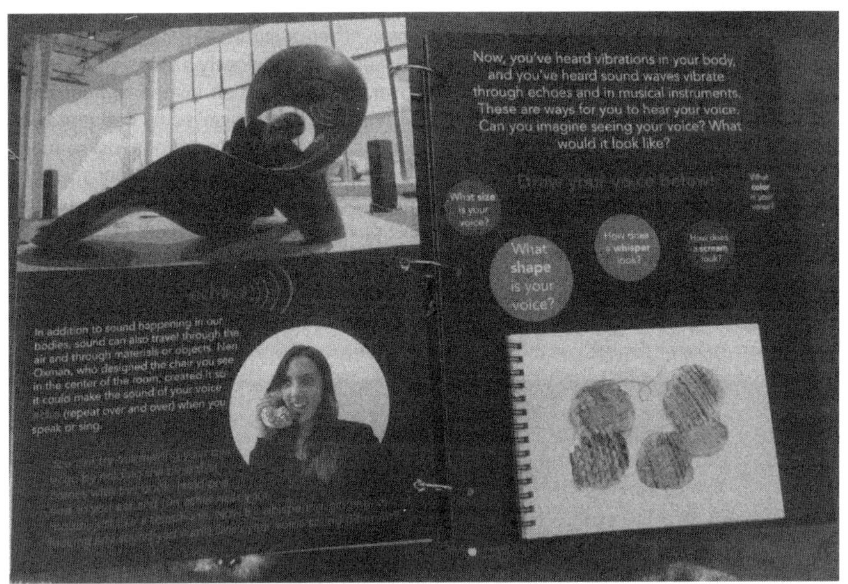

图10.4 专为“声乐振动”展览设计的互动式儿童图书

探讨的主题、艺术图式和声音，从而达成我们为观众参与展览所构想的核心目标。有一些问题贯穿着全书，比如“当你生病时，身体会发生什么变化？”“你能想象看到自己的声音吗？你觉得它会是什么样子？”。这些问题有助于帮助家长在同孩子一起参观展览时，向孩子提出启发性和延伸性的问题。我们使用了儿童友好型的设计理念来解释展览中艺术作品与声音和振动的关系，以及它们对人类健康与福祉的影响。这本书的跨学科性体现在不同艺术学科之间的联系，鼓励读者将展览中的形状、声音和概念内容与他们自己生活中可能遇到的例子联系起来。最后，通过邀请观众创作音乐和艺术，并将之与个人生活联系起来，本书也体现了对艺术的热爱情感和愿景的追求。

神经壁画：记忆的纸质电路工作坊

在剑桥“实验室”科学博物馆举办的展览“记忆：无法想象的见证”中，我们与作曲家达尼尔·彼得·比罗（Dániel Péter Biró）和大师级调香师克里斯托弗·劳达米尔（Christophe Laudamiel）合作，使用了我们团队在教育和展览工作中开发的创新设备 oPhone。比罗根据《希伯来圣经》中的一段话，用录制的地铁、篝火燃烧声等声音、人声和乐器创作了一段音乐作品。调香师劳达米尔以这个音乐作品为灵感，设计了一款定制香水。这款香水会在音乐表演时通过 oPhone 设备释放，营造出一种融合声音与气味的艺术体验。该展览以及更广泛的合作，体现了“气味对人类健康和精神的重要性越来越受到科学领域的关注”[57]，并帮助观众探索气味、声音与记忆之间的联系。

为了帮助年幼的观众（初中及以下年级）理解这个略显复杂的展览主题，我们邀请他们学习电路是怎样运行的，以及它如何转化为大脑神经网络电信号的传递方式。在工作坊中，小观众们首先通过一种类似“传声筒”的游戏来探索这一概念，他们在游戏中相互传递信息，随后将其与大脑中神经元相互传递信号的方式联系起来。[58] 接着，观众们根据要描绘的记忆进行分组，将这些记忆合作绘制成一幅壁画，并在壁画上添加香味材料，共同完成一幅结合多种感官体验的画作（见图 10.5）。最后，小观众们使用导电漆和 LED 电路贴纸（用于创建纸电路的表面贴装 LED）[59] 连接他

图10.5　“实验室”中的年轻观众们为一幅呈现大脑神经网络的多感官壁画提供图画与香味创意（图片来源：莫妮卡·齐姆）

们的“神经元”，亲眼见证了神经电路的点亮过程。

这个展览教育活动也体现了我们工作的核心教育方法。每位观众从自身经历入手，然后根据自己的记忆来合作创作壁画。他们将技术、视觉艺术、科学内容和气味结合起来，进行跨学科工作，培养设计技能。在电路探索过程中，他们运用了自己的“创客思维”，并回答类似“你认为记忆和气味是如何联系在一起的？”等开放性问题。将这些方法结合在一起，年幼的观众便能够以更适用于他们的方式与展览建立更深层次的联系，与“记忆”互动。

一起回家：把“创作中”的思维方式融入博物馆学习

在“实验室”科学博物馆之外，如何将“创作中”的思维方式融入博物馆的学习活动中呢？想要回答这一问题，我们需要回到上文所描述的五种教育方式：

■ 参与：在博物馆环境中创造性地思考设计互动的方式。这不仅限于学习活动，还包括展览本身。比如，与其为观众提供“预先设计好的”内容和脚本，不如让他们“自己动手”，尝试思考博物馆藏品陈列的技术和方法。在这一过程中，观众们将考虑如何为策展人、教育项目老师、展陈设计师等博物馆工作人员面对的真实挑战提供帮助，从而培养自己的“创意自信”[60]。同时，在可能的情况下，设计教育活动和观众学习框架，鼓励观众对展览中的作品和概念进行调整和重组。无论是在学习活动、博物馆咖啡厅、艺术商店，还是在工作的其他任何方面，都要以观众的创造和参与为中心。

■ 探究：从项目式学习（project-based learning）的相关经验，我们可以得知，与其从想要传达的内容入手来制定教育设计策略，不如想一想你希望观众在体验这个展览和活动时会思考哪些问题。一旦他们对这些大的框架问题有了深入的思考，他们的好奇心和求知欲就会被激发，从而促使他们进一步探索相关的问题。我们需要思考的是，如何激发提问、多元解读和调查研究，是否有资源可以帮助参观者探索他们感兴趣的问题。这里的资源可以是一些传统的展墙文字和印刷读物，也可以鼓励观众探索其他学习方式。例如，观众可以构想和制作原型，参与交流活动，或通过多感官体验来接收信息。博物馆应致力于为所有观众提供意想不到的问题和信息资源，以此营造一种探究的文化氛围。

■ 设计：有什么设计思维原则可以融入作品吗？除了平面设计和视觉传达，是否还可以围绕藏品策划一些活动、讨论主题或特别事件，让观众参与到设计思维和设计技能的培养中来？无论在何种类型的博物馆中，让观众参与定性研究、头脑风暴、访谈和快速原型设计等活动，都能帮助他们更深入地了解藏品的社会意义和幕后工作。

■ 跨学科：为了帮助观众从广泛且跨学科的角度体验博物馆的展览主题和内容，我们可以采取以下策略。首先，与博物馆传统范畴之外的专家和从业人员建立新的联系，他们可以提供新的灵感，填补博物馆工作人员的知识空白。同时，寻找那些对跨学科工作有浓厚兴趣的参展商、博物馆教育工作人员或公共项目合作伙伴。其次，为观众设计一些需要综合运用多学科知识才能得到最佳答案的问题，提供各种切入点和“透镜”（lenses）[61]，帮助观众将博物馆藏品与他们自身的兴趣和经历联系起来。博物馆还可以站在观众的角度，尝试用一种新的方式来看待藏品，或者学习博物馆核心内容之外的理论、技术和材料。虽然做到这一点需要大量的工作和投入，但博物馆最终将能以新的方式吸引观众，并扩大藏品的可及性。

■ 热爱：观众的热情、兴趣和动机是否会影响博物馆展览的设计和学习活动？如果是，观众是否已经意识到这一点？每个观众都会从自己的生活和经验中构建一个与博物馆收藏相关的关联网络，因此博物馆应保持足够的策略灵活性，以回应和适应观众对于博物馆参观的期许和个人化的好奇心。墙上的文字、人与人之间的互动、社交媒体传播以及在参观指南提出引导性问题，都有助于使观众明确这一意图。工作人员可以记录下观众的兴趣，并在制定未来的展览和活动时加以考虑。此外，博物馆可以设想一下通过何种方式与未来的观众分享他们的联系和关联，是面对面交流还是通过技术手段。总之，博物馆应以观众的参观动机和兴趣为规划中心，从而将静态的展览升级为博物馆与观众协同策划的鲜活且生动的体验。

总结：仍在创作中

本着可持续和不断迭代的精神，我鼓励大家将以上提到的想法和方法视为一个演进的过程，并把这些启发带回自身工作中去，参与我们一直以来致力于培养的探究、参与和设计文化中来。思考它们、琢磨它们、重新组合它们。考虑它们如何为你的机构所用。

阐释性规划：创造以学习为中心的体验

介绍

从本质上讲，阐释以观众为中心，在物质资源、精神思想与人类之间创造意义和建立联系。尽管自弗里曼·蒂尔登（Freeman Tilden）提出“遗产阐释六项原则”开始，阐释的方向并没有发生改变，但以观众为中心的新博物馆学的兴起、体验经济和博物馆教育学的发展已然影响了博物馆与观众交流的方式，同时也影响了博物馆的阐释性规划。阐释学会（National Association for Interpretation）将阐释性规划定义为“一种以使命为基础，在听众的兴趣和资源的内在意义之间建立情感和智力联系的交流过程”[62]。展览的阐释性规划需要考虑以下问题：我们需要传达什么意义？我们希望向谁传达？我们应该如何传达？[63]

正如博物馆已经制度性地将自己定位为“回应观众的需求和期待”的服务型机构，释展人（interpretive planners）也是如此。阐释性规划的重点不再是阐明策展人或科学家想要传达的关于文化和自然资源的信息，而是越来越多地将观众置于交流体验的核心位置。可以说，在这种强调体验的文化转向的背景之下，阐释性规划比以往任何时候都更为重要，因为这种转向更加强调了观众的声音、观点和学习动机，它们与博物馆想要传达的信息同样重要，甚至更重要。而展览构思、规划、开发和表达给观众的过程，与展览的实质内容也同样重要。如果观众要从他们的体验中获益，那么观众学习就必须在规划中发挥核心作用。

阐释性规划的过程如今也更倾向于以目标为导向，以便衡量和评估展览阐释的成功程度。鉴于观众学习方式的多样性，以及博物馆的情感和非正式学习环境，展览阐释的目标应考虑到这些现实情况。认知目标（观众学到了什么）、情感目标（观众可能会产生什么样的情感）和行为目标（对观众的行为产生什么影响）都应被明确界定并加以考虑，以便博物馆对展览阐释的效果进行评估，从而了解和测试展览阐释方法对观众的影响。[64]这种基于目标的展览阐释方法不仅强调传达内容的重要性，而且将重点放回了阐释本身，即创造难忘的体验、建立共同的联系、增进知识、提供对话的机会，以及转变态度或行为。简而言之，阐释就是创造意义。

为什么要进行阐释性规划？

观众希望了解、体验和感受什么？这是一个显而易见却经常被忽视的问题。在展览筹备的初期阶段，这个问题理应被优先考虑，但在实际情况中，人们可能会默认它的优先级要低于博物馆或策展人想要传达的故事，因此后者更有可能主导这场对话。因此，释展人的首要职责是为观众及其体验发声，并平衡博物馆想要传递的信息与观众对学习和体验的期待之间的关系，但这二者有时会相互冲突。至于观众想要学习、体验、贡献和分享的具体内容是什么，则是一个更有难度的问题，我们可以通过不同的方式加以探讨。我们需要审视博物馆的现实受众和潜在受众：他们是谁？当前的受众群体有哪些？有哪些观众会被我们忽视？潜在的观众又是谁，他们是否来自特定的社群？此外，还可以根据不同的标准进行观众分类。例如，尼娜·西蒙提出了基于地理（由位置定义的社区）、身份（由属性或共同历史定义）和亲和力（由兴趣定义）的分类方法[65]；约翰·福尔克则总结了基于“身份”的七种观众类型及其动机：探索者（explorer）、引导者（facilitator）、打卡者（experience seeker）、专家 / 爱好者（professional/hobbyist）、疗愈者（recharger）、朝圣者（respectful pilgrims）、寻求关联者（affinity seekers）。[66]回答上述问题并不容易，首先要做的是通过社区咨询、观众评估或两者兼而有之的方式开展对话，以便更全面、更准确地确定目标观众及其需求。这也是阐释性规划的必要性之一——使博物馆目标与观众目标保持一致，从而使观众始终处于体验的中心。

正如威尔斯、布特勒和科克所指出的那样，展览设计会受到多种因素的影响，但博物馆的使命必须与其社区互动的愿景保持一致，无论是通过扩大其受众还是增进观众的理解。这可能是一项艰巨的任务，特别是考虑到博物馆学习需要吸引来自不同背景和学习风格的观众，并与他们建立联系。[67] 阐释性规划在展览开发过程中起着至关重要的作用，因为它不仅是展览策划的重要环节，也是塑造博物馆学习引领地位的重要举措。过去，博物馆与观众交流的主要依据是博物馆的使命，但随着观众中心地位的提升，展览设计也需要考虑观众的看法和体验，以创造一个以学习为中心的展览。博物馆作为“物质和非物质文化可以相互连接的地方，也是不同概念并置与探索的地方”，在传播知识与文化方面发挥着关键作用。因此，释展人的职责就是向观众传达和介绍博物馆自然或物质文化背后隐含的故事、思想和差异。[68] 无论展览的规模和体量如何，阐释性规划都是确保展览团队的所有成员为达成展览目标而齐心协力的关键所在。阐释性规划具有高度的灵活性和系统性，允许在保持展览核心目标不变的前提下，对某些信息和表达方式进行适度的调整。

观众体验组织

博物馆展览既是认知学习的场所，也是情感学习的场所，理解这一点是成功策划一个展览的先决条件。展览并不是死板的教科书，也不是单向的讲座，而是依托组织知识和沟通感受来激发共鸣的体验，以此促进观众参与意义建构。通过这种方式，观众能够结合他们现有的个人经历、经验和知识，认识到“个人是知识构建的主体，通过与文化机构、藏品以及其他人的互动，能够积极地在头脑中‘构建’知识”。[69] 虽然意义构建（meaning making）并不是一个新的概念，但它日益成为策展人在规划、设计和执行展览时考虑观众学习过程的关键驱动力。展览正逐渐成为对话的场所，因此，阐释性规划应侧重于创造让观众有兴趣参观和参与的体验式展览。

组织的框架

在初步规划好展览内容和观众目的之后，展览团队需要决定如何有效地讲述故事，以便更好地设计观众学习的方式并实现博物馆目标。展览的知识结构也将为展览的内容提供框架。尽管故事框架并没有对错之分，但其组织结构会影响展览的策划过程，比如展览团队可能需要对展览内容结构和传播方式进行跨学科研究，而观众也无疑会因组织结构的差异得到不同的展览体验。那么，如何以最优的方式表达展览主题？在回答这一问题之前，首先要确定的是，究竟要选择线性还是非线性叙事方式。[70]以下是这两种方式的具体说明：

■ 线性结构是博物馆长期采用的一种传统组织结构。在这种结构中，内容按照明确的起始点和终结点展开（见图 10.6）。例如，在讲述第一次世界大战的历史时，会从战争的导火索开始讲起，然后是 1914 年战争的爆发、1918 年战争的结束，并以战后的情况作为结尾，从而形成一个连贯的叙事线索。时间顺序是线性结构最常见的例子。在讲述包含地理要素的故事时还可以使用空间组织方式，如探寻极地探险家罗尔德·阿蒙森（Roald Amundsen）与英国探险家罗伯特·F. 斯科特（Robert F. Scott）开展的"南极点冒险竞赛"。线性组织内容的好处在于，它们通常易于被观众接近和熟悉，因为学校历来就是这样教授历史的。理想的线性结构包含开端、高潮和结局。然而，这种组织的限制在于，它可能因为过于熟悉而显得乏味，并且它假设所有观众都会遵循一条从起点到终点的固定路径，即从 A 点到 B 点，但实际上许多观众会根据自己的兴趣、时间以及社交群体的动态需求等因素，安排自己的参观路线。此外，随着教育和学习方式的不断发展，以及为了响应 21 世纪的数字环境，人们对他们消费或创建的信息拥有越来越多的控制权，因此线性叙事方式可能只会吸引特定背景或年龄段的观众，而对其他观众群体可能缺乏吸引力。

■ 非线性结构根据主旨（topic）或主题（theme）来组织故事。使用非线性结构策划展览时，不需要构建一个特定的顺序，而是围绕一个中心思想或主题展开（见图 10.7）。以气候变化为例，该主题下可以包含多个子主题，如温度上升、二氧化碳排放量、极地冰盖融化等，它们共同构成与中心思想紧密相关的具体故事。非线性叙事方式在科学或自然历史博物馆中使用得更频繁，而如今在历史博物馆中也越来越多地被使用。

正如案例研究 10.3 中概述的那样，展览策划团队在确定北达科他州遗产中心常设展览的组织结构时，采用了时间顺序与主题二者结合的方式，即主要按照主题来布局，同时以时间线作为辅助性框架。以非线性结构作为主要结构的优点在于，可以挖掘观众的学习动机，并让他们根据个人喜好选择探索符合其兴趣的故事和体验。这种结构设计还能同时迎合多样化

图10.6　线性组织模式（图片来源：洛德文化资源公司）

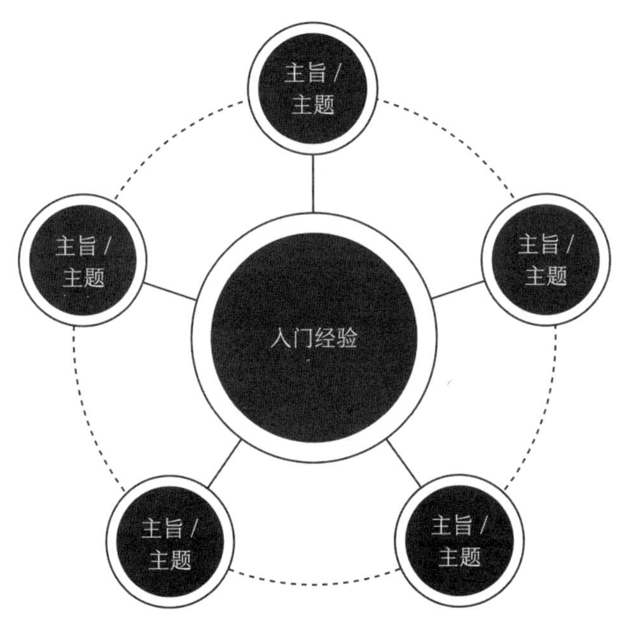

图 10.7　非线性组织模式（图片来源：洛德文化资源公司）

的观众兴趣，特别是在社交群体中，他们可能会选择探索展览中的不同主题，之后通过交流心得，增进相互间的学习和发现。一些大众早已熟知的内容往往也可以采用非线性组织方式以新颖的角度呈现，为观众带来不一样的体验。以 2014 年 8 月至 2015 年 1 月在安大略美术馆与加拿大国家美术馆联合举办的亚历克斯·科尔维尔作品展为例，展览中展出的 110 余件画作是按主题而非时间顺序组织的，这些通俗易懂的主题，包括“科尔维尔的一天”“战争艺术家”“远方的家”“动物”“固有的危险”“爱、生命和损失”，为了解这位艺术家及其作品提供了新的视角、背景和切入点。

讲述故事

如前文所述，博物馆决定设计一个展览有很多原因，可能是为了扩大博物馆的可及性，或是践行博物馆使命，或是为了展示新购得的或独具特色的馆藏资源，抑或是希望以另一种方式讲述一个新鲜或陈旧的故事。无论出于何种原因，在 21 世纪的博物馆环境中，学习应当成为叙述故事的核心。这是因为“当博物馆将自身重新定位为教学与学习场所时，其视角将得到拓展”。这种拓展体现在扩大博物馆的影响力、丰富藏品的使用和目的，以及与观众共享权威。[71]

在展览策划时将观众放在首位并非一件易事。展览策划团队在思考如何讲述故事时，可能首先会从自身经验出发。多数释展人并不是他们所要呈现的展览主题的专家，这种身份反倒是其优势所在。因此，释展人通常与观众在接触一个主题时站在同一起跑线上，他们很可能会有类似的问题：这个故事是关于什么的？谁 / 什么是这个故事的主角和配角？这个故事发生在何时何地？有哪些独特的物品 / 体验能揭示这个故事？在此基础上，释展人必须退一步思考，预判不同目标受众可能会对这个故事做出怎样的反应。观众会提出相同还是不同的问题？他们会从哪些角度审视故事？他们与故事内容有何种联系？他们能否理解并欣赏这个故事？在策划展览时，引入不同的视角无疑是方法之一。邀请同事、外部学者、利益相关者、社区成员、观众或其他任何可能有助于提供新视角的人，从多个角度进行叙述，可以丰富故事的层次。下文将对促进观众参与从而最大程度提升学习效果的策略进行叙述。

观点的多样性：共享权威

关于博物馆“权威性”的转变及其与传播民主化、参与文化之间的联系，已有诸多论著，但如何在展览中共享权威，包括如何、何时以及在何种程度上纳入策展人或专家之外的声音，仍有待讨论。在展览策划过程中，释展人是将社区的声音引入展览开发过程的关键角色，包括将博物馆内部和更广泛社区的不同人群 / 视角的声音纳入考虑。观众已知什么？他们想了解什么？若要充分规划和整合观众的兴趣、期望以及观点，就必须以各种方式让他们参与到讨论中来。

因此，在展览规划中，必须要确定的是“如何”共享权威，而不是“是否要”共享权威。以下是几种观众参与方式：

■ 社区咨询：向目标群体或向更广泛的社会进行咨询，以此收集观众生成的内容和故事。这一做法旨在收集潜在的主题或可用于阐释的一手材料或反馈，同时也为了吸引新的观众。

■ 观众评估：通过前置性评估（front-end evaluation）或形成性评估（formative evaluation），了解博物馆观众感兴趣的主题或内容，并获取他们的反馈意见。

■ 参与式展览：观众成为展览的参与者。这类展览需要观众的参与和互动才能正常运作，而展览体验也会随着观众的参与而不同。

■ 协同共创和共同策展：博物馆工作人员与社区参与展览设计，双方在过程中协商合作关系和权威程度。

■ 开放式展览：得益于观众的持续参与，此类展览会在展馆内外的参与体验中不断发展和深化。例如，关于公众科学（citizen science）的展览，会鼓励观众参与公众科学项目，并持续反馈参与这些活动的体验。

■ 社区策展（community curation）/社区主办展览（community hosted exhibitions）：在这种情况下，博物馆把策展权交给社区，并为社区团体提供空间和必要的专业知识支持。[72]

这些参与方式都可以用来回应社区作为“学习体验的代理人”和“利益相关者”的理念。随着参与程度的加深，建立有意义的合作关系的责任也就越重，以使双方都能从中受益。在此背景下，释展人及展览团队必须明确展览设计过程中社区参与的目标、可用的资源（包括预算、空间、运营）以及对观众体验的预期。尽管与共享权威相关的潜在风险（如矛盾阐释、政治倾向、准确性等）可能给博物馆带来挑战，但这些做法能够增强观众对博物馆的归属感，并期待他们的声音能在展览中以某种方式得到体现。阐释性规划正是回应这种期待的关键工具。

规划以观众为主导的学习体验

博物馆必须为观众创造更多机会，让他们成为自己学习的主导者。[73]这意味着博物馆不仅要对观众多样化的学习方式进行响应，还要在展览中积极地创造机会，让观众成为自己学习体验的推动者。这种做法需深入考虑博物馆作为社会学习环境的角色。参观博物馆通常是一种社交体验，大多数观众都是作为团体的一部分来到博物馆的，无论是和朋友、家人，还是作为学校或社区组织等社会团体的一员，个人单独参观的情况相对较少。因此，关注团体动力，并提供以观众为主导的学习机会，可以显著提升在博物馆的非正式学习体验。例如，在设计一个玩具主题的展览时，如果没有考虑到祖父母与其孙辈之间、父母与子女之间的代际分享与学习，将会是一个极大的失误。展览的策划应该着眼于促进非正式学习，正如最新研究所表明的那样，“观众是‘特别体验的生产者’，他们使用博物馆提供的内容与他人互动”。这些信息可以相互影响并提升参观博物馆参观的体验。[74]

展品与公共项目相结合

为了满足博物馆观众日益增长的期望和需求，释展人工作职责中极为重要的一部分是创造积极的、参与式体验，从而推动博物馆成为学习的关键场所。正如尼娜·西蒙在她的开创性著作《参与式博物馆》出版多年后所反思的那样：“关于观众参与的问题已然从‘是什么’和‘为什么’变成了‘怎么做’。”[75] 因此，在博物馆中实现参与式体验可能需要将传统的展品与公共教育项目区分开来。越来越多的博物馆开始在展厅中开辟创客空间、调查实验室、开放式藏品库房等空间，或将整个展厅转变为以观众参与、实验、创造力、探索和批判性思维等原则为基础的展览和活动场所。这些空间和活动都能激发观众更深层次的体验和批判性思维，并加强他们与博物馆工作人员、物质文化的互动，以及对展览内容的应用。例如，北卡罗来纳州自然科学博物馆自然研究中心在展览中营造了一个逼真的实验室环境，观众不仅能借助馆方提供的科学工具和技术在博物馆的展厅内学习科学知识，还能直接参与实验室的科学实验，积极探索自然界的奥秘。这也是他们休闲参观体验的一部分。

游戏化

游戏化（gamification）是将游戏元素及游戏设计技术用于非游戏领域的一种方法。作为一种创意性激励工具，它可以应用于博物馆展览设计和公共项目开发，增强展览的吸引力并为观众提供个性化的学习体验。将游戏化元素引入博物馆展览中，还可以实现寓教于乐，以一种愉悦、惊喜和身临其境的方式促进观众的深度学习。此外，这种方法还可能在一定程度上改变观众的态度和行为，从而与基于目标的阐释性规划联系起来。在博物馆中，角色扮演游戏通常会被设置在沉浸式多媒体展览中，用来扩大展览讲述故事的范围和相关性。观众逐级完成特定任务可获得奖励，如徽章、等级、排名、称号和积分。[76] 角色扮演可以采取一种简化的形式，比如让观众穿上时代服装，参与一项历史活动或任务，也可以让观众扮演某个特定的角色以更深入地融入展览的故事情节，就像泰坦尼克号巡回展览一样，每位观众在进场时会得到一张复刻当年真实旅客的船票，并以此角色的身份参与展览。这类游戏甚至还可以延伸为在博物馆中进行实况角色扮演，以公共项目的形式或作为博物馆剧场的一部分。

AR 技术也可以作为一种鼓励观众更深入地接触和感受文物的工具。例如，大英博物馆三星数码探索中心推出的 AR 游戏“献给雅典娜的礼物”就是一种激活希腊展厅的创新手段，它为儿童创造了一种与藏品互动的参与机会。儿童使用配置 AR 功能的平板电脑扫描展厅中的藏品，屏幕上的游戏插图或角色与实物藏品叠加在一起，生动地呈现在他们眼前，大大缩短了儿童与文物的距离。[77] 虽然博物馆仍在初步探索如何有效地将这些技术融入展览设计中，但确保这些体验与以观众学习为中心的阐释性规划的目标相结合，为未来进一步的探索奠定了坚实的基础。

平衡措施

多媒体技术可以成为释展人的“工具箱”中的一件有用工具，但它的用途是服务于更高层次的阐释目标，而非仅仅创造一个引人注目的展览体验。因此，多媒体的主要作用是消除各种障碍。无论这些障碍是传统上限制博物馆参观可及性的地理障碍，还是“真实”观众（线下参观）与“虚拟”观众（线上访问）之间的障碍，又或是文物与观众之间的障碍，多媒体技术都可以成为向外延伸的重要工具，触及更广泛的社区，并赋予人们成为博物馆参与者的力量。

虽然积极创造参与式学习体验的趋势令人振奋，但我们仍然需要在提升观众体验与合理控制预算之间找到一个平衡点。例如，由图板和文物组成的说教式展览通常比创造沉浸式或参与式体验成本更低。此外，并不是每位博物馆观众都愿意在参观体验中成为“活化剂”，有些人可能更喜欢传统的被动式体验。因此，仔细考虑在何处以及如何使用资金、空间和不同的表达方式，有助于创建一个响应灵活且具有前瞻性的观众体验。

个性化体验

随着学校等正规教育机构逐渐向个性化学习环境转变，博物馆在非正式学习环境中也自然而然地发挥了主导作用。《展望 2020：创造学习的未来》（*2020 Forecast: Creating the Future of Learning*）报告中强调了学习民主化的趋势，即多元化的内容提供者为学习环境注入活力，“不仅是传统的专业教育工作者，还有更广泛的创新者都能参与其中，共同创造学习的未来”。这包括让学习者成为学习过程的主导者，主动寻找满足个人学习需求的体验和资源。[78] 在这种不断变化的学习生态中，博物馆因倡导个性化学习和自我学习而发挥着重要的作用。为特定观众量身定制展示内容，不仅增加了内容的深度和相关性，而且提高了学习的有效性。阐释路径（interpretive pathways）是一种针对不同观众群体，使展览信息产生共鸣的有效手段。这些路径包括物理或虚拟的主题通道，通过空间布局、纸质导览册或移动应用程序来引导观众在展览中的路线，使观众能够追寻他们最感兴趣的信息。例如，旧金山现代艺术博物馆家庭 App 采用游戏化以及针对性的阐释路径，以罗伊・德・福雷斯特（Roy De Forest）画作《乡村绅士狗》（*Country Dog Gentlemen*）中的两只彩色斑点狗为主角设计了一款游戏。该应用的目标观众是 6—10 岁的儿童及其家人，旨在鼓励观众多看、多动、多听并探索有趣的方式与艺术品互动，比如每轮游戏成功通关就可以解锁一只画作中新的小狗角色。这些专门的阐释路径也可以通过图形和展览设计线索更微妙地表达，比如设计针对家庭或儿童的具体图形，或策划一系列针对特定年龄和学习阶段的展览。没有哪一种阐释和学习方法是通用的或适合所有人群的，必须根据内容的切入点创造多种路径。今天的观众期待的是与个人兴趣紧密相关的体验，而博物馆必须寻找方法来应对这一挑战——无论是在机构层面，还是在活动层面。

在将传统博物馆转变为21世纪学习型博物馆的过程中，释展人扮演着极为重要的变革推动者的角色。作为观众的代言人，他们在将以观众为导向的学习和参与纳入阐释性规划和项目中具有独特的作用。他们可以汇集不同的社群、声音、动机和视角，使用博物馆的资源来讲述一个细致入微、引人入胜的故事。随着在博物馆中创造共鸣体验的局限性不断调整，博物馆作为社会变革、社区建设和学习场所的潜力一定会继续增长。

案例研究10.1　北达科他州博物馆：一种用于历史展览的主题性方法

吉尼娜·赫瑟

北达科他州国家历史学会的办公室和博物馆位于俾斯麦市的北达科他州遗产中心，其主展厅于1981年对外开放，面积约2万平方英尺（约1858平方米），展示了北达科他州从数百万年前的地质形成至大萧条时期的丰富史前和历史藏品。2011年，耗资数百万美元的遗产中心扩建工程开始动工。此次扩建增加了两个新的常设展厅，将展厅总面积几乎翻了一倍。展厅的扩建为北达科他州国家历史学会工作人员提供了改变展览阐释方法的机会，并有望改善这些空间内的观众学习。我们的选择主要基于我们对观众的了解和理解——不仅包括他们对体验类型的偏好，还涵盖了他们对基本主题和故事的现有认知，由此我们可以定制出满足观众需求的阐释。

背景

在北达科他州国家历史学会，来自古生物学、考古学和历史学等不同学科背景的工作人员对北达科他州的各个历史时期进行研究，并根据研究成果精心策划了展览内容。尽管部分研究内容存在交叉，但研究重点大致可分为三个时期：从四亿五千万年前到一万三千年前，从大约一万三千年前人类在北达科他州出现到19世纪中叶，从19世纪中叶到现在。这些分期的理念在主展厅的物理布局和内容上得到了体现。

与许多机构一样，学会的工作人员面临着更新展览内容和设计的挑战。最初的常设展览是在博物馆对外开放后的十多年里逐步设计的，每个展区都以其独特的设计美学呈现了不同历史阶段的展品，形成了清晰的时代划分。由于资金限制，展厅只能分区域逐步更新，并且任何特定区域的更新都必须严格限定在既定的时间范围内，以免打乱前后展览的叙事时间线。空间使用的限制也影响了更新的实施。比如，要将展览内容更新到现代，便意味着必须取消部分或全部其他展览。工作人员承担着展现北达科他州完整历史的任务，然而在增加新展览的同时，往往不得不取消其他展览以腾出空间。

展览扩张的机遇

经历了十年来设计和内容更新的苦苦挣扎后，面积翻倍的新常设展厅令博物馆工作人员兴奋不已。早在规划初期，展览团队就已决定按学科来划分内容，即古生物学、考古学和历史，这不仅有利于按时间顺序叙事，而且也恰好可以被划分至三个新的展厅中。前两个展厅“地质时代”和“早期人类”以标准的时间顺序设计，但也涉及了特定年代之外的主题，例如印第安保留地上的当代语言项目就是“早期人类”展厅的一个重要部分。此外，设计上还特别加入了可更换展品的旋转展柜，允许策展人在更广泛的主题范围内更新内容。例如，在“地质时代”展厅中，有一个名为“多样性”的展柜，展示了某一种特定的动物。这样一来，新的发现和发现可以融入现有叙事，策展人也可以从藏品库中轮换展品。

第三个展厅涵盖最近两百年的历史，其阐释方式和设计引起了众多讨

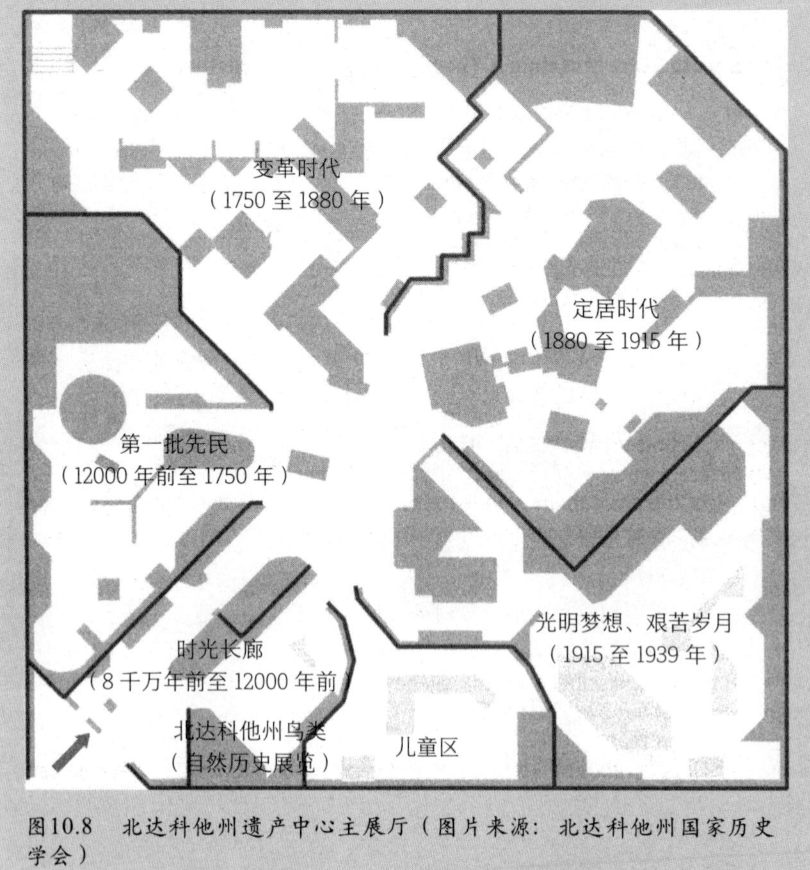

图10.8　北达科他州遗产中心主展厅（图片来源：北达科他州国家历史学会）

论。博物馆记录了多年来主展厅中关于观众学习、员工维护和策展方面运作情况的数据，包括积极和消极两方面。内部会议整合了展览团队的要求和工作人员对该展厅的了解。展览团队跟踪记录了观众在展览中最喜欢的部分：他们询问的故事和物品，以及从阐释的角度来看，观众错过了哪些故事和要点。例如，“拓荒者”时期一直是观众在展览中最喜欢的部分，也是北达科他州近代史的重要组成部分。在原来的展厅中，一辆满载着一个移民家庭物品的马车戏剧性地拉开了展览的序幕，但不幸的是，这辆马车同时也加深了人们对《草原上的小屋》（*Little House on the Prairie*）这一故事的刻板印象。事实上，大部分欧美移民是在19世纪末和20世纪初抵达北达科他州，并且是乘坐火车到达的。因此我们知道，在新的展览中需要强调移民是如何以及何时抵达的。博物馆教育部门和展览部门之间达成了这一共识，极大地加速了展览设计进程。此外，这也体现了利用长期积累的集体智慧，以增强访客学习体验为目标设计新展览的重要性。

允许内容变化

在原展厅中，展览团队需要努力克服的最大挑战是空间限制，即展厅布局将展览分割为不同的区域，因此展览叙事必须锁定在不同的时间框架内。然而，更改内容需要投入大量的资金和资源。如果展览团队能够解决内容时效性和新颖性的设计难题，那么展览的阐释便能更加灵活地响应观众在博物馆学习的方式。因此，工作人员整合了其他展厅中使用的两种方法，即旋转展柜和在编年叙事之外连接主题。这两种方法的整合不仅提高了展览效果，还确保了三个展厅之间在阐释上的连贯性。原主展厅布局导致展览叙事必须遵循严格的时间顺序，这一限制一直是展览团队的难题。无论是物理时间划分还是叙事时间划分，都阻碍了整个展厅的主题整体性。

工作人员很早便已经确定了贯穿北达科他州过去两个世纪历史的重要主题。这些主题不仅将各个时间段联系在一起，而且往往能让观众产生共鸣。在一次会议上，有人巧妙地将这些主题比作下拉网页菜单上的标签，这一比喻激发了全新的灵感。正如用户在网上能够快速识别并选择自己感兴趣的主题，然后深入了解，我们的展览叙事也应设计成一本分章节的书籍，每一章节的内容都为理解后续章节提供了基础。多数情况下，按时间顺序叙事是正确方法，尤其是史前史，对大多数观众来说较为陌生，因此在“地质时代”和“早期人类”展厅中，展览阐释和观众学习最好以时间顺序结构为中心进行叙事。

然而，在当代史展厅，由于大多数观众都对一般历史叙事已有基本的了解，因此不需要将年代顺序作为展览的基础。这样一来，展览团队就可以集中精力开发主题故事，进而也让参观者能够自由选择在展厅中体验的内容，并最终影响他们的学习成果。同样，对观众的了解也使我们能够更有针对性地提供学习的机会。

主题vs时间顺序

展览团队决定围绕六个主题进行展览叙述：农业创新、新移民与定居、工业与能源、冲突与战争、我们的社区和文化表达。每个主题都有一个年表，它们之间相互联系，观众只需参观一个主题区域，就可以了解北达科他州两百年的历史。设计团队认为，这样的设置能够为观众提供更加个性化的参观体验。在走廊的入口处，观众会先接触到这六个主题的简介，以帮助他们在认知和布局上对展厅的组织有一个整体的认识。通过展品、富有感染力的图片和个人音频故事，观众可以了解每个主题，这种介绍性体验在展厅主题和北达科他州历史之间建立了人性化的联系。北达科他州的历史不再是抽象的叙事，而是与个人叙事紧密相连。游客随后会进入一个开阔的中心区域，这里不仅进一步界定了主题区域，还通过提出阐

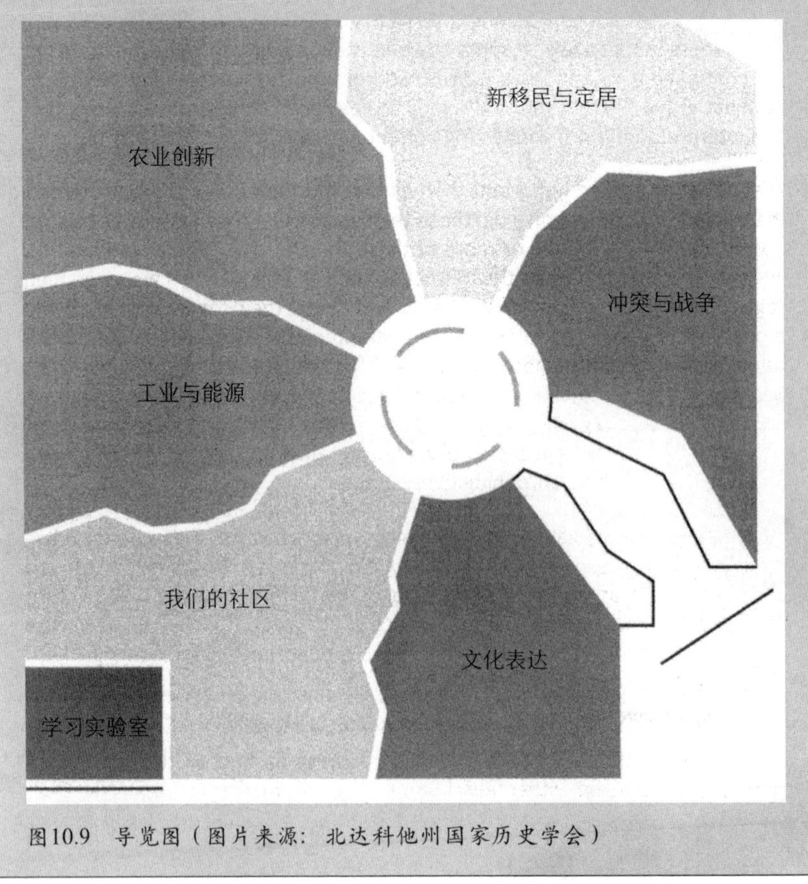

图10.9　导览图（图片来源：北达科他州国家历史学会）

释性问题引导观众思考。巨幕上的问题邀请观众对北达科他州的历史进行个人解读。墙壁将展厅划分为不同的主题空间，但特意避免了参观路线的唯一性，让观众有更多的选择来体验展览。他们可以按时间顺序参观一个主题，也可以在外围漫步，参观全部六个主题。展览设计和平面设计在帮助观众浏览这些空间方面发挥着关键作用，通过使用不同的色调、大幅图片、标志性展品和导向标识，观众能够在展厅和故事中找到自己的位置。

通过围绕主题区域设计展览，我们为自己提供了更新故事的内在能力。工作人员不再需要借用其他时代的空间，就能将故事呈现于当下。在每个区域，我们都设计了一两个展柜和平台，以便定期轮换内容。这样的布局在支持主题和次主题的同时，还可以更换物品或添加新物品。

这种主题式的展示方法，不仅挑战了我们团队对于历史展示的传统观念，也引发了我们对观众能否跟上叙事线的担忧。然而，观众和工作人员对这一安排反馈积极。例如，讲解员能够更好地根据团体的需求和兴趣定制行程。主题式的展览也使我们能够轻松地将展厅的区域与特定活动联系起来。例如，在遗产中心举行的人权会议将观众引导到“平等与公平”展区，而在以前的展厅中，相关物品会被安排分散在各个展览中。虽然我们新展厅刚刚落成，但预计这种主题式的展览方式将会持续很多年。

博物馆学习的工具与技术

21 世纪初，数字技术的飞速发展打破了博物馆以往固有的游戏规则。正如赛布・陈（Seb Chan）所言：“每一所值得一提的博物馆都在思考，如何通过大规模更新或配置移动应用程序来呈现数字体验在博物馆中的价值。”[79] 事实上，数字时代为博物馆带来了前所未有的机会，可以利用技术方案创造有价值的学习体验。数字学习工具与博物馆角色的转变以及智能手机用户的激增密切相关。然而，博物馆中的新鲜事物往往只能满足“谷歌一代”的基本期望。技术日新月异，其中许多技术具有使观众参与和自我导向、自适应博物馆体验的潜力，但如何针对性地选择合适的工具呢？当一切都在不断变化时，如何满足观众的需求？我们又如何评判正在使用的技术是否能提供所需的学习体验？

数字工具 / 物理空间

在本节中，我将探索可用于博物馆学习的一系列工具和技术。我将重点介绍一种应用于博物馆物理空间、面向公众的新兴数字学习技术。诚然，这种区分有些太过僵硬，如今随着数字工具的兴起，博物馆的物理界限已经模糊。“拓展式博物馆”（exploded museum）的影响范围远远延伸到馆舍之外，贯穿参观前、中、后的整个过程。[80] 其中，在参观博物馆时使用的工具值得特别注意，因为它们通过特别的安排实现了与展览中实物的实时互动。这也是目前博物馆面临的最大挑战之一，即如何弥合博物馆数字空间与物理空间之间的鸿沟。

首先，有效的学习工具不是由技术驱动的，而是以促进变革性体验为目标。因此数字化本身并不是最终目的，我们的目标是促进有意义的参与，而数字工具为这一目标提供了前所未有的实现方式。这种转变或视角的切换在很大程度上取决于观众参与的动机和意愿。因此，设计和使用学习工具需要以用户为中心的设计实践，这也正是前沿工具的定义——与观众的需求和期望密切一致。这意味着博物馆要认真地对待每一位学习者，邀请他们进行有意义的参与，充分发挥他们的创造潜能。

学习工具

早在数字技术出现之前，博物馆就已经开始尝试各种方式来吸引观众的参与。博物馆利用各种工具和技术，为观众创造最佳条件，让他们能够在博物馆空间中获得变革性体验并与之建立有意义的联系。这里可以做一个比较，如今一些博物馆对在展厅中引入数字技术的疑虑，其实并不亚于他们之前对悬挂文字标签的抵触。在当时，这些反对者给出的理由是文字会分散观众的注意力，从而无法专注于欣赏藏品本身。这种论调听起来是不是很熟悉？

学习工具是促进有意义学习体验的工具或设备。展览路线、展品顺序和选择、陈列设计本身、故事和信息，这些元素都是设计学习体验的一部分。在过去的一个世纪里，博物馆一直在尝试为观众提供不同类型的讲解工具，从墙上的文字、导览、物品标签、博物馆地图、导览手册和音频导览等常规元素，到 AR、3D 打印和游戏设计等更具创新性的应用。在此，我将重点介绍下一代技术。但我们需要明确的是，新兴技术属于其他模拟学习工具的范畴，只要能达到吸引观众的目的，这些技术都效果显著。

近年来，博物馆一直在尝试如何应用21世纪的新型技术，如AR、3D打印、智能物件、多媒体导览和社交媒体。新技术重塑了博物馆的运作方式和存在形式。数字技术带来的重要机遇包括个性化用户体验、社交互动、多感官参与、互动故事、观众策划、用户生成内容、共享性。在21世纪的博物馆中创造学习体验，意味着促进调查、参与和互动。

本小节的概述顺序并不基于技术规格，而是基于它们为受众提供的功能。尽管我们讨论的是工具，但技术本身并非核心议题，原因有三。首先，这有助于说明有不同的工具可以实现类似的目标；其次，这可以在一定程度上避免信息过时的风险；最后，这将有助于尊重工具规律（law of the instrument），避免在使用工具的过程中产生无意的反模式（antipatterns）。毕竟，“如果榔头是你的唯一工具，那么所有的问题看起来都会像钉子”[81]。我将重点讨论如何使用工具来促进学习体验，并为新兴技术留出充足的空间。随着新学习模式的发展和新技术的兴起，新一代博物馆不断涌现，蓄势待发。

那么，博物馆为什么要关注数字技术？并非仅仅为了使用技术而偏爱数字工具，而是因为数字工具适合以模拟工具无法做到的方式实现差异化。随着线性和静态信息传递方式的转变，新一代博物馆学习数字工具旨在为变革性体验创造最佳条件，即促进丰富的多感官体验，使观众能够观察得更深入、参与得更积极、记忆得更牢固、理解得更透彻、分享得更广泛、搜集得更全面，并激发更深的好奇心和想象力。因此，在设计这些工具时要关注情感维度和舒适性，以帮助观众参与、放松、享受乐趣、获得有益的体验，并更好地融入社会空间。[82]

实现这种转变的工具不是通用的，而是针对特定场所和特定对象的。但许多基础技术和原则都非常有用，可以作为设计博物馆观众工具的参考点和资源。在这一部分，我将重点介绍一些新兴学习工具的最新发展。[83]

重新定义学习目标

博物馆学习工具是根据学习体验而设计和使用的。技术的变化速度比底层目标更快。因此，在本部分内容中，我采用了以工具的目标为核心的组织方法，重点介绍这些工具在各类活动中的应用，并展示了实现这些目标的各种具体实例（见表 10.1）。

- 导览：路径规划，探索；
- 讲故事：叙述，策展，空间布置，信息，感受，感知；
- 游戏：奖励，控制，纪念品，收藏；
- 分享：连接，同辈交流；
- 制作：实践，尝试，学习社区。

我把这些活动分成了上述五个类别。请注意，用于博物馆学习的数字工具并不是技术驱动的，而是专注于为学习体验提供理想的环境。尽管并不全面，但这些活动涵盖了博物馆学习主要使用的工具类别。

表10.1 博物馆学习的工具

活动	关键词	传统工具	数字工具
导览	导向、探索、策划	设置路标、地图	iBeacons、GPS、交互式地图
讲故事	叙事、戏剧、信息流、特殊活动、景观、感官、多感官	导览、装置、展览设计、声音设计	多媒体导览、移动应用程序、3D 打印、增强现实
游戏	控制、奖励、纪念物、记忆、启示	纸上寻宝、明信片、纪念品	多人应用 / 数字游戏、LARP、RFID、图像识别
分享	社会互动、同辈交流、回应	对话	社交媒体
制作	实验、做中学、DIY	原型设计	移动应用程序、数字制造、创客工具

数字时代的导览

正如本书开头所阐明的，博物馆学习是一种自愿的、非正式的活动。观众对博物馆空间的探索欲望，很大程度上受到这种自愿性的影响。导览只是指示了方向，但究竟走到哪里由人来决定。无论是在线上还是实体空间内，博物馆学习的首要要求都是清晰的导览。每个博物馆都必须回答观众几个基本问题：这个馆展出的是什么？如何到达这个馆？在回答之后，观众还会提出很多的后续问题，比如在哪里购票、洗手间的位置、出口的方向，以及参观是否应遵循固定路线，还是可以自由地非线性探索展览。许多博物馆一直以来都在提供相同的基本导览工具：路标、地图、咨询台，以及工作人员提供的导览服务。

导览工具需要符合观众的个人需求和偏好。比如，有些人渴望一睹博物馆的镇馆之宝，但实际上他们事先并不了解都有什么。对于这些观众来说，需要有人告诉他们该看什么以及如何到达那里。而专业人士往往有着明确的目标，只需要知道如何到达他们预想的目的地。观众参观博物馆的方式受其参观动机和分配时间的影响。根据福尔克提出的观众类型，我们可以清楚地看到，有些人（专业人士）带着明确的目标来参观，寻求某些信息；另一些人则是为了放松（充电者），与家人一起享受探索和体验的过程。[84]

通常，博物馆会提供地图、平面图和印刷路标等导览工具，但这些静态标牌无法满足所有观众的需求。当然，博物馆也有可能为不同的人制作不同的地图，或者提供现场工作人员的即时指引。但数字导览工具，如手持设备上的应用程序和地图，更能在一个简单的设备上满足和定制不同受众的需求。原因很简单：基于位置的技术能够相当精确地评估用户的确切位置，可使用 Wi-Fi 热点或 iBeacons 进行室内定位，或使用 GPS 卫星确定室外位置。如今，世界各地的许多博物馆都在尝试根据观众所在的位置提供背景信息。

这些新兴的导览技术不仅实用，还可以作为一种“空间浏览器”，在不同的范式中运行。[85] 当使用位置定位工具寻找方向时，每个用户都有自己的“您在这里”的标记，为观众增加了主动性和个性化体验。基于定位的导览使观众能够共同创建地图，在维尔霍夫（Verhoeff）所说的“表演性地图制作”[86] 中决定自己看到的内容。一些博物馆选择通过使用一系列图片而不是定位跟踪来提供应用内导览，让观众将屏幕上的图像与物理环境相匹配以确定其所在位置和前进方向。

数字导览的一大亮点是其潜在的偶然发现。在即时信息获取的框架中，观众可以自发地决定是否与艺术品互动。这种方法通过触发与特定地点相关的内容来丰富展品的体验，让人们能够欣赏并探索更多未知。布鲁克林博物馆的 ASK 应用程序是一个有趣的案例研究，它以 iBeacons 的形式将位置定位技术与现场专家解答观众疑问巧妙结合。雪莉·伯恩斯坦（Shelly Bernstein）还强调了敏捷项目开发和用户测试的重要性，以及博物馆工作人员使用新兴技术所面临的挑战。该项目不仅涉及用户界面的开发，还涉及后端百科数据库的构建，以便工作人员能够迅速掌握观众的物理位置信息，并及时响应他们的问题。

讲故事：指南与层次

人类似乎天生具备以故事形式处理和理解感官知觉的能力。[87] 我们学习、记忆、分享知识，都是通过将其结构化为叙事来实现的。[88] 研究表明，在聆听故事时，大脑中激活的区域与亲身体验时相同。[89] 讲故事不仅是为了传递信息，更是为了激发创造力和同情心——这些学习目标超越了认知数据，深入到了改变体验的核心，这也是博物馆学习的中心所在。事实上，“我们这个时代的史诗故事可以激发下一个杰奎琳·柯斯特（Jacque Cousteau），下一个毕加索，或下一个达尔文”[90]。好的故事不仅会让人们着迷，还让他们去想象、连接并继续创造他们自己的故事。

归根结底，讲故事是一门具有自身规则的技艺，涉及情节、背景、角色发展和戏剧性弧线。[91] 在 2015 年的“明天的博物馆”（MuseumNext）会议中，蓝州数字公司（Blue State Digital）的萨米尔·帕特尔（Samir Patel）将故事定义为“一个人物在面对障碍或挑战时追求目标的过程”。人物解决挑战或失败的过程创造了戏剧性和人文趣味，吸引我们不断阅读或聆听。虽然情感投入这一要素至关重要，但不可能设计出一个完美的故事公式，因为最好的故事往往出人意料。正如电影制作人弗兰克·卡普拉（Frank Capra）所言：“讲故事没有规则，只有罪行。最大的罪行就是乏味。”[92] 讲故事的关键在于与观众建立联系、激发他们的情感并吸引他们的注意力。这样的内容不能仅由博物馆专家在象牙塔中开发。玛丽亚·卢梭（Maria Roussou）也曾强调，作为数字讲述者的博物馆，必须重视与观众建立联系。[93]

数字时代并没有改变人类对叙事和惊喜的根本性渴望，也没有改变人类对激发想象力、捕捉扣人心弦的故事的根本性追求。数字时代讲故事的主要挑战并非来自技术，而在于娱乐行业对人们注意力的激烈竞争。尼克·格雷（Nick Gray）是黑客博物馆（Museum Hack）的创始人，该公司提供包括闲聊、戏剧和非正统练习在内的非传统参观方式，他曾一针见血地指出“博物馆不是在与其他博物馆竞争。它们是在与网飞影视剧（Netflix）和手机游戏 Candy Crush 争夺人们的注意力”。黑客博物馆之旅之所以能吸引数字时代的观众，原因在于其轻松的叙事风格、趣味性，以及能够与受过专门培训的导游互动，而非依赖高科技元素。在这个时代，有一个简单的方法来判断一个故事是否对人们有意义，即人们是否愿意将其分享。在数字时代，成功的故事往往能引发广泛的传播效应。

博物馆也许是“天生的讲故事者”[94]，但它们所拥有的内容、物品和想法之多，超出了观众的消化能力。因此，真正的问题是如何创造出真实且引人入胜的故事，激发人们的兴趣。基于博物馆物品创造故事驱动的体验本身就是一门艺术。这是选择和聚焦的艺术。在数字时代，信息泛滥，通过 Instagram 和 Twitter 等平台传播的微观故事为人们提供持续的资讯和更新。博物馆可以在这方面提供有力的反驳，通过其空间创造深刻的、有针对性的、互动的、层次丰富的故事。人们比以往任何时候都更渴望真实的体验。而博物馆在这一领域具有明显的优势，因为它保管的是“实物”。从这个意义上来说，导览工具和讲故事工具是相互关联的。博物馆中的故事既在空间中也在社会层面上展开。“这就是讲故事，而‘数字化’只是我们所处的时代而已。”这是贾斯珀·维瑟（Jasper Visser）在他关于博物馆数字化叙事的著作中所强调的。[95]正是由于该领域的竞争和技术进步，这个数字时代获得了新的工具，并设定了更高的标准。数字叙事并非一种独立的文学形式，而是将古老的讲故事艺术借助数字媒体予以扩展。数字技术带来了一个视觉和多感官叙事工具的领域。与印刷媒体不同，数字媒体的内容是动态的和自适应的。数字叙事的关键发展包含以下几个要素：（1）令人惊叹的多媒体组件，包括（3D）动画、高分辨率静止和动态图像、特效及声音；（2）全面调动感官，包括香气、味觉、声音、触觉；（3）魔幻感，展示在日常环境中通常无法体验或目睹的事物，包括 AR、显微镜和望远镜、Pepper's Ghost 装置、互动装置和基于位置的内容；（4）游戏和控制情节的能力，这一点我将在专门讨论游戏的章节中进一步探讨；（5）个性化体验，有层次地提供不同的层次和兴趣；（6）使用内容管理系统快速调整和定制内容的能力；（7）多种视角，例如，与展览主题相关的人的第一人称叙述；（8）非线性叙事结构和互动叙事；（9）社会互动和参与。[96] 在开发过程中，上述数字组件都服从于故事叙述和与观众的联系。数字叙事的逻辑不是（严格）线性的，而是分层的。这并不意味着它缺乏弧线或故事情节，而是指数字叙事允许观众对故事的持续时间及其深度有更好的控制。对博物馆来说，讲故事是将藏品和文物按照故事线索进行编排，并向参观者传达内容的有效手段。目前数字叙事的手段多种多样，从基于屏幕的信息亭和互动项目，到通过租借或自带设备（BYOD）进行的移动多媒体导览，再到 AR 设备（如谷歌眼镜和 Layar），以及视频投影和可穿戴设备。未来几十年肯定会出现更多讲述和连接故事的新方式。此外，博物馆还能将现代技术融入传统叙事之中，比如导游使用 iPad 提供更丰富的内容，或是在馆内举办沉浸式的表演活动。21 世纪是用户生成内容时代，为广大受众提供了比人类历史上任何时期都更为丰富的表达观点的工具，由此催生了一个由半业余博主、视频制作者和故事讲述者构成的全新创意阶层。数字媒体对讲故事的最大影响体现在参与的可能性方面。博物馆不再是展览中故事叙述的唯一提供者，内容也不再仅仅局限于少数媒体制作人的声音。讲故事的一大趋势是在社交网络领域为更多的声音和观点开放平台。然而，我们也必须牢记开放讲故事的空间并不意味着博物馆在创作吸引人的故事方面的责任有所减轻。

参与度金字塔[97]（见图 10.10）的底层是由众多旁观者组成的广阔群体，即那些一般从旁观察和跟随他人的人。这一点在网络空间与博物馆实体空间中是相通的：大多数人都是旁观者，被动地接收信息，却很少积极参与其中。往上一层是那些愿意分享并对现有内容进行评论的人。在博物馆环境中，并非所有参观者都自如地创作原创内容，这一级别的要求更高。尽管这样的参与带来的学习效益也更为显著，但对参与者的投入要求也更高。为了在博物馆中培养出更多的内容创造者和策展人，这个空间需要具备吸引力，并且能够让参与者感受到其贡献的价值和回报。关于博物馆讲故事，

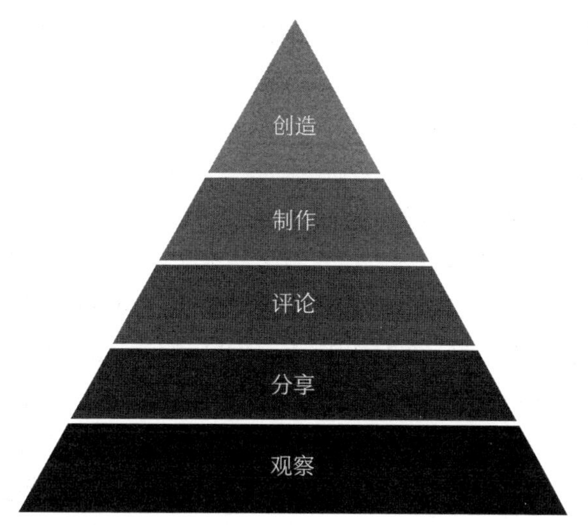

图10.10　参与度金字塔（图片来源：Altimeter Group, Inc）

有两个持久的谬论：第一，人们只对表面的知识感兴趣，对细节不以为然；第二，藏品本身就会讲故事，观众只需看着这些物品就能听到这些故事。这两个谬论都需要加以澄清。关于后者，藏品不会讲故事，只有人可以。讲故事是一种人们可以通过学习掌握的技能。从可见思考到视觉思维方法，艺术教育的重点都在于推动艺术的对话交流。视觉素养的提升和新解释的开放并不会自然发生。博物馆的职责并非仅是讲故事，更重要的是教授公众如何去讲述和分享自己的体验。至于第一个谬论，有趣的是，尽管许多博物馆给人以陈旧之感，参观者仍然怀着学习的热忱前来。观众渴望学习。注意力却往往有限。但数字时代为我们提供了一些出色的讲故事工具，即新平台、新技术、更广泛的覆盖范围和新的参与方式。

创作有吸引力的故事，不仅要利用这个时代的互动潜力，而且要满足21 世纪观众的需求和期望，这并不是一件易事。博物馆工作人员是否具备足够的讲故事能力，能够快速且富有同理心地利用信息和参与度来创作故事，从而触动 21 世纪博物馆观众的心灵？答案是很少有博物馆能满足这些要求。创作这样的故事需要研究人员、电影制作人、动画制作人、应用程序开发人员、编剧、游戏设计师、互动设计师等专业人员的共同参与，因此博物馆可能需要从创意产业引入专家，哪怕以项目合作的形式。在实践中，通过不断与观众互动、测试和微调，方能孕育出成功的故事。

游戏与控制：学习游戏

游戏能为博物馆带来什么？游戏回应了许多博物馆观众遇到的学习障碍：缺乏参观博物馆的目的、活动或框架。尤其是那些没有带着特定目的来博物馆的观众（浏览者、探索者）经常在社交尴尬中挣扎。将游戏和乐趣引入博物馆不仅是一种娱乐形式，也是一种引入参与性框架的方式，让人们感到更舒适、更有控制力。用塞巴斯蒂安·德特丁（Sebastian Deterding）的话来说："快乐就是在理想环境中学习。"[98] 但在一个全新的环境中，要求观众自己提供这些东西就太过分了。博物馆学习的主要目标不仅仅是向公众传授事实知识，更在于教会他们如何以一种最有效的方式参观博物馆。学习型游戏围绕着创造最佳环境的目标去促进这些条件的实现。为了达到学习的目的，观众需要感到舒适、自信，并保持好奇心。游戏以一种有趣的方式提供了这种框架。简·麦戈尼格尔（Jane McGonigal）认为"多人游戏是终极的快乐引擎"，它满足了以下需求：（1）带来满足感的工作；（2）体验在某件事上熟能生巧的过程；（3）与喜爱之人共度时光；（4）有机会成为更大活动的一分子。[99] 就像故事一样，游戏也有不同的类型和模式，从任务、谜题、平台到战斗。在博物馆现场进行的游戏中，一个特别常见的类型是通过收集奖励来激励发现的乐趣。再次强调，游戏并不一定是数字化的。事实上，许多数字游戏都是模拟游戏的衍生品，如捉迷藏催生了户外活动"地理藏宝"，抢旗比赛催生了 AR 游戏"入侵"（Ingress）。游戏也并不一定是复杂的，通过在展览中添加一些简单的游戏机制，如收集奖励，已经可以在吸引观众方面产生巨大的效果（参见下文的媒体笔案例研究）。

连接，收集和分享：社交媒体和同行交流

博物馆的学习体验具有深远的社会意义。从学习的角度来看，社交媒体上的博物馆之所以有趣，是因为它是观众的自发策展，其影响范围远远超出了博物馆的围墙。不仅不在现场的观众可以从中获益，而且分享行为也是一种策展行为，发布图片或评论展览的人也可以从中获益。

社交媒体的问题在于信息的混乱与低质的讨论。博物馆可以通过设立一定的限制和更高的标准，打造有价值的社交学习工具。例如，要求观众在社交媒体上晒出在博物馆内拍摄并与展出的画作风格相契合的自拍照，而不仅仅是普通的博物馆自拍照。这里有两个有趣的例子，一个是 Rijksstudio 工具，另一个是 VanGoghYourself 应用程序，它们就是鼓励观众与朋友共同重新创作艺术作品的有趣案例。荷兰国立博物馆（Rijksmuseum）将其线上的“美术馆”称为 Rijksstudio。公众可以在线上浏览、收藏、分享和下载该博物馆的馆藏作品，从而在博物馆之外也能发现艺术品令人惊叹的细节。同时，Rijksstudio 也被整合到了荷兰国立博物馆的移动应用程序中，为参观博物馆的人们提供导览和家庭探索服务。用户只需点击“喜欢”按钮，即可将心仪的艺术品保存至个人收藏夹，随时通过登录网站再次访问。默认情况下，这些收藏都是公开的（用户也可以选择不公开），这有助于不断更新用户生成的主题收藏工作室。这是一个专为想要浏览的文化旅游者、“文化快餐者”设计的在线学习工具。它满足了全方位参与式学习的需求，提供了浏览、收集、分享、创造和策划的可能性。Rijksstudio 因其简洁、有效的界面而备受赞誉，这一界面由 Fabrique 设计公司设计。[100]Rijksstudio 功能丰富，但并非无所不能。只有几个按钮的全屏图片完全取代了文本信息。

除了尽可能传播原作，荷兰国立博物馆还慷慨地将高分辨率图像免费释放到公共领域，允许公众自由再利用。[101]2014 年，博物馆设立 Rijksstudio 设计大奖，进一步鼓励了人们在藏品的基础上进行设计创作。荷兰国立博物馆并没有固守藏品和版权，而是对普通公众给予了极大的信任，无条件地开放藏品，甚至支持商业用途。这一案例清楚地表明，博物馆界普遍存在的担忧——数字复制品将以某种方式取代博物馆参观——是毫无根据的。Rijksstudio 在参观前后都能帮助观众深入了解藏品。经过十年的全面改造，荷兰国立博物馆有机会重塑其数字工具。现在，博物馆不仅是对外开放的，其藏品也成为一种开放资源，这也向那些踌躇不前的博物馆传达了一个明确的信息：不要害怕分享。人们在一切都是新的环境中学习效果并不好，接触在线图片只会让人们更加熟悉艺术品。数字技术并不能取代人们与艺术真品的接触，反而可以增强这种体验，并创建一个社交平台，扩展博物馆的边界，形成一个学习社区。

创客空间博物馆

各行各业的人会带着不同的学习方式和文化背景来到博物馆，每个人都有自己的动机。尽管他们之间存在种种差异，但有一点是共通的：积极参与是最佳的学习方式。策展人和创造者位于参与金字塔的最高层，这一层级最困难、人数最少，但教学价值最高。“我听过就忘，我看过也许会记住，但如果我参与其中，我就真正理解了。”这是主动学习的信条，用以激励人们通过创造来学习，而不仅仅是消费或参与。把人们放在创造者的位置，而不是索取者的位置，让他们意识到创造我们周围一切事物所需做出的所有选择。博物馆也能从视观众为创造者的行为中获益。

主动学习的形式和规模多种多样，包括简单的活动，如素描、制作原型、实际原理、体验暗室、发射炮弹、绘制人像、摄影、拼装恐龙骨头。观众可以触摸的 3D 打印演示物体不仅提供感官信息，还能展示物体的动作。

在数字时代，数字制造的领域为大众敞开了新的大门，而这一片领域以前只有工业公司和专业设计师才能踏入。随着世界各地开放设计“实验室”的兴起，3D 打印模型不再是工程师的专属技能。世界各地的博物馆也在尝试将创客空间活动融入其公共项目。

然而，仍有一些障碍有待克服。首先，尽管如今的数字制造的门槛已大幅降低，但并非所有观众都具备数字制造所需的技能，比如基本的计算机知识、处理像素和矢量文件的高级技能以及排除故障的经验。同时，以 3D 打印、开源硬件和开放设计为代表的常见于“微观装配实验室”的新兴技术虽然具有吸引力，但它们的技术门槛对某些观众来说可能构成障碍，尤其是在博物馆有限的参观时间内进行创作时。除此之外，从实际生产的角度来看，创作或打印作品所需的时间、设备和空间、安全规范以及必要的专业人员配备，都是必须克服的难题。那么，如何改善用户体验？在博物馆教育中有效地使用创客空间技术需要以下关键要素：首先，制定清晰的框架和设计纲要。仅仅提供一个自由设计的框架是不够的，它必须具备适当的限制。其次，应尽可能让技术对用户友好，同时确保用户理解其运作原理。通过设计一个用户友好的界面并预设一些基本步骤，我们可以让观众将精力投入创造性的设计，而不是陷入文件管理的琐事。换句话说，工具应该是辅助性的，而不应造成困惑。最后，人们需要了解整个创作过程。新手必须经历观察、分享等低阶步骤，再来到参与度金字塔的最高层。在这方面，创客空间教育主要迎合了那些对科技有高度兴趣和感知能力的特定群体。

为什么要费如此多的力气？位于参与度金字塔顶端的创作者和策展人是博物馆应着力吸引的关键群体，他们不仅深入有效地学习，而且能在博物馆的展品间发挥更大的影响力，充当这些常常是创造性过程成果的展品与其背后鲜活的工作过程之间的桥梁。创客空间博物馆的概念在于建立一个社区，参与长期的互惠学习体验，吸引技术专家。创客空间社区往往吸引技术熟练的人，并形成一个学习社区。通过为这一群体在博物馆内提供空间和工具，博物馆不仅成为一个学习机构，更上升为一个学习平台，藏品由此重新焕发活力，人们也感到更有归属感。

案例研究：媒体笔

在这本手册的英文版序言中，巴瑞·洛德提到了一种集多种学习活动于一体的有趣装置。这款名为“媒体笔”的设备于 2015 年春季推出，是位于纽约的新开幕的库珀·休伊特史密森尼设计博物馆的一部分。它在观众入场时发放，观众可以利用它收集物品，并在交互式触控板上创作自己的设计。观众在博物馆中收集到的物品可以通过门票上的唯一网址在线查找和存储，从而获得这些物品的高清照片及相关信息。该账户可在以后的参观中重复使用，“这支笔完成了无数公司、组织、档案馆和图书馆都在努力做的事情：它连接了数字和实物”[102]。

这支笔是一款多功能设备，它将 NFC 技术与物品标签相结合，同时具备触摸屏笔的导电特性。当观众将笔放在标签上时，数字记录就会传输至他们的个人资料库中。在参观期间，所有信息都存储在硬件存储器中，并在互动桌上进行读取。[103]该设备不仅让观众参与到藏品的游戏和创作中，其设计理念还与设计博物馆的核心故事相契合，因为其外观采用了笔这个最基本的设计工具形状。媒体笔的开发在设计周期中经历了多次迭代，每一步都进行了原型制作和测试。正如巴瑞在序言中指出的那样，它最重要的影响不在于技术本身，而在于它能够促进所有观众参与并学习的设计过程。

设计有效学习工具的关键因素

有效的学习工具不应由技术驱动，只有以用户为中心，技术才会有效。21 世纪涌现了大量工具和技术，从 Oculus Rift 到 Facebook，这些工具和技术都有可能对博物馆产生积极影响。新技术的快速发展使得可能性变得无限大，但我们必须牢记，不断变化的可用工具并不是起点，制定战略才是。

博物馆从一开始就应采取的关键步骤包括：（1）制定明确的使命；（2）对观众进行分析和研究，重点吸引特定观众；（3）选择想要分享的核心故事；（4）决定要促进哪种类型的观众参与。简言之，即“谁、什么、哪里、为什么、何时以及如何”。制作有效的工具取决于清晰的愿景、数字战略以及对观众驱动因素的详细了解。尼娜·西蒙明确指出：“文化机构如何利用参与式技术，不仅能让观众发表意见，还能开发对每个人都更有价值、更有吸引力的体验？这不是一个意图或愿望的问题，而是一个设计问题。”[104] 然而，在《参与式博物馆》出版后的五年里，西蒙对无干预参与的可能性越来越持怀疑态度。“和许多工程师一样，我认为自己对设计本身所能做的事情过于自以为是。自 2010 年以来，我一次又一次地看到，人类的协作对于参与过程是多么宝贵，人类相互赋能，为彼此创造出空间，相互邀请，为彼此喝彩。”归根结底，最具互动性、直观性、社交性和参与性的学习工具是其他人。技术无法取代人与人之间的真正接触，它充其量只能促进学习外部环境的构建。

在设计博物馆时，要把学习过程放在首位，就必须采用以用户为中心的设计方法：为合适的观众寻找和创造合适的工具，把它们放在合适的位置，确保它们能发挥作用，并随着观众的变化而调整。不可能有放之四海而皆准的通用工具。如果说我们从博物馆学习中学到了什么，那就是不同的观众有不同的动机，不同的用户需要不同的功能。家庭和年轻人需要不同的工具，学校师生和老年人需要不同的参与方式。设计的重点应该放在用户和他们的真正需求上。这意味着要确保在设计过程中尽早并经常与测试小组进行测试。将时间投入于用户测试，而非不起作用的工具上，这一点至关重要。博物馆不必走在数字趋势的前沿。有许多可供选择的工具足以满足博物馆的需求。

从不同类型工具的目的出发，可以发现选择或开发有效学习工具的一些关键因素。通过了解博物馆受众，就能更容易地设计出能够挖掘其内在动机的工具，为观众提出问题、形成观点、查询和探索创造一个安全的空间。此外，工具还需要有一个简单而有吸引力的用户界面，既便于浏览博物馆空间，又便于使用。用户体验得益于多感官、沉浸式、情感丰富、引人入胜的故事，这些故事能够抓住人心。因此，工具不仅应由用户驱动，还应以故事驱动，故事由经验丰富的故事讲述者精心编织，并邀请观众共同参与。使学习工具对不同用户群体有效的一个关键机制是搭建游戏挑战。从简单技能起步，逐步提升难度，让体验既引人入胜又不会过于复杂，兼具娱乐性和目标性。另一个关键机制是在社交层面上通过社交媒体、协作游戏和现场互动分享体验。博物馆在运营方面需要考虑的因素包括工具的稳定性和可持续性、聘请熟练的员工进行维护、明确岗位职责，以及为工具上线后的进一步开发留出预算。

虽然博物馆在探索适宜工具和应对数字化技术生产维护的运营挑战方面，可能行动较为缓慢，但需谨记，向技术的转变不仅是向参观者迈出的一步，也是将人与实物通过物理和数字方式联系起来的一步。技术为博物馆设计愉悦的学习体验提供了越来越多的工具。

注释：

1 Tony Bennett, *The Birth of the Museum: History, Theory, Politics* (London and New York: Routledge, 1995), 25–32.

2 ICOM, *ICOM Code of Ethics for Museums* (Paris: ICOM, 2013).

3 Gail Dexter Lord and Barry Lord, eds., *The Manual of Museum Planning*, 2nd edition (London: The Stationery Office and Walnut Creek, CA: Altamira Press, 1999), 121–22.

4 The following is modified from Suzanne Keene, A. Stevenson, and F. Monti, eds., *Collections for People: Museum's Stored Collections as a Public Resource* (London: UCL Institute of Archaeology, 2008).

5 Graham Black, *Transforming Museums in the Twenty-First Century* (Hoboken: Taylor and Francis, 2012), 148.

6 The remainder of the section on displayed objects is inspired by and closely follows Black,

Transforming Museums, chapter 6.

7 Andrew Harrison and Les Hutton, *Design for the Changing Educational Landscape: Space, Place and the Future of Learning* (London and New York: Routledge, 2014).

8 See Svetlana Alpers, "The Museum as a Way of Seeing," in *Exhibiting Cultures: The Poetics and Politics of Museum Display*, ed. Ivan Karp and Steven Lavine (Washington, DC: Smithsonian Institution Press, 1991), 25–32.

9 Helen J. Chatterjee, ed., *Touch in Museums: Policy and Practice in Object Handling* (New York: Berg, 2008).

10 Nina Levent and Alvaro Pascual-Leone, eds., *The Multisensory Museum: Cross-Disciplinary Perspectives on Touch, Sound, Smell, Memory, and Space* (Lanham: Rowman & Littlefield, 2014).

11 Levent and Pascual-Leone, *The Multisensory Museum*.

12 Ellie Miles, *Curating the Global City* (Unpublished Doctoral Thesis: Royal Holloway, University of London and Museum of London, 2014), 243.

13 Amanda Clarke *et al.*, *Learning through Culture: The DfES Museums and Galleries Education Programme: A Guide to Good Practice* (Leicester: RCMG, 2002), 11.

14 Morris Hargreaves McIntyre, *Touching History: An Evaluation of Hands On Desks at the British Museum* (Manchester: Morris Hargreaves McIntyre, 2008).

15 David Edwards, *The Lab: Creativity and Culture* (Cambridge, MA: Harvard University Press, 2010), 8.16. See, for example, The Wellcome Collection in London and SymbioticA in Perth, Western Australia.

16 See, for example, The Wellcome Collection in London and SymbioticA in Perth, Western Australia.

17 David Edwards, *Artscience: Creativity in the Post-Google Generation* (Cambridge, MA: Harvard University Press, 2008), 7.

18 This quote is drawn from a 2001 AAM survey, as referenced in Elizabeth Merritt's blog post "Trust Me, I'm a Museum" (February 3, 2015), available from the *Center for the Future of Museums* at http://futureofmuseums.blogspot.com/2015/02/trust-me-im-museum_3.html.

19 Edwards, *The Lab: Creativity and Culture*, 8.

20 Edwards, *The Lab: Creativity and Culture*, 10.

21 Edwards, *The Lab: Creativity and Culture*, 15.

22 See oNotes.com for further information on the oPhone and the oMedia suite.

23 For more information about our flagship program—The ArtScience Prize—and its international network of program sites, see www.artscienceprize.org.

24 Nina Simon, *The Participatory Museum* (Santa Cruz, CA: Museum 2.0, 2010), Preface, http://www.participatorymuseum.org/preface/.

25 Mark Hatch, *The Maker Movement Manifesto: Rules for Innovation in the New World of Crafters, Hackers, and Tinkerers* (New York: McGraw-Hill Education, 2013).

26 See Agency *by* Design's project description at www.agencybydesign.org.

27 Agency *by* Design, "Maker-Centered Learning and the Development of Self: Preliminary Findings of the Agency by Design Project," AgencybyDesign.org, January 2015 (white paper), 4–5,

http://www.agencybydesign.org/wp-content/uploads/2015/01/Maker-Centered-Learning-and-the-Development-of-Self_AbD_Jan-2015.pdf.

28 Learn more about the Maker Education Initiative at http://makered.org.

29 Simon, *The Participatory Museum*, chapter 1.

30 Partnership for 21st Century Skills, "Framework for 21st Century Learning," *www.p21.org*, March 2011, http://www.p21.org/storage/documents/1.__p21_framework_2-pager.pdf.

31 Institute of Museum and Library Services, *Museums, Libraries, and 21st Century Skills* (Washington, DC: IMLS Office of Strategic Partnerships, 2009), 1.

32 Tom Kelley and David Kelley, *Creative Confidence: Unleashing the Creative Potential within Us All* (New York: Crown Publishing, 2013), 40.

33 John R. Savery, "Overview of Problem-Based Learning: Definitions and Distinctions," *Interdisciplinary Journal of Problem-Based Learning* 1, no. 1 (2006): 16.

34 See an overview of Visual Thinking Strategies' method and curriculum at http://www.vtshome.org/what-is-vts/method-curriculum--2.

35 Museum of Modern Art, *Why Engage in Inquiry Around Art?* video file, 9:17, https://www.coursera.org/learn/artinquiry/lecture/PMLQC/why-engage-in-inquiry-around-art.

36 Laurel Schmidt, *Classroom Confidential: The 12 Secrets of Great Teachers* (Portsmouth, NH: Heinemann, 2004), 102.

37 Stefanie Di Russo, "A Brief History of Design Thinking: How Design Thinking Came to 'Be,' " *I think I design* (blog), June 8, 2012, http://ithinkidesign.wordpress.com/2012/06/08/a-brief-history-of-design-thinking-how-design-thinking-came-to-be/.

38 See this quotation on IDEO's "About" page at http://www.ideo.com/about/.

39 IDEO, *Human Centered Design Toolkit*, 2nd edition (Palo Alto, CA: IDEO, 2011).

40 IDEO, *Human Centered Design Toolkit*.

41 Design Council, "The Design Process: What Is the Double Diamond?" http://www.designcouncil.org.uk/news-opinion/design-process-what-double-diamond.

42. National Research Council, *A Framework for K–12 Science Education: Practices, Crosscutting Concepts, and Core Ideas* (Washington, DC: The National Academies Press, 2012).

43 "What Is STEAM?" *STEM to STEAM*, http://stemtosteam.org.

44 The "prism" imagery is borrowed from Veronica Boix Mansilla, William C. Miller, and Howard Gardner, "On Disciplinary Lenses and Interdisciplinary Work," in *Interdisciplinary Curriculum: Challenges to Implementation*, eds. Sam Wineburg and Pam Grossman (New York: Teachers College, 2000), see note 47.

45 Expeditionary Learning, *Expeditionary Learning Core Practices: A Vision for Improving Schools*, http://elschools.org/sites/default/files/Core%20Practice%20Final_EL_120811.pdf.

46 Suzie Boss, "Integrated Studies: A Short History," *Edutopia* (blog), December 6, 2011, http://www.edutopia.org/integrated-studies-history.

47 Mansilla *et al.*, 31.

48 Tom Shapiro, Peter Linett, Betty Farrell, and Will Anderson, *Campus Art Museums in the 21st Century: A Conversation* (Chicago, IL: Cultural Policy Center at the University of Chicago,

2012).

49 John Weber, "The Interdisciplinary Campus Museum," *Center for the Future of Museums* (blog), November 8, 2012, http://futureofmuseums.blogspot.com/2012/11/the-interdisciplinary-campus-museum.html.

50 Lauren Stevenson, Elisa Callow, and Emiko Ono, *Interplay: Inspiring Wonder, Discovery, and Learning through Interdisciplinary Museum-Community Partnerships* (Los Angeles, CA: Los Angeles County Museum of Natural History Foundation, 2009).

51 Mihaly Csikszentmihalyi and Kim Hermanson, "Intrinsic Motivation in Museums: What Makes Visitors Want to Learn?" *Museum News* May/June (1995): 35.

52 Csikszentmihalyi and Hermanson, "Intrinsic Motivation in Museums," 37.

53 Rika Burnham and Elliott Kai-Kee, "The Art of Teaching in the Museum," *Journal of Aesthetic Education*39, no. 1 (2005): 74.

54 ArtScience Prize, "ArtScience Prize Replication Manual" (unpublished program manual, Boston, MA, 2011), 23–24.

55 In collaboration with Le Lab Paris, the Vocal Vibrations experiment was created by Tod Machover, composer and inventor, and Neri Oxman, architect and designer, both from the MIT Media Lab. It was realized in collaboration with The Venerable Tenzin Priyadarshi, Buddhist monk, director of the Dalai Lama Center for Ethics; Transformative Values of MIT, the bold-design studio; Professor Craig Carter of MIT; Situ Fabrication; Stratasys; and a team composed of researchers from MIT: Elly Jessop, Rebecca Kleinberger, Charles Holbrow, and Al Grodzinsky.

56 Le Laboratoire, "Experiment 18 | *Vocal Vibrations*," http://lelaboratoire.org/DPint-US-WEB.pdf.

57 Le Laboratoire, "Experiment 19 | *Memory: Witness of the Unimaginable*" (exhibition catalog, Cambridge, MA, 2015), 1.

58 This part of the Neural Murals activity was developed by Kristen Bonstein, Le Lab's director of Extended Learning.

59 To learn more about Jie Qi's circuit stickers product, visit http://chibitronics.com.

60 As above, this term is borrowed from Kelley and Kelley's 2013 book *Creative Confidence*.

61 As above, the imagery of disciplinary "lenses" is borrowed from Mansilla *et al.*'s book chapter titled "On Disciplinary Lenses and Interdisciplinary Work."

62 "Mission, Vision, and Core Values," *National Association for Interpretation*, http://www.interpnet.com/.

63 Maria Piacente, "Interpretive Planning," in *The Manual of Museum Exhibitions*, ed. Barry Lord and Maria Piacente (Lanham, MD: Rowman & Littlefield, 2014).

64 John Verveka, *Interpretive Master Planning, Volume Two: Selected Essays: Philosophy, Theory and Practice* (Edinburgh: MuseumsEtc, 2011), 92–93.

65 Nina Simon, "How Do You Define 'Community'?" *Museum 2.0,* http://museumtwo.blogspot.ca/2015/04/how-do-you-define-community.html.

66 John H. Falk, *Identity and the Museum Visitor Experience* (Walnut Creek, CA: Left Coast, 2009), and John H. Falk and Lynn D. Dierking, *The Museum Experience Revisited* (Walnut Creek,

CA: Left Coast Press, 2013).

67 Marcella Wells, Barbara Butler, and Judith Koke, *Interpretive Planning for Museums: Integrating Visitor Perspectives in Decision Making* (Walnut Creek, CA: Left Coast Press, 2013), 14.

68 Graeme K. Talboys, *Museum Educator's Handbook* (Surrey: Ashgate Publishing, 2011), 9.

69 Jay Rounds, "Meaning Making: A New Paradigm for Museum Exhibits?" *Exhibitionist* (Fall 1999).

70 For further detail on organizational frameworks, refer to chapter 16, "Interpretive Planning," by Maria Piacente in *The Manual of Museum Exhibitions*, ed. Barry Lord and Maria Piacente (Lanham, MD: Rowman & Littlefield, 2014).

71 Steven Lubar and Emily Stokes-Rees, "From Collections to Curriculum: New Approaches to Teaching and Learning," in *10 Must Reads: Learning, Engaging, Enriching* (Edinburgh and Boston: Museumsetc, 2014), 185–87.

72 For more information on participatory exhibitions, refer to chapter 10, "Participatory Exhibitions," by Ngaire Blankenburg in *The Manual of Museum Exhibitions*, ed. Barry Lord and Maria Piacente (Lanham, MD: Rowman & Littlefield, 2014).

73 Elizabeth Merritt, "Interpreting the Future of Art Museums," *Center for the Future of Museums*, http://futureofmuseums.blogspot.ca/2014/01/interpreting-future-of-art-museums.html.

74 Dirk vom Lehn, "Being Watched," *Arts Professional Magazine*, January 5, 2015, http://www.artsprofessional.co.uk/magazine/280/article/being-watched.

75 Nina Simon, "The Participatory Museum, Five Years Later," *Museum 2.0*, http://museumtwo.blogspot.ca/2015/03/the-participatory-museum-five-years.html.

76 Scott Nicholson, "Strategies for Meaningful Gamification: Concepts behind Transformative Play and Participatory Museums," peer-reviewed submission for the Meaningful Play 2012 conference hosted by the Michigan State University Serious Games Program.

77 Katherine Biggs, "Reaching More School Groups through Technology," *Museum id* 16, 37–41.

78 "The Future of Learning 2020," *Knowledgeworks Foundation*, http://www.knowledgeworks.org/sites/default/files/2020-Forecast.pdf; "Learning in 2025," *Knowledgeworks Foundation,* http://knowledgeworks.org/learning-in-2025.

79 Seb Chan, "Tackling Ross Parry's 'Post-Digital Normativity' on a Daily Basis with Visitors," http://www.freshandnew.org/2013/12/tackling-ross-parrys-post-digital-normativity-daily-basis/.

80 Peter Samis, "The Exploded Museum," in *Digital Technologies and the Museum Experience: Handheld Guides and Other Media,* ed. L. Tallon and K. Walker (Lanham, MD: AltaMira Press, 2008). For more on learning outside the museum walls, see chapter 7.

81 Maslow's hammer, also known as the Law of the Instrument. Origin unknown.

82 J. H. Falk and L. D. Dierking, "Enhancing Visitor Interaction and Learning with Mobile Technologies," in *Digital Technologies and the Museum Experience: Handheld Guides and Other Media*, ed. L. Tallon and K. Walker (Lanham, MD: AltaMira Press, 2008).

83 John H. Falk and Lynn D. Dierking, *Learning from Museums: Visitor Experiences and the Making of Meaning* (Lanham, MD: AltaMira Press, 2000), 135–36.

84 Jennifer Hicks, "Indoor Location Comes to the Royal BC Museum," *Forbes*, http://www.forbes.com/sites/jenniferhicks/2012/10/14/indoor-location-comes-to-the-royal-bc-museum/.

85 Nanna Verhoeff, *Mobile Screens: The Visual Regime of Navigation* (Amsterdam: Amsterdam University Press, 2011).

86 Jeremy Hsu, "The Secrets of Storytelling: Why We Love a Good Yarn: Our Love for Telling Tales Reveals the Workings of the Mind," *Scientific American*, 2008, http://www.scientificamerican.com/article/the-secrets-of-storytelling/.

87 For more on narrative techniques, see Mieke Bal, *Narratology: Introduction to the Theory of Narrative* (Toronto: University of Toronto Press, 1997).

88 Leo Widrich, "The Science of Storytelling," LifeHacker.com, December 5, 2012, http://lifehacker.com/5965703/the-science-of-storytelling-why-telling-a-story-is-the-most-powerful-way-to-activate-our-brains.

89 Samir Patel, *Epic to Everyday: Digital Storytelling*, http://www.slideshare.net/MuseumNext/bsd-s-patelmuseumnext2015.

90 Patel, *Epic to Everyday*.

91 Christian Lachel, *Emotionalizing the Museum*, MuseumNext, Geneva, 2015. This quote is paraphrasing Frank Capra on filmmaking: http://musingonculture-en.blogspot.nl/2015/04/museum-next-starts-here.html.

92 Maria Roussou, "The Museum as Digital Storyteller," http://mw2015.museumsandtheweb.com/paper/the-museum-as-digital-storyteller-collaborative-participatory-creation-of-interactive-digital-exper iences/.

93 L. Bedford, "Storytelling: The Real Work of Museums," *Curator: The Museum Journal* 44, no. 1 (2001): 27–34, doi:10.1111/j.2151-6952.2001.tb00027.x; and E. Johnsson, in *Telling Tales: A Guide to Developing Effective Storytelling Programmes for Museums*, ed. C. Adler (London, UK: London Museums Hub, Museum of London, 2006). 36.

94 Jasper Visser, "Digital Storytelling," October 11, 2012, http://themuseumofthefuture.com/2012/10/11/digital-storytelling-how-to-tell-a-story-that-stands-out-in-the-digital-age/.

95 Dave Moursund, "Information Age Education," http://i-a-e.org/articles/46-feature-articles/50-digital-storytelling.html.

96 Charlene Li, The Altimeter Group, "Understand Your Customers' Social Behaviors," http://www.slideshare.net/charleneli/understand-your-customers-social-behaviors.

97 See Sebastian Deterding, "A Review of Gamification by Design," www. gamification-researrch.org/2011/09/a-quick-buck-by-copy-and-paste.

98 Jane McGonigal, *Reality Is Broken: Why Games Make Us Better and How They Can Change the World* (New York: Penguin Books, 2011).

99 Rijksstudio was designed and developed in collaboration between Fabrique, Q42, and Irma Boom Office.

100 http://mw2013.museumsandtheweb.com/paper/rijksstudio-make-your-own-masterpiece/.

101 Robinson Meyer, "The Museum of the Future Is Here," *The Atlantic*, January 20, 2015, http://www.theatlantic.com/technology/archive/2015/01/how-to-build-the-museum-of-the-

future/384646/.

102 "The Pen, the New Cooper Hewitt Experience," *We Are Museums*, http://www.wearemuseums.com/sessions/cooper-hewitt-smithsonian-design-museum-us/.

103 Nina Simon, *The Participatory Museum, Five Years Later*, March 2015, http://museumtwo.blogspot.nl/2015/03/the-participatory-museum-five-years.html.

104 Simon, *The Participatory Museum*.

第十一章 总结

本书和第一版时一样，开门见山地提出了博物馆学习是非正式学习的论断。自本书首次出版以来，相似的学习目标已在非正式学习领域推广开来。非正式学习的教学法也被正式学习机构采纳。结合其他教育领域的发展，这为众多诸如博物馆、学校、社会服务机构以及其他对社会发展感兴趣的私营和公共组织之间开展合作、建立伙伴关系，提供了积极信号。

今天博物馆学习领域相关文献的迅速增长令我们对该领域的理解达到了前所未有的深度。我们不仅了解人们如何在博物馆学习，还了解他们学习的内容以及何时学习效果最佳。这些研究极大地增强了博物馆教育观众的能力。博物馆服务于观众，博物馆学习也应该以充满乐趣和享受、适合观众的方式开展。研究表明，博物馆的一切活动应当以观众为中心，才能实现学习的效果。正如詹妮弗·谢泼德博士在第三章中所强调，这意味着博物馆等非正式学习组织必须以更加精细的方式来规划学习。因此，博物馆的学习规划越来越注重协调博物馆运营的各个方面，从而更好地适应观众及其学习方式。

在本书撰稿人的“实地报告”中，我们看到博物馆正在以革命性的方式推动自我变革。正如萨沙·普里维所述，策展人正在适应新现实，并通过调整他们对博物馆中藏品角色的思考，为更宏伟的使命贡献力量。南内特·马切尤尼斯和辛迪·弗利强调了制定包容和全面的机构战略规划的重要性。查理·沃尔特论述了详细的预算编制和财务规划流程，而希瑟·马克西米亚探讨了设施规划的影响。奈尔·布兰肯伯格、凯瑟琳·莫里诺、凯蒂·思特林格和安德烈·萨克森思考了不断变化的参观体验。

博物馆学习已成为终身学习不可或缺的一部分。正如巴瑞·洛德在第一版中所指出的，这是 21 世纪博物馆的一项重要任务。从那时起，历史的发展日益证明，这项任务的意义比预想的更为重大。大部分公众仍然缺乏判断紧迫且关键的问题中不同论点可信度的能力，而这一能力的缺失导致许多人容易受到那些出于私利否认基本科学事实的人的影响，使年轻人转向暴力意识形态，或使位高权重之人依然依托过时且信誉扫地的论点发号施令。这些危机虽然历来有之，但现在风险愈发增大。

提供具有社会责任感的终身学习体验已成为博物馆的新挑战。博物馆也最适合承担如此重要的任务。因此，我们这些从事博物馆学习工作的人任重而道远，必须尽力以高效的方式推动博物馆机构的持续变革。这不仅是 21 世纪博物馆的挑战，也是其在正式和非正式学习领域的合作伙伴的共同追求。时间不等人，机遇不常有，我们必须分秒必争，捕捉每一个成功的可能。

后记：展望未来

博物馆学习将持续不断发生变革。奈尔·布兰肯伯格在第四章中提出，博物馆学习本身可以而且必须转变为一种促进变革的学习。她敏锐地阐述了该方法的构成要素，即让博物馆教育者和其他工作人员能够启发和支持这种变革学习所需的技能和态度。

第八章生动地描述了俄亥俄州哥伦布艺术博物馆采取的新策略。从中我们得以一窥员工在将博物馆转型为学习机构过程中可能承担的新职业角色。这些新兴技能和价值观对一部分人可能极具吸引力，而对另一些人来说可能构成挑战，甚至可能难以接受。尽管如此，变革的潮流已不可阻挡。哥伦布艺术博物馆以及书中众多案例正逐步代表业界的普遍趋势。

在第九章中，梅丽莉·莫斯托夫对哥伦布艺术博物馆的例子进行了精辟的分析，指出其出发点是“以观众为中心”的理念，而这一理念反映了一种文化动向：众多行业都已重新定位他们的服务文化，比如医学以患者为中心、市场营销以买方为中心。莫斯托夫精准地指出，所有这些服务转向都是从消费文化出发的，因为它们将观众体验（或病人体验等相似经历）奉为可消费的产品。就博物馆而言，这一产品就是学习体验，而以观众为中心的方法同样源于消费主义文化的理念。

变革是我们这个时代的基本现实，消费主义文化与我们（或任何其他）时代的所有其他文化表现形式一样，都会发生变革。消费主义文化及其对用户体验的重视，也是在过去半个世纪依赖石油和天然气作为能源的文化中产生的。我曾在其他地方论证过，石油和天然气的使用伴随着消费文化的兴起，这与煤炭时代所催生的生产文化形成了鲜明对比。博物馆产生于煤炭时代，因此也反映了煤炭时代的价值观：工业革命需要一支纪律严明的劳动力队伍。这促使所有工业化国家通过立法普及教育，而博物馆也从许多此类国家的平行立法中受益。舒适的阶级意识假设提供了博物馆版本的纪律严明的学习环境，而这种阶级意识是生产过程中的必然特征。当今，博物馆等公共服务机构将观众的体验视为消费品，这是文化价值本身根本性转变带来的众多结果之一，而文化的持续性也有赖于能源的来源。

消费主义文化绝不会恒久不变，与之相伴的观众中心主义也可能在未来发生变化。正如本书多个章节所揭示的那样，随着可再生能源逐渐取代化石燃料，对地球资源的关注使得一种日益重要的新型文化价值观正在形成。

在这方面，安妮·麦迪森在第九章中的论述尤其引人关注。她讨论了如何设计学习环境，从而让观众在没有明确（尤其是没有负面）的关于气候变化和节能必要性的警示下，以正面的心态学习如何更好地利用地球的资源。

这一切对博物馆学习的未来意味着什么？根据莫斯托夫的分析，哥伦布艺术博物馆以观众为中心的方法最终关注的不是人们学到了什么，而是他们如何在艺术博物馆中学习。这与奈尔·布兰肯伯格所坚持的“学习变革”理念不谋而合，博物馆可以期待提高观众之间的对话水平，从而提升参与度和社会相关性。酷文化组织的方法则更进一步，强调通过积极主动的项目吸引传统上得不到博物馆服务的社会经济弱势群体或少数民族群体。

但莫斯托夫说得没错，这种强调人们如何学习的做法仍然反映了消费主义文化。麦迪森在纽芬兰纪念大学植物园采取了截然不同的方法。尽管工作人员让观众参与主题的方法同样是积极的活动和愉快的体验，但其重点放在了学习气候变化的相关知识，没有对这一主题进行任何负面的说教。

在 21 世纪，随着管理文化的发展和可再生能源的使用日益普及，这种强调严肃问题积极面对的方法无疑将越来越受欢迎。“博物馆用户”一词已经反映了“以观众为中心”所代表的未来趋势。博物馆用户不会满足于走马观花式的参观体验，他们要的是深入交流和持续参与。博物馆用户将要求博物馆发挥更大的作用——这些要求不仅体现在气候变化方面，还涵盖我们文化中那些需要通过学习来促进变革的方方面面。

巴瑞·洛德

后记：迈向知识共享的博物馆

我们在策划“21 世纪国际博物馆学基础书系”时，正值业界如火如荼地讨论 2019 年国际博协京都大会的博物馆新定义之际。很多人注意到 2019 年夭折的定义中缺失了“教育”一词，这使得国际博物馆人都发出了不解和质疑的声音。自 2007 年国际博物馆定义首次将教育列为博物馆职能的第一位，以及我国 2015 年发布的《博物馆条例》将教育调整至博物馆三大目的的首位，博物馆教育便一直是当代博物馆专业性和社会性的集中体现。也正因为如此，我们在挑选书目时，毫不犹豫地将《博物馆学习手册》列入书系的首批清单。

国际博物馆的新定义直到 2022 年 8 月才尘埃落定，在最终版本中，出现了一个让我眼前一亮的词，即“知识共享”（knowledge sharing）。这让我意识到博物馆教育也许已经从学习的维度向知识共享的维度转变。七八年前，我还在文章中呼吁博物馆教育应向博物馆学习的方向演进，将教育者的视角过渡到学习者的视角。而新定义中的“知识共享”，让我看到了“大教育”理念中的人文情怀。

博物馆一直是公共知识的载体之一，致力于“知识阐释”（knowledge interpretation），即我们所说的博物馆知识论，这涉及过去、现在与未来。我们在博物馆作为知识载体的职责自许之中，进行知识建构与阐释的专业工作，工作内容涵盖收藏、保护、研究、展示与教育，而不仅限于研究部门的范畴。因此，我们应该非常庆幸，从 19 世纪直到 20 世纪中叶，博物馆研究人员已经在收藏、保护与研究的工作领域奠定了扎实的专业基础，为博物馆知识论的前端工作树立了典范，往后时代的博物馆才能朝着后端的展示与教育继续延伸，也就是人们常说的“从物到人”的转变。正如肯尼斯·哈德森（Kenneth Hudson）所言：“公共博物馆与百科全书都是 18 世纪启蒙运动精神的展现，公众渴望平等的学习机会。”

因此，博物馆在文明社会中一直被视为最具有知识生产与传达能力及公信力的机构之一。博物馆的功能在于保存及记录物质及非物质文化遗产，并通过研究、展示及教育方法，挖掘、探索、累积及传达蕴藏其中的大量知识。博物馆的一切活动以知识为核心，是由物、知识工作者及社会大众交织而成的互动过程。这些活动过程中产出及蕴含的知识内容长期以分散而缺乏系统化的方式保存，甚至部分知识内容在活动后大量流失。在知识经济的时代，博物馆有必要且有动力来积累管理、阐释、再利用及分享传播博物馆的知识内容，以实现“知识共享”的美好愿景。《博物馆学习手册》正是基于这样的初衷，从博物馆的视角出发，以“知识如何共享”为核心命题，从不同的业务活动中提炼出行之有效的方式方法，对博物馆人和博物馆社群都大有裨益。希望各位读者能够在追求知识的过程之中发现知识或者创造知识，最后共享知识。

为了保持文本的统一性和规范性，本版在原作基础上进行了细微的调整。各篇章节的撰写工作由以下作者分工承担，在此予以明确说明：

布拉德·金（第一章、第二章、第二部分导言、第六章、第三部分导言、第八章导言、第九章导言、第九章第二节、第十章导言、第十一章）

詹妮弗·谢泼德（第三章）

奈尔·布兰肯伯格（第四章、第七章）

萨沙·普里维（第五章、第十章第一节）

南内特·V. 马切尤尼斯和辛迪·梅耶斯·弗利（第八章第一节）

查理·沃尔特（第八章第二节）

凯瑟琳·布朗（第八章第三节）

希瑟·马克西米亚（第八章第四节）

梅丽莉·莫斯托夫（第九章第一节）

凯蒂·思特林格（第九章第三节）

安德烈·萨克森（第十章第二节）

凯瑟琳·莫里诺（第十章第三节）

夏伊洛·菲利普斯（第十章第四节）

王思怡

2024 年 11 月

参考书目

Agency by Design. "Maker-Centered Learning and the Development of Self: Preliminary Findings of the Agency by Design Project." AgencybyDesign. January 2015, white paper. http://www.agencybydesign.org/wp-content/uploads/2015/01/Maker-Centered-Learning-and-the-Development-of-Self_AbD_Jan-2015.pdf.

Alpers, Svetlana. "The Museum as a Way of Seeing." In *Exhibiting Cultures: The Poetics and Politics of Museum Display*, edited by Ivan Karp and Steven Lavine. Washington, DC: Smithsonian Institution Press, 1991.

American Association of People with Disabilities and the Employment Practices and Measurement Rehabilitation Research Training Center at the University of New Hampshire, 2011, Annual Disability Statistics Compendium. Durham: University of New Hampshire Institute on Disability, 2011.

Americans with Disabilities Act of 1990, Public Law 101-336, 101st Cong., 2d sess. (July 26, 1990), 104 Stat. 327.

Bennett, Tony. *The Birth of the Museum: History, Theory, Politics*. London and New York: Routledge, 1995.

Bhatia, Anuradha. "Museum and School Partnership for Learning on Field Trips." PhD dissertation, Colorado State University, 2009, http://dspace.library.colostate.edu/webclient/DeliveryManager/digitool_items/csu01_storage/2009/04/06/file_1/38788.

Biggs, Katherine. "Reaching More School Groups through Technology." *Museum-iD* 16 (August 2014).

Black, Graham. *Transforming Museums in the Twenty-First Century*. Hoboken: Taylor and Francis, 2012.

Boss, Suzie. "Integrated Studies: A Short History." *Edutopia* (blog), December 6, 2011. http://www.edutopia.org/integrated-studies-history.

Boylan, Patrick J. "The Museum Profession." In *A Companion to Museum Studies*, edited by Sharon Macdonald, 415–30. Malden, MA: Blackwell Publishing, 2006.

Brown, Alan S., and Steven J. Tepper. "Placing the Arts at the Heart of the Creative Campus: A White Paper Taking Stock of the Creative Campus Innovations Grant Program." Washington, DC:

Association of Performing Arts Presenters, 2012, 19–25.

Burbules, N. C. *Dialogue in Teaching: Theory and Practice*. New York: Teachers College Press, 1993.

Burnham, Rika, and Elliott Kai-Kee. "The Art of Teaching in the Museum." *Journal of Aesthetic Education* 39, no. 1 (2005).

Center for the Future of Museums. *Museums & Society 2034: Trends and Potential Futures*. American Association of Museums, December 2008. http://www.aam-us.org/docs/center-for-the-future-of-museums/museumssociety2034.pdf.

Center for Universal Design. "About Universal Design." http://www.ncsu.edu/ncsu/design/cud/about_ud/about_ud.htm.

Chatterjee, Helen J., ed. *Touch in Museums: Policy and Practice in Object Handling*. New York: Berg, 2008.

Clarke, Amanda, J. Dodd, E. Hooper-Greenhill, H. O'Riain, L. Selfridge, and F. Swift. *Learning through Culture: The DfES Museums and Galleries Education Programme: A Guide to Good Practice*. Leicester: RCMG, 2002.

Cochrane, Cathy. *Creating Thoughtful Writers: A Study of the Campus Calgary/Open Minds Program*. Unpublished master's thesis, Portland, OR, University of Portland, 2000.

Council for Exceptional Children. *Universal Design for Learning: A Guide for Teachers and Education Professional*s. Arlington, VA: Council for Exceptional Children, 2007.

Csikszentmihalyi, Mihaly. *Flow*. New York: HarperCollins, 1990.

Csikszentmihalyi, Mihaly, and Kim Hermanson. "Intrinsic Motivation in Museums: What Makes Visitors Want to Learn?" *Museum News* 74, no. 3 (May/June 1995).

Cultural Learning Alliance. "ImagineNation: The Case for Cultural Learning." 2011. http://www.culturallearningalliance.org.uk/images/uploads/ImagineNation_The_Case_for_Cultural_Learning.pdf.

Davis, M. Elaine. *How Students Understand the Past: From Theory to Practice*. Walnut Creek, CA, Lanham, MD, and Oxford, UK: Altamira Press, 2005.

De Bono, Edward. *Serious Creativity: Using the Power of Lateral Thinking to Create New Ideas*. New York: HarperCollins, 1992.

Department of Justice, Disability Rights Section. "Maintaining Accessibility in Museums." http://www.ada.gov/business/museum_access.htm.

Design Council. "The Design Process: What Is the Double Diamond?" http://www.designcouncil.

org.uk/news-opinion/design-process-what-double-diamond.

Di Russo, Stefanie. "A Brief History of Design Thinking: How Design Thinking Came to 'Be.'" *I think, I design* (blog), June 8, 2012. http://ithinkidesign.wordpress.com/2012/06/08/a-brief-history-of-design-thinking-how-design-thinking-came-to-be/.

Disability Resource Agency for Independent Living. "Disability Awareness Sensitivity Training Presentation." www.cfilc.org/.../Disability%20Awareness%20Sensitivity%20.

Duckworth, Eleanor. *The Having of Wonderful Ideas*. New York: Teachers College Press, 1996.

Duhigg, Charles. *The Power of Habit*. New York: Random House, 2012.

Eaton, Sarah Elaine. "New Trends in Education: Implications for Evaluation and Assessment." YouTube. https://www.youtube.com/watch?v=6iH_ikNmn9I.

Edwards, David. *Artscience: Creativity in the Post-Google Generation*. Cambridge, MA: Harvard University Press, 2008.

———. *The Lab: Creativity and Culture.* Cambridge, MA: Harvard University Press, 2010.

Ercikan, Kadriye, and Peter Seixas. *New Directions in Assessing Historical Thinking*. New York: Routledge, 2015.

Evans, Catherine. "The Impact of the Participatory, Visitor-Centered Model on Curatorial Practice." *Journal of Museum Education* 39, no. 2 (Summer 2015).

Expeditionary Learning. *Expeditionary Learning Core Practices: A Vision for Improving Schools.* http://elschools.org/sites/default/files/Core%20Practice%20Final_EL_120811.pdf.

Falk, John H., and Lynn D. Dierking. *Learning from Museums: Visitor Experiences and the Making of Meaning*. Lanham, MD, and Plymouth, UK: Altamira Press, 2000.

———. *The Museum Experience*. Washington, DC: Whalesback Books, 1992.

———. *The Museum Experience Revisited.* Walnut Creek, CA: Left Coast Press, 2013.

Florida, Richard. *The Rise of the Creative Class and How It's Transforming Work, Leisure, Community and Everyday Life*. New York: Basic Books, 2002.

Fogarty, Lori. "Silo-Busting: Transforming the Rake into the Flower." 2013 National Innovation Summit for Arts + Culture. http://artsfwd.org/summit/session/transforming-organizational-structure/.

Garcia, Ben. "What We Do Best: Making the Case for the Museum Learning in Its Own Right." *Journal of Museum Education* 37, no. 2 (Summer 2012): 47–56.

Greene, Jay P., Brian Kisida, and Daniel H. Bowen. "The Educational Value of Field Trips."

Museum (January/February 2014). http://educationnext.org/the-educational-value-of-field-trips/.

Haas, Jonathan. “The Changing Role of the Curator.” *Fieldana. Anthropology New Series 36: Curators, Collections, and Contexts: Anthropology at the Field Museum 1893–2002* (September 2003): 237–42.

Harrison, Andrew, and Les Hutton. *Design for the Changing Educational Landscape: Space, Place and the Future of Learning*. Abington, Oxon, and New York: Routledge, 2014.

Hart, Betty, and Todd Risley. “The Early Catastrophe.” *American Educator* (Spring 2003). https://www.aft.org/sites/default/files/periodicals/TheEarlyCatastrophe.pdf.

———. *Meaningful Differences in the Everyday Experience of Young American Children*. Baltimore: Brooks Publishing, 1995.

Hatch, Mark. *The Maker Movement Manifesto: Rules for Innovation in the New World of Crafters, Hackers, and Tinkerers*. New York: McGraw-Hill Education, 2013.

Hein, George E. *Learning in the Museum*. New York: Routledge, 2005.

Hooper-Greenhill, Eilean. *Museums and Education: Purpose, Pedagogy, Performance*. Abington, Oxon, and New York: Routledge, 2007.

Housen, Abigail. “Art Viewing and Aesthetic Development: Designing for the Viewer.” Visual Thinking Strategies. http://citeseerx.ist.psu.edu/viewdoc/download?doi=10.1.1.457.7554&rep=rep1&type=pdf.

ICOM. *ICOM Code of Ethics for Museums*. Paris: ICOM, 2013.

Institute of Museum and Library Services. *Museums, Libraries and 21st Century Skills*. Washington, DC: IMLS, 2009.

Ito, Mizuko, *et al*. *Connected Learning: An Agenda for Research and Design*. Irvine, CA: Digital Media and Learning Research Hub, 2013.

James, William. “G. Papini and the Pragmatist Movement in Italy.” *Journal of Philosophy* 3, no. 13 (1906): 337–41.

Jones, Jessimi. “Examining Why: Our Work with Teachers and Schools.” *Journal of Museum Education* 40 (Summer 2015).

Keene, Suzanne, ed. *Collections for People: Museums' Stored Collections as a Public Resource*. London: UCL Institute of Archaeology, 2008.

Kell, Chelsea Emelie. “A Museum Educator's Takeaways from Museums & the Web.” April 16, 2015. http://artmuseumteaching.com/2015/04/16/a-museum-educators-takeaways-from-museums-the-web-2015/.

Kelley, Tom, and David Kelley. *Creative Confidence: Unleashing the Creative Potential within Us All*. New York: Crown Publishing, 2013.

Kirk, Samuel, *et al*. *Educating Exceptional Children*. Boston: Houghton Mifflin, 1962.

Knowledge Works Foundation and the Institute for the Future. "2020 Forecast: Creating the Future of Learning." Knowledgeworks Foundation. http://www.knowledgeworks.org/sites/default/files/2020-Forecast.pdf.

———. "Learning in 2025." Knowledgeworks Foundation. http://knowledgeworks.org/learning-in-2025.

Koutsika, Gina. "Informal Learning in Museums: How the Landscape Is Changing and Creating Opportunities and Risks." *MuseumID* 17: 79–84.

Kral, Georgia. "Tourists Support the Arts, But Not All, in NYC." Thirteen WNIT, August 15, 2004. http://www.thirteen. org/metrofocus/2012/08/tourists-help-the-nyc-arts-economy-thrive/.

Kreps, Christina. "Non-Western Models of Museums and Curation in Cross-Cultural Perspective." In *A Companion to Museum Studies*, edited by Sharon Macdonald, 457–72. Malden, MA: Blackwell Publishing, 2006.

Kydd, Gillian. "Beyond the Classroom Network." April 21, 2015. http://btcn.ca/participating_sites.

———. *Seeing the World in 3D: Learning in the Community*. Victoria, BC: Trafford, 2004.

Le Laboratoire. "Experiment 18, Vocal Vibrations." http://lelaboratoire.org/DPint-US-WEB.pdf.

Le Laboratoire. "Experiment 19, Memory: Witness of the Unimaginable." Exhibition catalog, Cambridge, MA, 2015.

Lehrer, Jonah. *Imagine*. New York: Mifflin Harcourt, 2012.

Levent, Nina, and Alvaro Pascual-Leone, eds. *The Multisensory Museum: Cross-Disciplinary Perspectives on Touch, Sound, Smell, Memory, and Space*. Lanham, MD: Rowman & Littlefield, 2014.

Lewis, Geoffrey. "The Role of Museums and the Professional Code of Ethics." In *Running a Museum: A Practical Handbook*, ed. International Council of Museums. Paris: ICOM, 2010.

Liu, Eric, and Scott Noppe-Brandon. *Imagination First*. Hoboken, NJ: Jossey-Bass, 2009.

Lord, Barry. *The Manual of Museum Learning*, 1st edition Lanham, MD: Rowman & Littlefield, 2007.

———. "What Is Museum-Based Learning?" In *The Manual of Museum Learning*, 1st edition, 15. Lanham, MD, and Plymouth, UK: Rowman & Littlefield, 2007.

Lord, Barry, and Maria Piacente. *The Manual of Museum Exhibitions*, 2nd edition. Lanham, MD, and London, UK: Rowman & Littlefield, 2014.

Lord, Gail, and Ngaire Blankenberg. *Cities, Museums and Soft Power*. Washington, DC: AAM Press, 2015.

Lord, Gail Dexter, and Barry Lord, eds. *The Manual of Museum Planning*, 2nd edition. London: The Stationery Office and Walnut Creek, CA: AltaMira Press, 1999.

Lord, Gail Dexter, and Kate Markert. *The Manual of Strategic Planning for Museums*. Lanham, MD, and Plymouth, UK: AltaMira Press, 2007.

Lubar, Steven, and Emily Stokes-Rees. "From Collections to Curriculum: New Approaches to Teaching and Learning." In *10 Must Reads: Learning, Engaging, Enriching*. Edinburgh and Boston: Museumsetc, 2014.

Lundgaard, Ida Braendholt. "Learning Museums and Active Citizenship." In *Museums: Social Learning Spaces and Knowledge Producing Processes*, 11. Copenhagen: Danish Agency fo Culture, 2013.

Maciejunes, Nannette V. "The Director's Perspective: A Changing Paradigm." *Journal of Museum Education* 39, no. 2 (July 2014).

Majewski, Janice. "Smithsonian Guidelines for Accessible Exhibition Design." Washington, DC, Smithsonian Accessibility Program. http://accessible.si.edu/pdf/Smithsonian%20Guidelines%20for%20accessible%20design.pdf.

Mansilla, Veronica Boix, William C. Miller, and Howard Gardner. "On Disciplinary Lenses and Interdisciplinary Work." In *Interdisciplinary Curriculum: Challenges to Implementation*, edited. Sam Wineburg and Pam Grossman. New York: Teachers College, 2000.

McGhee, Katharina Danko, and Sharon Shafer. "Looking at Art with Toddlers." Washington, DC, Smithsonian Institution's Early Learning Collaborative Network, n.d. http://www.si.edu/content/seec/docs/article-artwithtoddlers.pdf.

McGrath, Alistar. "Informal Learning: Theory, Practice and Experience." 2008. http://infed.org/mobi/informal-learning-theory-practice-and-experience/.

McIntyre, Morris Hargreaves. *Touching History: An Evaluation of Hands On Desks at the British Museum*. Manchester: Morris Hargreaves McIntyre, 2008.

Merritt, Elizabeth. "Interpreting the Future of Art Museums." *Center for the Future of Museums* (blog), January 21, 2014. http://futureofmuseums.blogspot.ca/2014/01/interpreting-future-of-art-museums.html.

———. "Trust Me, I'm a Museum." *Center for the Future of Museums* (blog), February 3, 2015. http://futureofmuseums.blogspot.com/2015/02/trust-me-im-museum_3.html.

Miles, Ellie. *Curating the Global City*. Unpublished doctoral thesis. Royal Holloway, University of London and Museum of London, 2014.

Miringoff, Marque-Luisa, and Sandra Opdycke. *Arts, Culture, and the Social Health of the Nation 2005*. Poughkeepsie, NY: Institute for Innovation in Social Policy at Vassar College, 2005. http://iisp.vassar.edu/artsculture.pdf.

Miringoff, Marque-Luisa, Sandra Opdycke, and Marc Miringoff. *Profile of Participation in Arts and Culture*. Fordham Institute for Innovation in Social Policy, 2001. www.nyfa.org/files_uploaded/Pages_37–48.pdf.

Moore, K., Z. Redd, M. Burkhauser, K. Mbwana, and A. Collins. "Children in Poverty: Trends, Consequences, and Policy Options #2009–11." Washington, DC, Child Trends, April 2009. http://www.childtrends.org/wp-content/uploads/2013/11/2009-11ChildreninPoverty.pdf.

Mostov, Merilee. "Making Space for Experimentation, Collaboration, and Play: Re-Imagining the Drop-In Visitor Experience." *Journal of Museum Education* 39, no. 2 (Summer 2014).

Munley, Mary Ellen. "Early Learning in Museums: A Review of Literature." Washington, DC, Smithsonian Institution's Early Learning Collaborative Network, April 2012. http://www.si.edu/Content/SEEC/docs/mem%20literature%20review%20early%20learning%20in%20museums%20final%204%2012%202012.pdf.

Museum of Modern Art. "Why Engage in Inquiry Around Art?" Video file, 9:17. https://www.coursera.org/learn/artinquiry/lecture/PMLQC/why-engage-in-inquiry-around-art.

National Association of Interpretation. "Mission, Vision and Core Values." NAI. http://www.interpnet.com/NAI/interp/About/What_We_Believe/nai/_About/Mission_Vision_and_Core_Values.aspx?hkey=ef5896dc-53e4-4dbb-929e-96d45bdb1cc1.

National Endowment for the Arts. "Survey of Public Participation in the Arts." November 2009.

National Research Council. *A Framework for K–12 Science Education: Practices, Crosscutting Concepts, and Core Ideas*. Washington, DC: The National Academies Press, 2012.

Nicholson, Scott. "Strategies for Meaningful Gamification: Concepts behind Transformative Play and Participatory Museums." Peer-reviewed submission for the Meaningful Play 2012 conference hosted by the Michigan State University Serious Games Program.

Packer, Jan, and Roy Ballantyne. "Solitary vs Shared: Exploring the Social Dimension of Museum Learning." *Curator: The Museum Journal* 48, no. 2 (2005): 177–92.

Partnership for 21st Century Skills. "Framework for 21st Century Learning." www.p21.org, March 2011. http://www.p21.org/storage/documents/1.__p21_framework_2-pager.pdf.

Perkins, David. "Three Visionaries for Change." Presentation at Project Zero Classroom Institute, Harvard University, Boston, Massachusetts, July 2012.

Petrou, Michael. "The War Museum's Overture to 1812." *Maclean's Magazine*, June 25, 2012, 71.

Rosa's Law, Public Law 111-256, 111th Cong., 2d sess. October 5, 2010.

Rounds, Jay. "Meaning Making: A New Paradigm for Museum Exhibits?" *The Exhibitionist* (Fall 1999).

Ruge, Angelika, ed. "Museum Professions—A European Frame of Reference." International Council of Museums, April 1, 2009. http://icom.museum/fileadmin/user_upload/pdf/professions/frame_of_reference_2008.pdf.

Savery, John R. "Overview of Problem-Based Learning: Definitions and Distinctions." *Interdisciplinary Journal of Problem-Based Learning* 1, no. 1 (2006).

Schaff, Pamela B., Suzanne Isken, and Robert M. Tager. "From Contemporary Art to Core Clinical Skills: Observation, Interpretation and Meaning-Making in a Complex Environment." *Academic Medicine* 86, no. 10 (October 2011): 1272–76.

Schmidt, Laurel. *Classroom Confidential: The 12 Secrets of Great Teachers*. Portsmouth, NH: Heinemann, 2004.

Schugurensky, Daniel. "The Forms of Informal Learning: Towards a Conceptualization of the Field." NALL Working Paper No. 19, Toronto, 2000.

Scott, Carol. "Measuring Social Value." In *Museums, Society, Inequality*, edited by R. Sandell, 41–55. New York: Routledge, 2002.

Seligmann, Tine, ed. *Learning Museum Practice Manual: Collaborative Partnerships between Museums, Teacher Training Colleges and Schools*. Copenhagen: Museum of Contemporary Art, 2014.

Shapiro, Tom, Peter Linett, Betty Farrell, and Will Anderson. *Campus Art Museums in the 21st Century: A Conversation*. Chicago, IL: Cultural Policy Center at the University of Chicago, 2012.

Silverman, Lois H. *The Social Work of Museums*. New York: Routledge, 2010.

Simon, Nina. “How Do You Define ‘Community’?” *Museum 2.0*, April 22, 2015. http://museumtwo.blogspot.ca/2015/04/how-do-you-define-community.html.

———. *The Participatory Museum. Museum 2.0*, 2010.

———. “The Participatory Museum, Five Years Later.” *Museum 2.0*, March 4, 1015. http://museumtwo.blogspot.ca/2015/03/the-participatory-museum-five-years.html.

Slocum, David. “The Future of Learning through Four Key Trends.” *Forbes*, February 17, 2015. http://www.forbes.com/sites/berlinschoolofcreativeleadership/2015/02/17/leading-the-future-of-learning-through-four-key-trends.

Stevenson, Lauren, Elisa Callow, and Emiko Ono. *Interplay: Inspiring Wonder, Discovery, and Learning through Interdisciplinary Museum-Community Partnerships*. Los Angeles, CA: Los Angeles County Museum of Natural History Foundation, 2009.

Stringer, Katie. *Programming for People with Special Needs: A Guide for Museums and Historic Sites*. Lanham, MD, and London: Rowman & Littlefield, 2014.

Talboys, Graeme K. *Museum Educator's Handbook*. Surrey: Ashgate Publishing, 2011.

Tannen, Deborah. *The Argument Culture: Moving from Debate to Dialogue*. New York: Random House, 1998.

Trinkley, Rachel. “Nurturing a Culture of Change: Creativity in Docents.” *Journal of Museum Education* 39, no. 2 (Summer 2014).

Universal Design Consultants, Inc. “What Is Universal Design?” http://www.universaldesign.com/about-universal-design.html.

Utt, Emily, and Steven L. Olson. “A Sense of Place in Museum Public Programming: Three Case Studies.” *Journal of Museum Education* 32, no. 3 (Fall 2007): 292–300.

Verveka, John. *Interpretive Master Planning, Volume Two: Selected Essays: Philosophy, Theory and Practice*. Edinburgh: MuseumsEtc, 2011.

vom Lehn, Dirk. “Being Watched.” *Arts Professional Magazine*, January 5, 2015.

von Heijne, Cecilia. “The Flipped Museum.” ICOMON eProceedings, Rio de Janeiro, 2013. http://network.icom.museum/fileadmin/user_upload/minisites/icomon/publications/2013_Rio/von_Heijne_2013.pdf.

Weber, John. “The Interdisciplinary Campus Museum.” *Center for the Future of Museums*(blog), November 8, 2012. http://futureofmuseums.blogspot.com/2012/11/the-interdisci plinary-campus-museum.html.

Wells, Marcella, Barbara Butler, Judith Koke. *Interpretive Planning for Museums: Interpreting*

Visitor Perspectives in Decision Making. Walnut Creek, CA: Left Coast Press, 2013.

Woollard, Vicky. "Caring for the Visitor." In *Running a Museum: A Practical Handbook.* Paris: International Council of Museums, 2010.

Wyrick, Gabrielle. "All Together Now: Teens and Museums." *Journal of Museum Education* 39, no. 3 (October 2014).